国内生猪行业动态发展演变特征洞察

（2000—2025）

陈来华　王楚端　等　编著

中国农业科学技术出版社

图书在版编目（CIP）数据

国内生猪行业动态发展演变特征洞察：2000—2025 / 陈来华等编著. -- 北京：中国农业科学技术出版社，2025. 8. -- ISBN 978-7-5116-7553-8

Ⅰ. F326.33

中国国家版本馆CIP数据核字第2025WA7617号

责任编辑　金　迪
责任校对　王　彦
责任印制　姜义伟　王思文

出 版 者	中国农业科学技术出版社
	北京市中关村南大街12号　　邮编：100081
电　　话	（010）82106625（编辑室）　（010）82106624（发行部）
	（010）82109709（读者服务部）
网　　址	https://castp.caas.cn
经 销 者	各地新华书店
印 刷 者	中煤（北京）印务有限公司
开　　本	185 mm×260 mm　1/16
印　　张	11　彩插1页
字　　数	300千字
版　　次	2025年8月第1版　2025年8月第1次印刷
定　　价	128.00元

版权所有·侵权必究

《国内生猪行业动态发展演变特征洞察（2000—2025）》
编著人员

主 编 著：陈来华　王楚端

副主编著：欧阳靖　张跃博

编著人员：王　萌　袁　龙　季跃光　程笃学
　　　　　郭云雁　郭慧慧　李　俊　武　晶
　　　　　武建亮　蔡传江　孙　俊　范学忠
　　　　　蔡家柱　曾目成

前　言

2000年以来，国内生猪产业经济在养殖技术竞争的驱动下，在规模化、疫病风险、金融资本三股力量的交织中，正在发生剧烈的演化：成本结构剧变，玉米-豆粕价格波动直接吞噬养殖利润；规模扩张塌陷，规模化不再是成本优势；周期规律失灵，渠道商成为"隐性产能调节者"，能繁母猪存栏量成为核心指标；投机行为主导，集团养殖端压栏惜售、二次育肥激增。国际贸易摩擦、非洲猪瘟复发等外部冲击不时袭扰本就脆弱的养猪业，在"高负债+高成本+高风险"三重挤压下，传统规模扩张模式已触及天花板，行业进入"微利竞争"时代。旧逻辑崩塌的迅猛远超新规则建立的速度。如何用历史数据演变规律构建未来发展模式？如何将大型养殖集团发展的经验教训转化成可持续发展的竞争力？如何从资源驱动、周期博弈转向生态共生、价值共赢？如何穿越低利时代周期？如何连接更多节点，重构产业价值链？解决以上问题成为生猪养殖业健康可持续发展的关键。

本书以一种养猪历史数据演化的研究视角，通过对近二十五年间国内生猪养殖分布变迁、国内外养猪产业政策变化、国内生猪养殖变化特点、国内大型生猪养殖企业发展演变历程及投资趋向、猪肉市场的特征及国内生猪屠宰业发展变化、猪肉的流通和国际贸易及生猪产业未来发展趋势的详尽描述，期待由远及近地向读者展示国内二十多年生猪养殖产业的演变特征及多维的数据系统。

针对行业数据研究缺乏系统性、完整性、准确性、科学性、逻辑性、时效性问题，本书提供了从2000—2024年的养猪行业的完整数据系统，客观阐述了国内生猪养殖重点问题，丰富了国内生猪产业研究的理论内容，采用历史与现状相结合、数据与案例相结合、客观与预测相结合，突出展现国内生猪养殖产业链脉络，为中国生猪养殖可持续健康发展建言献策。

在此，我们对所有在本书编著和出版过程中付出辛勤劳动和大力支持的相关人员表示衷心感谢。由于编写时间紧迫，书中错误和疏漏在所难免，恳请业内人士和读者批评指正。

编著者

2025年6月

目　录

第1篇　概述 ··· 1

第2篇　中国生猪养殖分析及预测 ·· 8
  1　国内生猪养殖的区域分布特征 ··· 8
  2　主要生猪养殖区域产量变迁 ··· 10
  3　TOP5省份占比国内生猪出栏量40%左右，国家关注猪肉区域产销平衡 ········· 12
  4　中国生猪规模养殖比例加速提升，2024年规模化程度超过70% ··············· 14

第3篇　生猪产业发展政策与生猪市场现状特点 ·································· 17
  1　国内生猪养殖相关产业政策及国内市场变化 ································ 17
    1.1　二十多年来国内政策对生猪产业发展的引导 ·························· 17
    1.2　国内近几年生猪产业发展政策动向 ································· 19
  2　国外支持生猪产业发展政策情况 ·· 27

第4篇　2024年的中国生猪养殖业 ·· 29
  1　中国生猪生产及市场变化 ·· 29
    1.1　2024年生猪养殖变化特点 ··· 29
    1.2　能繁母猪市场价格变化 ·· 34
    1.3　生猪市场及生产变化 ·· 39
    1.4　种猪进口及活猪出口 ·· 50
  2　大型生猪养殖企业集团及2025年的投资趋向 ······························ 62
    2.1　河南牧原食品股份有限公司 ·· 62
    2.2　温氏食品集团股份有限公司 ·· 71
    2.3　新希望集团有限公司 ·· 80
    2.4　双胞胎（集团）股份有限公司 ······································ 86
    2.5　江西正邦科技股份有限公司 ·· 88
    2.6　中粮家佳康食品有限公司 ·· 94
    2.7　正大投资股份有限公司 ·· 101
    2.8　天邦食品股份有限公司 ·· 105

　　2.9　湖南唐人神集团有限公司 ··· 113
　　2.10　北京大北农科技集团股份有限公司 ·· 120
　　2.11　近几年企业投资生猪养殖业的特点分析 ·· 125

第5篇　中国猪肉市场特征及生猪屠宰业情况 ·· **131**
1　中国生猪屠宰业的主要特点 ··· 131
　　1.1　生猪屠宰产业及模式 ·· 131
　　1.2　生猪屠宰企业数量继续减少 ··· 132
　　1.3　大型集团屠宰产能增加，生猪屠宰产能表现为总量严重过剩 ········ 134
　　1.4　生猪屠宰集中度比上年有所提高，但依然偏低 ··························· 136
　　1.5　继冷鲜肉及深加工肉制品成为热点后，畜禽预制菜广受关注 ········ 138
2　生猪屠宰量及猪肉产量 ··· 139
　　2.1　规模以上企业生猪屠宰量占生猪出栏量的比重不断提高 ·············· 139
　　2.2　占全国肉类产量比重降至60%以下，产量基本稳定，猪肉基础地位夯实··· 140
3　猪肉价格及生猪屠宰、流通效益 ··· 141
　　3.1　白条肉出厂价格及生猪屠宰效益 ·· 141
　　3.2　生猪屠宰利润和猪肉批发价格 ·· 143
　　3.3　猪肉零售价格和零售利润 ··· 145
4　中国猪肉贸易 ··· 147
　　4.1　鲜冷冻猪肉出口 ·· 147
　　4.2　鲜冷冻猪肉进口 ·· 151
5　中国猪杂碎进口 ··· 155
　　5.1　2024年国内其他猪杂碎进口量比去年同期有所增加 ····················· 155
　　5.2　2024年美国、西班牙和加拿大是其他冻猪杂碎最主要的进口来源国 ······ 157

第6篇　中国生猪产业发展及预测 ·· **159**
1　非洲猪瘟疫情影响仍然存在，预计2025年生猪出栏量将降至7亿头 ······· 159
2　预计2025年猪肉进口量将维持在100万吨上下 ··································· 160
3　全年生猪平均价格将比2024年有所下降，养殖端处于盈亏的边缘 ········ 161
4　消费市场预制菜迎来风口，猪肉亟待开发新品把握机遇 ······················ 162
5　环保政策或将收紧影响养猪业，大型一体化企业出栏量占比进一步提高 ··· 163
6　国家未来生猪养殖规划 ··· 163
7　中国未来5年生猪出栏量预测 ··· 164
8　未来国内生猪产业结构如何变化 ··· 165

附表 ··· **168**

第1篇 概 述

国内2000年以来生猪产业发展变化的主要特点概述如下。

（1）2000年以来国内生猪出栏量和猪肉产量不断增长，2000年生猪出栏量为5.18亿头，到2022年国内生猪出栏量达到6.99亿头，增长1.81亿头，年均复合增长率1.51%，最高出栏年份是2014年，为7.49亿头。2000—2005年生猪出栏数量逐年增长，2005年生猪出栏量达到6.61亿头，在2006年、2007年短暂下降后，2008年开始至2014年开启阶段性的再次增长，出栏量也达到历史峰值。2018年国内生猪养殖业遭遇非洲猪瘟疫情，生猪生产受到很大影响，生猪出栏量大幅下降，2020年后国内生猪生产快速恢复，2021年9月已经基本恢复至常年生产水平。2023年国内出栏量达到阶段性新高，2023年国内生猪出栏量为7.27亿头，比2022年增长2 667万头，增幅3.8%。2024年国内生猪出栏量和猪肉产量在冲高后有所下降，生猪出栏量为7.03亿头，比上年下降2 406万头，降幅3.3%。在生猪出栏量增长变化的同时，猪肉产量也在不断增长。2000年国内猪肉产量为3 966万吨，2022年猪肉产量达到5 541万吨，年均复合增长率为1.69%，增长速度高于出栏量的增长速度，说明这些年间生猪出栏的体重是增长的，猪肉产量最高年份也是2014年，为5 820.8万吨。2023年国内猪肉产量5 794万吨，比2022年增加253万吨，增幅4.6%；2024年国内猪肉产量5 706万吨，比2023年减少88万吨，降幅1.5%。20多年来国内生猪养殖的饲料营养水平、猪场的生物安全防控、猪群的遗传育种进展、动物疫病的防控能力等都取得了长足的进步，促进了国内生猪养殖出栏能力的提升和数量的提高。

（2）2000年国内生猪出栏均价为5.74元/千克，比上年同期增加0.08元/千克；此后出栏价格不断上涨，2001年生猪价格为5.92元/千克；2005年全国均价达到8.03元/千克；2007年受疫情影响，能繁母猪死亡、流产高达10%～20%，生猪供应受到影响，2008年生猪价格创历史新高，3月份价格一度达到18元/千克，4月份后生猪价格逐步下滑，进入调整期；2009年5月初猪价触底，跌至9～9.5元/千克，猪粮比价低于盈亏平衡点，6月中旬商务部会同财政部、国家发展改革委启动了国家冻猪肉收储工作，之后生猪价格开始反弹，到"中秋""国庆"双节期间达到高峰，生猪价格一度超过12元/千克；2010年，中国的农产品市场上演"疯狂"现象，被戏称为"豆你玩、蒜你狠、糖高宗……"等的农产品期货和现货价格飞涨，而生猪价格表现相对平稳，月度均价区间在9.6～13.7元/千克；2011年全国商品猪出栏价格平均为16.59元/千克，同比上涨45.7%；2014年生猪价格进入周期的底部，全国全年均价13.27元/千克；此后价格进入上行阶段，2016年全国生猪价格达到18.53元/千克；2017年、2018年价格下行；2019—2020年受非洲猪瘟疫情的影响，生猪的价格不断攀升至历史新高，2020年全国生猪全年均价达到33.86元/千克；此后直到2022年，生猪价格趋势性下降（有阶段性上涨）难以逆转，2022年国内生猪平均价格为18.30元/千克，1—5月国内生猪市场价格低迷，6月以后国内生猪价格开始不断上涨，10月全国生猪出栏均价达到26.05元/千克，为全年月度均价高点。10月后国内猪价转为下行，静待下一个价格上行阶段的到来。2022年生猪价格下行主要受二次育肥短期集中出栏，供应过剩，同时新冠病毒疫情管控导致消费不及预期的影响。2023年1—12月国内生猪平均价格为18.30元/千克，比上年均价增加1.43元/千克，增幅8.48%。2024年1—12月国内生猪平均价格为16.87元/千克，比上年均价上涨1.81元/千克，涨幅12.02%；受基础母猪产能去化趋势影响及市场供需关系改善，养殖端惜售及二次育肥等因素导致市场"缺猪"，推高猪价，1—8月国内生猪市场价格不断上涨，行业逐渐摆脱亏损状态转为盈利，5月行业全面转为盈利状态，月度均价达到15.78元/千克，8月全国生猪出栏均价达到20.63元/千克；8月之后随着基础母猪产能增加，以及居民消费支出的减少，供求关系发生变化，生猪出栏价格开始转头向下，中秋消费不及预期且11月、12月腌制腊肠需求，年猪消费较常年有所下降，12月全国生猪出栏均价已降至16.46元/千克。养殖端表现主要是由于国内饲料成本居高不下，生猪二次育肥量较大，短期集中出栏，各类疫病不时侵扰。

（3）2000年末国内能繁母猪存栏量为3 780万头，至2022年末国内能繁母猪存栏量已经达到4 390万头，最高年份2013年末为5 132万头。其中2000—2005年间能繁母猪数量逐步增长，2005年末达到4 893万头，增长了超过1 000万头；2006—2010年间能繁母猪的存栏量保持相对稳定，基本维持在4 700万~4 900万头，但2007年因受猪高热病影响年末存栏量降至4 234万头。2014年国内种猪场陷入全面深度亏损阶段，推动2015年能繁母猪深度的产能去化，2015年末国内能繁母猪的存栏量降至3 784万头，2018年受非洲猪瘟影响能繁母猪存栏进一步下降。2020年在国家政策支持下和行业的共同努力下，能繁母猪的数量持续恢复，至2021年底能繁母猪的存栏量已经达到4 329万头。能繁母猪是猪场的核心资产，是猪场生产发展的动力源泉，国家为保障生猪生产，出台了关于能繁母猪的补贴政策，2007年12月国务院办公厅发布《关于进一步扶持生猪生产稳定市场供应的通知》，每头能繁母猪给予100元的生产补贴，极大地促进了养殖场生猪生产的积极性。2021年能繁母猪产能得到快速恢复，非洲猪瘟影响减弱。农业农村部数据显示，截至2022年12月末，全国能繁母猪存栏量连续四个季度增长，且季度末存栏量均高于正常保有量，年末全国能繁母猪存栏已经达到正常保有量的107%，产能大幅增加，处于黄色区域。能繁母猪存栏量的增长可能来自大型生猪养殖集团前两年产能扩张带来的惯性增长和中小规模养殖户受到挤压退出后留下的市场空间。2023年底能繁母猪存栏量至4 142万头，同比减少248万头，降幅5.65%。非洲猪瘟对行业影响减弱，盈利水平提升，能繁母猪产能逐步增加。农业农村部数据显示，截至2024年12月末，全国能繁母猪存栏量连续四个季度增长，且季度末存栏量均高于正常保有量，年末全国能繁母猪存栏为正常保有量的104.6%（2024年3月农业农村部调整能繁母猪正常保有量数据为3 900万头），处于绿色区域。2024年底能繁母猪存栏量为4 078万头，比2023年同期减少64万头，降幅1.60%。生猪盈利水平逐渐增加，增强了行业养殖信心，同时对待能繁母猪的扩产相对谨慎，叠加行业内生猪养殖集团对自身抵抗风险能力的自信，使得能繁母猪存栏量呈现缓慢增长的趋势。能繁母猪全年存栏量的增加，除盈利能力增加与大型生猪企业防控非洲猪瘟能力的自信外，还与前几年大量国外引种，产能释放有相关性。

（4）优良的基因是推动生猪行业提高生产效率的最根本途径之一。国外生猪品种具有生长快、饲料转化率高、产肉多、肉质好等特点，能够有效提高生猪产量和质量，满足国内巨大的肉类需求。同时，从国外引进种猪也可以丰富我国的种猪基因资源，增加品种多样性和遗传变异性，为生猪遗传改良和新品种创制提供更多可能性。出于养殖效率和生产的需要，国内不少种猪企业从国外引进种猪。2000—2022 年国内共从国外引进种猪 174 204 头，年均进口量为 7 574 头。近 20 年来，国内养猪行业没有完全摆脱对国外种猪的依赖，进口量呈现增加的趋势，同时国内种猪的引种量与国内重大疫病的发生呈现较强的关联性，一般是在行业发生重大疫病的后面两年里引种量呈现暴发性的增长，而且近些年从国外引进种猪的单价也呈现下降的趋势，引进的品种主要包括皮特兰、杜洛克、大白、长白等，引种的来源也相对固定，主要是丹麦、法国、美国、英国和加拿大等。而由于国外对种猪出口的限制和保护，我国也难以及时获取国外先进的育种基因和技术，导致我国在品种更新和性能改善方面滞后于国际水平。2022 年受地缘政治和新冠疫情防控政策影响，种猪引进困难重重。俄乌冲突爆发以来，造成国际货运航线运力紧张，给国内种猪的引进带来难度，同时国内新冠疫情防控政策增加了在引进过程中的报关程序和手续，种猪落地后的消毒杀菌程序更是重三迭四。2022 年国内共从国外引进种猪 5 280 头，引进量比上年大幅下降，引进种猪的价格也比往年大幅增加。2023 年国内共从国外引进种猪 7 997 头，引进量比上年有所增长，引进种猪的价格比往年大幅下降，其中种猪主要来自美国、丹麦和法国。法国和丹麦仅引进一批次，其他引进批次均来自美国，下半年引种量占比 64.2%。2024 年国际局势仍不稳定，局部冲突加剧，但由于地缘战争因素对国内养殖业的影响进一步减弱（俄乌冲突初期对国内饲料原料供应的影响较大），替代原料渠道供应稳定。种猪引进全线放开，中小型专业化种猪育种企业对国外引种流程信息了解更加通透，专业化引种服务公司提供的便捷性服务减少了引种者的隐忧。但中小型专业化种猪育种企业引种劲头和积极性开始趋缓，虽然一方面希望通过引进生产性能更优的种猪来补充猪群的数量，增加在国内种猪销售方面的竞争力，但国内种猪企业之间的竞争进一步加剧；另一方面虽国外引进种猪价格在下降，但国内自主育种能力增强，国产种猪性能提升，引进种猪的性价比相对下降；2024 年国内共从国外引进种猪 3 769 头，引进量比上年有所下降。种猪主要来自美国和法国，共 5 个批次，其中法国引进 2 批次，其他引进批次均来自美国，上半年引种量占比 67.52%。

（5）老病新发，新病突发，不断地侵扰养猪业的正常健康持续发展。2000 年国内首次报道猪群感染猪圆环病毒病，猪圆环病毒病感染会导致母猪流产和死胎增加；自 2001 年开始我国圆环病毒病发病猪群逐渐增多，2002 年该病在我国规模化养猪场中呈暴发性流行，给我国养猪业造成了重创。2005 年，猪链球菌肆虐了四川，这种病原菌通过猪以及仔猪进行传播，几周之内，39 名感染者死亡，成为历史上最严重的猪流行病之一。2006 年由于猪繁殖与呼吸综合征（高致病性猪蓝耳病）的肆虐，我国生猪大量死亡，生猪供给急剧下降，造成了 2006—2008 年全国活猪平均价格高涨，导致我国物价飞涨，也是在这一时期国家出台了多项生猪产业发展的扶持政策。2010 年底，猪流行性腹泻（PED）在我国大规模暴发，造成 7 日龄内的仔猪死亡率高达 80%，给养猪业带来了巨大灾难，造成的损失高达上千亿元。2011 年全国范围的口蹄疫（俗称 5 号病）暴发，以生猪肢蹄、口鼻发生水泡和溃烂表现为主，对生猪生产造成较大破坏，表现为母猪产仔率下降，仔猪存活率低。2013年高致病性蓝耳病病毒不断变异，防控难度增大，给养猪生产造成巨大困扰。2018年8月起非洲猪瘟在全国范围内暴发，至今仍难以消除，非洲猪瘟疫情导致国内生猪养殖量下降30%以上，给国内的养猪业造成深远的影响：养猪业的规模化进程加快，养猪场数量迅速减少，生物安全防控体系建立，集团化企业出栏量快速提升，养殖成本基准水平提高，企业间的竞争日趋激烈。非洲猪瘟疫情依旧存在，防控常态化，点状发病态势。2022年国内各地非洲猪瘟疫情不时影响生猪生产，但该病发生情况由所在地省级人民政府农业农村（畜牧兽医）主管部门发布疫情信息。从全年公开信息看，国内没有关于非洲猪瘟疫情发生的报道。据了解，国内不少地区仍有零星的非洲猪瘟疫情发生，特别在北方的一些中小猪场，也出现清场的情况；在个别大型集团的一些猪场非洲猪瘟疫情也表现严重。2023年国内各地非洲猪瘟疫情不时影响生猪生产，5—7月、11—12月行业不时传出部分省份发病较为严重，损失较大，个别大型集团的一些猪场清场，中小户更是严重。但从全年公开信息看，国内没有关于非洲猪瘟疫情发生的报道，并且市场生猪价格没出现波动或受到较大的影响，说明非洲疫情对生猪生产的影响较小。2024年国内各地非洲猪瘟疫情对生猪生产影响减小，毒株转入弱活动期。

（6）2000年不同养猪主体养猪盈利水平有所不同，中小规模的养猪盈利水平相对较高，在50～100元/头；散户和大规模养猪场（户）养猪盈利水平略低，为40～60元/头。此后国内生猪养殖的整体盈利水平有所提高，2004年国内生猪养殖的平均盈利水平达到150～200元/头。2008年以后国内生猪养殖出栏价格的基底水平有所抬升，达到14元/千克以上，盈利水平随着价格水平周期性变化。2013年，我国生猪养殖平均盈利69.42元/头，同比增加4.55%，全国生猪养殖销售利润率为3.94%，远远低于2000年以来的水平（2000年以来生猪养殖平均销售利润率为8.01%）。养猪生产进入微利期，高成本、低利润造成养殖风险逐渐加大。2018年8月国内发生非洲猪瘟疫情后，国内生猪生产受到严重影响，猪肉产品出现供不应求的局面，生猪价格一路高企，养殖的盈利水平达到了历史新高，2020年全国生猪养殖平均盈利水平达到1 600元/头，效益可观。在国家政策加持和高利润水平的刺激下，国内生猪养殖供应快速恢复，2020年11月末，全国生猪存栏和能繁母猪存栏均已恢复到常年水平的90%以上，已有23个省份提前完成产能恢复任务目标。2021年5月国内生猪养殖陷入亏损状态，国内生猪价格转向下行，行业心态随之发生变化，降本增效、开源节流成为企业讨论的热点。2022年超大型、大型养殖集团新投资产能很少，资金充裕的企业按照原先投资规划推进项目的落地和项目建成后的生猪生产，资金不够充裕的企业暂缓项目进度或暂停项目，例如正邦科技由于债务危机，2022年生猪出栏量大幅下降至845万头，比上年降幅43.4%，出栏量由国内第二位下降至第六位。牧原股份生猪出栏量增长，2022年牧原股份出栏量达到6 120万头，比上年增长2 094万头，比排名第二的温氏股份年出栏量还多出303万头，已经成为全球最大的养猪企业。新希望抓住机会稳步发展，2022年新希望生猪出栏量首次跨进千万级别行列，出栏量达1 461万头，比上年增长463万头。据公开资料统计，2022年国内前20的养猪企业合计生猪出栏量接近1.70亿头，比2021年增长26.12%，占全国生猪出栏量的24%。产能的大肆扩张叠加三年的新冠病毒疫情使得猪肉消费量下降，猪肉供应量超出消费需求。2023年行业陷入全面亏损，行业企业资金链出现紧张，不断有企业曝出提示性风险。2023年起牧原股份也放缓了出栏量飞速的增长速度，2024年牧原股份出栏量达到7 160.2万头，比上年增长778.2万头。排名第二的温氏股份年出栏量为3 018.2万头，年增长达到392.2万头，增幅14.94%。2024年新希望生猪出栏量稳定千万级别行列但出栏量有所下降，出栏量为1 652.5万头，比上年下降116万头，是千万级别出栏量企业中唯一出栏量下降的企业。双胞胎借助优秀的管理能力和资源整合能力，跃居国内生猪出栏量第三位，2024年生猪出栏量达1 770万头。据公开资料统计，2024年国内前20的养猪企业合计生猪出栏量达到2.16亿头，比2023年增长7.51%，占全国生猪出栏量的30.7%。

（7）2007年前国内鲜冷冻猪肉进口量不多，2000—2007年鲜冷冻猪肉进口量均在15万吨以下，2008年以后国内鲜冷冻猪肉进口量呈现不断增长的趋势，2008年国内鲜冷冻猪肉进口量为37.3万吨，2016年达到162万吨，2020年创历史新高达到430万吨。随着国内生猪生产恢复，从2021年开始国内猪肉进口量就有所下降，1—12月国内猪肉进口量为371.06万吨，比上年同期下降15.5%；2022年全年国内猪肉进口量为286.3万吨，同比下降48.7%。2022年1月1日起，对猪肉等取消进口暂定税率，恢复执行最惠国税率，最惠国的关税将从8%恢复到12%，关税税率的变化会降低进口商的利润水平，对猪肉进口有一定的抑制作用。国内生猪生产基本平衡，猪肉进口量进一步下降，2023年猪肉进口量同比下降11.7%；2024年全年进口猪肉量为107.3万吨，同比下降30.8%。但近两年进口猪杂碎数量有所增长，2024年进口量为121.1万吨，同比增长4.4%。未来中国在猪肉进口问题上，仍将保持一定开放力度，进口量可能维持在一定的水平，但占国内猪肉产量的比重不会太大。特朗普政府上台后进一步提高关税税率，这对猪肉进口有一定的抑制作用，会降低进口商的利润水平；同时国内生猪生产效率提高及成本降低也会削弱进口猪肉的竞争力。

（8）为了加强生猪屠宰管理，保证生猪产品质量安全，保障人民身体健康，我国于1997年12月发布《生猪屠宰管理条例》，实行生猪定点屠宰、集中检疫制度。生猪屠宰管理条例》先后经过四次修订，现行版本是经2021年5月19日国务院第136次常务会议修订通过的。养殖行业屠宰规范化程度在不断提高，全国规模以上生猪定点屠宰企业屠宰量不断增加，由2000年的几千万头增至2022年的2.85亿头。2004年我国定点屠宰企业有3万多家，其中2004年统计的国有企业和年销售额500万元以上的企业有2 232家，实行机械化或半机械化屠宰的企业大概占25%。国家不断规范屠宰行业，2011年全国屠宰企业总数为19 938家，至2012年下降到14 720家，减少了5 218家，同比下降26.2%。2012年末全国定点屠宰企业设计年屠宰能力约为8.5亿头，全年定点屠宰企业实际生猪屠宰量是3.55亿头，仅占设计产能的42%左右。按照农业农村部公布的名单，2019年国内规模生猪屠宰企业5 005家，行业仍存一些小型屠宰企业。2020年不少大型企业投资肉食一体化项目，养殖+屠宰加工，如牧原南阳的210万头肉食综合项目，饲料进场，猪肉出场。2022年国内规模生猪屠宰企业数量在4 500～5 000家。我国屠宰企业前三强（雨润、双汇、金锣）的市场份额仅为10%左右。根据屠宰行业的开工率测算，2022年国内生猪屠宰设计产能超过12亿头。2023年生猪出栏量增加，屠宰场开工率有提升，全国规模以上生猪定点屠宰企业屠宰量是3.44亿头，比上年增加5 833万头。2024年生猪出栏量下降，规模以上屠宰场屠宰量也有所下降，2024年全国规模以上生猪定点屠宰企业屠宰量为3.37亿头，比上年下降638万头。未来中小屠宰企业获取猪源的能力减弱，大型养殖企业不断与大型屠宰企业联合进行生猪点对点直供业务。

（9）楼房养猪是国内养猪业的一个创新性尝试。近些年随着畜牧养殖产生的粪便以及使用药物的残留给养殖环境带来不利影响，国家开始规范养殖环境，严格养殖用地审批，对于南方本就土地紧张的现状，养殖用地更是捉襟见肘，开始有企业尝试立体式养殖。早在2000年以前，在福建晋江，就有农牧公司盖了3栋5层楼的猪舍。近些年，尝试楼房养猪项目的企业并不少见，广东、山东、河北、河南、浙江等地都出现了楼房养猪项目。2020年楼房养猪成为行业关注的热点，据不完全统计2020年开工建设的楼房养猪项目达15个以上，涉及生猪养殖产能超过2 000万头，涉及资金超过350亿元，涉及的企业包括牧原、立华、京基智农、傲农生物、温氏股份、扬翔等。据笔者了解，当前楼房养猪最高规划建成的楼房猪场为26层楼，远超一般5～9层的高度。本着产能倍增、发展集约化的方向，楼房养猪虽前期暴露出不少问题，但行业关注的热点不减。2020年8月，上海力行合作社按上海市都市现代农业发展要求，计划扩建一个设计规模为年出栏量2.6万头的猪场项目，该项目占地面积21亩，充分利用现有土地资源，采用楼房立体养殖模式。截至2022年4月，常州市已建成新北区、常州经开区、溧阳市和武进区共4处楼房养猪项目，总投资6.5亿元，全规模饲养年出栏商品猪15万头以上。唐人神龙华农牧十里冲楼房猪场2022年2月投产，共建28栋楼房，投资20多亿元，年可出栏生猪130万头。中新开维楼房猪场2022年9月投产，投资40亿元，年可出栏生猪120万头。海大罗定益豚楼房猪场2022年8月投产，项目投资25亿元，年可出栏生猪100万头。2022年投产的楼房养猪项目还包括东瑞"6920"多层楼房猪场（78万头）、越秀农牧花都楼房猪场（36万头）、湖北共富楼房猪场（30万头）等。其中中新开维的楼房养猪项目更是引起行业的热议，运用了多项先进的科学技术。2023年楼房养猪模式的讨论声不绝耳，2024年楼房养猪模式的讨论热度有所减弱。楼房养猪的未来取决于技术问题的解决程度和养殖效率提升的状况。

（10）国内大型的生猪养殖企业介入生猪屠宰和产品加工的时间较晚。在2010年前生猪养殖企业的重心更多地放在扩张产能和企业布局上，很少涉及屠宰加工端业务，有屠宰加工企业涉及少量生猪养殖如浙江华统、临沂新程金锣、河南双汇等。随着国内生猪养殖集团化进程的加快和养殖集中化程度的提高及养殖规模边际成本提升，集团养殖企业开始延伸产业链，涉足屠宰加工行业，2012年9月雏鹰集团旗下首个终端产品品牌雏牧香推出。国内的集团化养猪企业也都不断开始提升屠宰加工产能，2012年11月洛阳正大食品有限公司生猪屠宰线正式投产，这是正大集团在中国的第一条生猪屠宰加工项目。2017年天邦股份布局屠宰产业。2018年温氏开始布局生猪屠宰业务。2019年，正邦科技在赣州、上饶、孝感布局生猪屠宰业务，体量较小。2019年牧原股份进入生猪屠宰行业。2023年6月东瑞股份生猪屠宰及肉制品加工项目建成投产。养殖集团企业进入屠宰加工可以配套养殖主业、延伸产业链、减小猪周期波动带来的影响。2022年国内大型的生猪养殖集团仍加大生猪屠宰加工和猪肉产品业务，希望延长产业链条分担经营风险，获得更丰厚的利润。生猪养殖企业名称已改为"××食品有限公司"，如牧原食品、温氏食品、天邦食品等，其中牧原食品至2022年末，新增屠宰产能1 500万头，预计2027年完成1.2亿～1.3亿头屠宰产能建设布局。这些企业除线下生鲜渠道布局，同时也重视电商销售渠道投入。据不完全统计，2022年仅京东网络平台有关猪肉产品的品牌就达到500个，比2021年增加6个，涉及的产品来源除了国内，还包括西班牙、丹麦、加拿大、荷兰和法国等，产品种类包括黑猪、特色猪和白猪等。电商端的销售大幅增长，冷鲜猪肉占据了大部分比重。自2021年5月1日起在全国范围开展非洲猪瘟等重大动物疫病分区防控工作，加强生猪调运监管，由"运猪"向"运肉"的政策转变和近四五年国内新冠疫情对人们出行的影响，电商端渠道被企业进一步重视，将成为未来重要的"赛道"之一，同时冷鲜猪肉和猪肉制品的占比也会进一步提高。2024年国内大型的生猪养殖集团继续推进生猪屠宰加工和猪肉产品业务。2024年1月1日起《生猪屠宰质量管理规范》实施，这是国内屠宰领域首部质量管理规范，对保障生猪产品质量安全、维护生物安全具有重要作用，对促进行业提档升级、健康发展具有重要意义。随后部分省份发布生猪屠宰行业规划，如黑龙江省印发《黑龙江省生猪屠宰行业发展规划（2024—2030年）》，到2030年末，全省屠宰行业集中度稳步提高，年屠宰总量达到1 200万头，规模以上企业占比80%以上。国内屠宰行业将进一步规范发展。

第2篇 中国生猪养殖分析及预测

1 国内生猪养殖的区域分布特征

中国生猪养殖区域分布较为广泛，按照养殖量的东西分布，基本符合胡焕庸线（即黑河—腾冲一线），东部生猪养殖密集，西部生猪养殖稀疏。东部生猪养殖出栏量占比约96%，西部生猪养殖出栏量占比约4%。按照人口省份数量分布来看，也基本符合与人口呈正相关关系，养猪数量多的省份也分布在人口数量较多的省份的广东、山东、河南、四川、河北、湖南等，更接近猪肉消费市场。而若想以养殖饲料原料的产量多少来规划生猪养殖量区域难度较大，南猪北养的规划难以实现，对生产布局转变带来流通领域交易成本上升的影响考虑不够充分。消费市场更占据主动性，与人口的经济活动空间分布相一致。几乎国内所有省级行政区内均有生猪养殖，四川省生猪养殖量长期居全国第一位，出栏量占全国出栏总量的10%左右，国内生猪养殖量比较大的省份还包括：湖南、河南、云南、山东、湖北、河北、广东、广西、江西、江苏、安徽、黑龙江和辽宁等。地区粮食生产和运输半径决定了我国当前的生猪养殖地域分布：生猪养殖对饲料消耗量大，似乎粮食主产区更占优势。不同的粮食生产结构也一定程度决定了生猪的养殖规模和结构。国内中东部地区气温温和，温差适宜，水源充裕，有利于生猪生产，同时中东部地区以及南方地区经济比较发达，人口分布众多。东北地区是国内粮食的主要产区，特别是玉米产量占全国产量的三成以上，相对养殖成本优势明显，铁路陆运交通便利，地域辽阔，养殖量也比较大，生猪产品主要供往京津冀和内蒙古一带，近些年不少大型企业前往东北地区发展生猪养殖，如牧原、大北农等。长江中下游区域是传统的鱼米之乡，水系发达，粮食资源丰富，生猪养殖量和出栏量都很大，区内人口众多，消费市场潜力大，市场容量大，而且属于生猪调出区域。邻近上海、广东等沿海经济发达地区是我国传统生猪主产区。西南地区地形以丘陵山区为主，水稻产量大，区域内生猪散养户比例较高，偏爱出栏体重较大的猪，猪多体肥，产量较大，以本地区消费为主，调出量小，是我国传统的生猪产区。

（1）东北作为玉米主产区，20年来玉米产量增幅最大，占全国比重提高了6.87%，为全国总产量的33.07%。然而，20年来东北地区生猪出栏量占全国比重仅提高了0.83%，为全国总出栏量的8.42%。主要原因是东北受北冰洋寒流影响，冬季寒冷漫长，且温度比同纬度的其他地区大约低10℃，生猪养殖业面临保温防冻的挑战，因而生猪产业发展长期滞后于其他地区。

（2）华北（北京、天津、河北、山西、内蒙古）的北京、天津位于我国三大经济圈之一的京津冀经济圈，发展生猪生产的自然资源条件受到一定限制，随着我国区域经济结构的不断调整和优化，北京、天津主要发展二、三产业，农业的发展受到抑制，养殖业产量近几年有所降低。河北省地处种植业发达地区，是玉米的主要产地，为生猪饲养提供了充足的饲料原料，同时该地区以平原为主，为生猪生产的规模化、标准化发展提供了良好的自然条件；内蒙古是传统的牧区，牛羊养殖量较大，生猪养殖量不多。

（3）西南地区深居内陆，群山环绕，外界疾病较难传入，是我国的主要"无疫区"之一，气候温润，降水充足，温度、湿度适宜，除了玉米以外其他饲料资源也相对丰富，自古以来便是生猪养殖的核心区，虽然养殖规模化程度低但养殖的群众基础扎实，千家万户养猪，因此30年来出栏增长量比较大。但是随着经济发展、产业结构的调整，饲养管理水平低、规模化程度不高、输出成本高，必然导致生猪养殖优势区向玉米高产区、交通便捷的省份发展。

（4）华中地区由于气候温润、温湿度适宜，交通便利，距"长三角""珠三角""环渤海"经济发达地区较近，有一定的地缘优势；此外，该地区饲养管理水平较高，规模化程度高，龙头企业多在这里集中；更为主要的是华中距离玉米主产区东北、华北较近。湖南和湖北是长江中游地区的主要生猪生产省，该地区土地肥沃、水源充足，粮食产量较高，具有猪饲料生产的比较优势，同时临近长三角和珠三角地区，交通便利，有利于生猪的跨省调运。

国内的生猪养殖相对集中在消费的主产区，国内居民对猪肉消费习惯主要以热鲜肉消费为主，特别是在南方地区对热鲜肉更加偏爱，由于生猪和猪肉的运输半径受新鲜度和运输成本要求，因此有猪肉供应缺口的各销区猪源供给一般由相对应的产区供给。长三角地区的猪源来自长江中下游地区和华北地区，珠三角地区的猪源则主要来自湖南、广东、广西、四川和云南等西南主产区，而环渤海地区的猪源由华北和东北供给。多层次因素使得我国生猪养殖主要集中在华东、华中、西南和华南区域。

受2018年发生的非洲猪瘟疫情影响，国家在养猪方面的政策、土地和资金方面的支持明显加大，而之前各省环保相关政策在养猪产业的执行暂时搁置，国家下达各区域相关的养猪任务，南方和东部经济发达的部分地区生猪养殖恢复力度不断加大，特别是西南地区出栏量占比逐渐升高。2019年中国生猪养殖投资呈现向消费区域倾斜，例如，北京、四川、山东、江苏、湖南等省份不断有新建产能。不过，东北地区、西北地区的甘肃等也有不少新的投资。2020年在国家政策的支持下和超高猪价的支撑下，养猪行业上演资本疯狂，大肆规划投资新建养猪项目。2023年企业的投资活动明显减少，近期温氏股份公告，拟终止部分募集资金投资项目，滁州温氏畜牧有限公司方岗养殖小区和洪湖温氏畜牧有限公司大树养殖小区的总投资19 395万元，终止主要原因是市场环境变化影响，公司调整了相关区域的生产计划。

2023年四川、湖南、河南、云南、山东、湖北6省的生猪出栏量为3.28亿头，比上年增加715万头，占全国生猪出栏总量的45.1%。2024年生猪出栏量排在前6位的省份中，四川省出栏量为6 149.6万头、河南省出栏量为6 029.1万头、湖南省出栏量为6 016万头、湖北省出栏量为4 431.4万头、山东省出栏量为4 333.6万头和云南省出栏量为4 266.1万头，6个省的生猪出栏量为3.12亿头，比上年有所下降，占全国生猪出栏总量的比例为44.45%（表1）。

表 1　2024 年中国生猪出栏量排位前 20 的省份分布　　　　　　　　　　单位：万头

省份	2024 年	2023 年	2022 年	2022 年出栏规划完成率
全国	70 256	72 662	69 995	100.42%
四川	6 149.6	6 662.7	6 548.4	102.32%
湖南	6 016	6 286.3	6 248.2	103.24%
河南	6 029.1	6 102.3	5 919	88%
云南	4 266.1	4 626.95	4 531.78	88.86%
山东	4 333.6	4 659.7	4 528.4	93.47%
湖北	4 431.4	4 438.53	4 286.15	102.91%
广东	3 817.7	3 794.01	3 496.79	108.26%
广西	3 651.4	3 516.6	3 347.44	89.50%
江西	3 035.6	3 143.6	3 064.6	111.97%
黑龙江	2 346	1 927.7	2 317.3	94.01%
江苏	2 334.9	2 408.5	2 258.7	110.72%
贵州	1 985.2	2 048.24	1 984.73	82.80%
重庆	1 822	1 974.9	1 904.4	121.11%
吉林	1 908.4	1 927.69	1 839.4	118.90%
福建	1 652.6	1 695	1 614.1	—
陕西	1 203.5	1 298.3	1 278.1	89.5%
山西	1 385.2	1 276.1	1 185.9	126.83%
甘肃	965.3	940	895.69	81.06%
浙江	949.91	953.2	851.00	77.01%
新疆	833.5	825.6	—	88.57%

数据来源：国家统计局。

2　主要生猪养殖区域产量变迁

长三角（江苏、上海、浙江）、京津冀（北京）、珠三角（广东）地区的省份位于国内三大经济圈，随着国内区域经济发展结构的不断调整及优化，重点发展第二、三产业，农业作为第一产业，其发展在土地、环保、税收等方面受到限制，未来的生猪养殖产量会适当降低。以北京为例，2000 年北京生猪出栏量为 415.6 万头，2002 年达到 483.2 万头，而 2022 年降至 32.2 万头，2024 年更是下降至 20 万头，不足往年的零头。

西南地区的四川、云南、重庆、贵州深居内陆，形成了对外界疾病防控的天然屏障，一般疫病较难传入，气候条件宜人，温润而雨水充足，由于山地、丘陵居多，所以玉米产量较低，但其他饲料资源丰富，生猪养殖基础深厚，近些年贵州生猪养殖发展速度迅猛，

2000年贵州生猪出栏量为1 164.5万头，到2022年增长至1 984.7万头，2023年生猪首次突破2 000万头出栏量，到达2 048万头；四川是传统养殖大省，长期稳定在6 000万头以上的出栏水平。云南是西南地区又一生猪养殖产业发展迅猛的区域，2000年云南省生猪出栏量为2 033万头，2024年已经达到4 266万头，增长2 233万头，增幅109.84%。西南地区是国内生猪产业发展最好的区域之一。

华中地区的湖南、湖北省内水系发达，气候温润，温湿度适宜，交通四通八达，地形多样，包括平原、丘陵、盆地和山地，自然资源丰富。主要农产品有粮食、棉花、油料等。河南省是全国重要的粮食生产基地，该地区生猪饲养管理水平较高，规模化程度高，中大型生猪养殖龙头企业多集中在此。2000年湖南、湖北两省生猪出栏量合计7 910万头，至2022年两省的生猪出栏量达到10 534万头，增加了2 624万头。2024年湖南、湖北、河南三省生猪出栏量达到16 476.5万头，占全国生猪出栏量的23.45%。

作为玉米重要生产基地的东北（黑龙江、吉林、辽宁和内蒙古部分地区），地形以平原、山地和丘陵为主。松嫩平原、辽河平原和三江平原是主要的平原区域，气候特点是冬季寒冷漫长，夏季温暖短暂，降水主要集中在夏季，冬季降雪较多，地表积雪时间长。2000年以来生猪出栏量占全国比重提高了3%，为全国总出栏量的11.4%。漫长的冬季和较低的气温，给生猪养殖业保温防冻带来的压力较大，但随着建筑材料技术和建筑结构设计能力的不断发展提升，较前些年舍内保温能力及生猪养殖水平大幅提升。

与2022年相比，2024年东北地区生猪出栏量出现一定增长，增加173.9万头；华北地区略有增长，增长54.2万头；长江流域生猪出栏量出现一定下降，减少365.9万头，可能是资源承载能力达一定限制，同时消费需求也有所减少；两广地区生猪出栏量呈现较大增长量，增长了624.9万头，两广地区一直是猪肉消费的重点区域，对猪肉需求量较大，近年来投资新建的猪场较多，随着项目的陆续投产，产能释放出栏量增长。

2024年各区域生猪出栏量较2023年相比有升有降，其中东北地区下降87.6万头，华北地区下降399.3万头，长江流域下降1 188.1万头，两广地区增长158.5万头，西南地区下降1 090万头。长江流域仍然是增长量最大的地区，20多年间东北地区出栏量增长3 649.1万头，华北增长3 415.2万头，长江流域增长5 310.1万头，两广地区增长1 764.2万头，西南地区3 429.1万头，鉴于以上各区域统计所包含的省份数量不同，不可仅以数值进行简单比较；进一步对各区域内的增长情况做分析，最终发现，20多年间生猪出栏量增长的区域排序分别是东北地区、华北地区、西南地区、长江流域和两广地区，从侧面体现出粮食主产区在生猪养殖方面的增长优势和潜力（表2）。

表2 2000—2024年各区域生猪出栏量   单位：万头

年份	东北地区	华北地区	长江流域	两广地区	西南地区
2000	3 575.8	10 595.9	23 540.1	5 704.9	10 793.7
2001	3 601.8	11 283.8	24 262.0	5 820.6	11 026.1
2002	3 679.7	11 842.3	25 008.2	5 818.7	11 496.5
2003	4 014.1	12 741.3	25 785.1	5 824.8	11 838.0
2004	4 656.8	13 679.3	26 504.1	5 771.5	12 304.1

续表

年份	东北地区	华北地区	长江流域	两广地区	西南地区
2005	4 966.5	14 664.3	27 998.8	6 448.6	13 285.5
2006	4 878.9	12 891.0	25 794.2	6 401.9	12 958.5
2007	4 670.5	11 107.0	24 362.9	5 981.2	11 775.4
2008	5 108.8	11 995.4	26 211.2	6 402.8	12 592.9
2009	5 484.4	12 632.2	27 901.3	6 720.9	13 339.2
2010	5 739.1	12 914.5	28 904.6	6 962.1	13 839.2
2011	5 768.2	12 831.3	28 644.5	6 859.2	13 677.9
2012	6 177.0	13 611.0	30 185.0	7 087.0	14 243.0
2013	6 276.6	14 246.5	30 680.9	7 201.5	14 574.5
2014	6 481.5	14 903.5	31 625.0	7 308.8	14 937.6
2015	6 203.4	14 558.4	30 792.1	7 080.2	14 602.7
2016	6 083.5	13 988.4	29 683.2	6 860.0	14 020.4
2017	6 409.4	15 186.0	29 534.6	7 067.1	13 950.5
2018	7 030.6	15 194.0	29 266.0	7 223.2	14 116.9
2019	5 303.3	10 798.3	22 774.9	5 446.0	11 434.7
2020	5 286.8	10 563.5	20 629.6	4 818.6	12 163.9
2021	6 830.1	13 615.1	28 126.6	6 450.5	14 163.6
2022	7 051.0	13 956.9	29 216.1	6 844.2	14 969.3
2023	7 312.5	14 410.4	30 038.3	7 310.6	15 312.8
2024	7 224.9	14 011.1	28 850.2	7 469.1	14 222.8

数据来源：国家统计局。

3 TOP5省份占比国内生猪出栏量40%左右，国家关注猪肉区域产销平衡

2000年生猪出栏量TOP5省份分别是四川、湖南、河南、山东、河北，5个省的生猪出栏量为2.18亿头，占当年全国生猪出栏量5.27亿头的41.5%，5个省的生猪出栏量均在3 000万头以上。2001年生猪出栏TOP5省份排序不变，5个省出栏量占比为41.48%，排名第六的广东生猪出栏量第一次超过3 000万头，为3 052万头，其他省份出栏量均在3 000万头以上，此排名顺序一直维持到2005年。2006年广东省生猪出栏量首次超过河北，晋级全国前五，出栏量达到3 444.7万头，国内生猪出栏量超过3 000万头的省份达到了7个，湖北省生猪出栏达到3 100.6万头，排名TOP5省份生猪出栏量占比为40.6%。2008年国内生猪出栏TOP5省份再次出现变化，湖北超过广东，挤入前五行列，湖南的出栏量也首次超过5 000万头，达到5 153.1万头。此后几年中，这种排名顺序十分稳定，

直到2019年、2020年，受2018年非洲猪瘟疫情的影响，各省生猪生产都遭受了重大影响，出栏量大幅下降20%以上，2019年云南替代了山东，排名全国第四，生猪出栏量前五省份在全国占比降至40%以下，为38.2%。2020年山东替代了河北再次进入全国前五，TOP5省份出栏量占比40.6%。2021年四川、湖南、河南、山东、云南5个省的生猪出栏量为2.68亿头左右，占全国生猪出栏总量的39.97%。2022年四川、湖南、河南、云南、山东5个省的生猪出栏量为3.21亿头，比2021年增加0.12亿头，占全国生猪出栏总量的39.68%，占比比2021年略有下降。2024年四川、河南、湖南、湖北、山东5个省的生猪出栏量为2.70亿头左右，占全国生猪出栏总量38.37%，占比比2023年下降1.31个百分点，其中云南掉出前五行列，湖北进入前五。

2018年受非洲猪瘟疫情影响，国家在养猪方面的政策、土地和资金方面的支持明显加大，而之前各省环保相关政策在养猪产业的执行暂时搁置，国家下达了各区域相关的养猪任务，南方和东部经济发达的部分地区生猪养殖恢复力度不断加大，特别是西南地区出栏量占比逐渐升高。2019年国内生猪养殖投资呈现向消费区域倾斜，例如北京、四川、山东、江苏、湖南等省份不断有新建产能。不过，东北地区，西北地区的甘肃等也增加了不少新的投资。2020年在国家政策的支持和超高猪价的支撑下，养猪行业上演"资本疯狂"，大肆规划投资新建养猪项目。

受经济发展水平、环保、土地、饲料资源等各方面因素影响，叠加2015—2017年环保风暴和2018年以来的非洲猪瘟疫情，大量散养户及中小规模的养殖场被清理出行业。规模化进程大幅加快，生猪产能出现波动。国内未来几年不同地区生猪出栏量将呈现升降的分化，北京、上海、福建、浙江等经济发达地区生猪出栏量将出现一定程度下降，估计年降幅速度在2%～3%；而山东、河南、湖北、广东、江西、安徽等地区将继续维持较快的增长速度，增幅在5%左右。2018年以后东北地区生猪发展增幅下降，南猪北养计划搁浅，增长速度在1%～2%。

近些年南方生猪养殖量大的省份较多，北方生猪养殖量大的省份较少，如山东、河北（以黄河为界），南方的超大型生猪集团越来越多（例如温氏、双胞胎、新希望、德康等），北方的超大型生猪养殖集团偏少（例如大北农）。主要由于近年的新型冠状病毒疫情和非洲猪瘟疫情的双重影响，生猪的生产区域结构有所变化，新建的猪场更愿意靠近南方的猪肉消费区域，即使南方的土地供给偏紧。

按照农业农村部印发《加快生猪生产恢复发展三年行动方案》，生猪及产品调出区：辽宁、吉林、黑龙江、河北、安徽、河南、山东、江西、湖南、湖北、广西；主销区（自给率要达到并保持在70%左右）：天津、江苏、浙江、广东、福建；产销平衡区（确保做到基本自给）：内蒙古、山西、海南、四川、重庆、贵州、云南、西藏、陕西、甘肃、青海、宁夏、新疆；北京、上海等特大城市要通过跨区合作建立养殖基地等方式保证掌控猪源达到消费需求的70%。

而农业农村部关于印发《"十四五"全国畜牧兽医行业发展规划》的通知中，北京和上海变成主销区，要重点引导大中型企业建设养殖基地，确保一定的自给率，北京规划的平谷国家级农业科技创新中心，被视为农业"中关村"。福建由主销区变成了产销平衡区，可能是由于福建省山多地少，自然屏障较好，生猪产能增长潜力较大。

4 中国生猪规模养殖比例加速提升，2024年规模化程度超过70%

按照生猪出栏情况和养殖规模特点，把生猪养殖场分为散户/专业户、小规模养殖场、中规模养殖场和大规模养殖场；并根据目前中国生猪养殖业的特点，对不同规模的母猪存栏和生猪出栏量重新进行了划分（表3）。

表3 中国生猪养殖场按规模分类标准

分类	散户/专业户	小规模	中规模	大规模
母猪存栏量	25头以下	25～150头	150～500头	500头以上
生猪出栏量	500头以下	500～3 000头	3 000～10 000头	10 000头以上

数据来源：北京华豕农业研究院数据库。

2000年国内年产出栏量500头以上（含500头，下同）生猪养殖场（户）生猪出栏量占全国生猪出栏量的8%左右，规模化养殖[此时国内生猪规模养殖的衡量标准为：年出栏50头以上（含50头）生猪，若以此计算，2000年国内生猪规模化率为25.7%]程度很低，以散养户和专业户为主，养殖场（户）数量超1亿个，国内生猪养殖大多停留在庭院式饲养方式，利用家前院后的土地和丰富的农村农副产品资源进行养殖，此时国内工业化饲料发展逐渐向成熟阶段迈进，生猪规模化饲养处于起步阶段。2001年国内年出栏500头以上生猪养殖场（户）的生猪出栏量占全国生猪出栏量达到9.95%，这部分养殖场（户）数量达到26 517个。2003年年出栏500头以上生猪养殖场（户）生猪出栏量达到7 043.6万头，在全国占比10.71%，这部分养殖场（户）数量达到38 173个。此后年出栏500头以上的养殖场（户）占比快速提升，2007年年出栏500头以上生猪养殖场（户）生猪出栏量在全国占比超过20%，生猪出栏量达到1.5亿头以上，此时全国生猪养殖场（户）数量下降到8 000多万个。2010年年出栏500头以上生猪养殖场（户）生猪出栏量在全国占比达到34.5%，这部分养殖场（户）数量达到220 366个。2015年年出栏500头以下（不含500头，下同）生猪出栏量在全国占比降至56.7%。2018年以后国内生猪规模化率更是在疫情的促进下，加速提高，2019年中国年出栏量500头以上规模猪场占全国生猪出栏量的53%左右，比2000年提高了约38个百分点，比2007年提高了约28个百分点。2020年该出栏比重提高到57%左右，同时新建规模化养猪场数量不断增加，2020年8月，有2 030个新建规模猪场投产，2020年新建猪场累计投产达到1.1万个，2019年空栏的规模猪场有1.2万个复养。

据中国农业统计资料，2007年国内生猪养殖场（户）数量为8 227万个，而到了2020年国内生猪养殖场（户）的数量仅为1 973万个。其中据农业农村部于2019年12月17日的发布会介绍，我国有2 600万个养猪场户，其中99%是年出栏500头以下的中小场户，这些中小场户的猪肉产量在全国猪肉产量的比重接近50%。2020年9月年出栏生猪500头以上的养猪场（户）的数量为17.1万个，2021年8月农业农村部发布规模化猪场（户）保有量数据，规模化猪场（户）保有量为13.7万个。

随着社会经济的快速发展以及国家政策扶持，2007年至今生猪散养户快速退出，规模养殖户和大型养殖企业快速发展，国内生猪规模养殖比例显著提高。据农业农村部数据，2015年全国约有500万养殖户退出生猪养殖，其中主要是中小规模散养户，规模养殖在市场中的份额大幅提升。

2019年国内年出栏量500头以上规模猪场占全国生猪出栏量的53%左右，比2000年提高了约38个百分点。比2007年提高了约28个百分点。2020年该出栏比重提高到57%左右。2021年国内规模以上生猪养殖企业生猪出栏比重为62%，2021年规模养殖提高的主要动力来自：大型企业和超大型企业新建项目不断落地投产，及生猪出栏数量大幅增长；另外部分小规模及散户在2021年防控非洲猪瘟等重大疫病的过程中，仍显得管理和技术水平不足，部分地区散发较为严重，出栏量减少。2022年国内规模以上生猪养殖企业生猪出栏比重提升为65%。2022年国内大型养殖集团前期规划投资的产能不断释放，叠加上半年猪价整体低迷，大型企业借助资本的实力挤压了中小场户的生存空间，2022年行业的整体规模化水平迅速地提升。

2023年国内规模以上生猪养殖企业生猪出栏比重提升至70%。在疫病和市场行情的双重压力下，散户/专业户退出迅速，前期的规划推进10万～100万头规模的养猪场扩张较快，推升了行业的规模化养殖水平。

2024年国内规模以上生猪养殖企业生猪出栏比重提升至72%。家庭农场模式的优势显现，特别在成本控制方面，同时专业化的养殖技能和规模也不断提升；头部大型养殖集团的出栏能力进一步提升，较上年有3%～5%增长，行业的规模化养殖比重进一步提升（表4）。

表4 近20年中国生猪养殖规模化程度比较 单位：%

年份	散户/专业户 （出栏量500头以下）	小规模 （500～3 000头）	中规模 （3 000～10 000头）	大规模 （10 000头以上）
2000	92.45	3.56	2.09	1.90
2001	92.00	3.80	2.10	2.00
2002	90.05	4.80	2.70	2.40
2003	89.29	5.50	2.60	2.60
2004	86.26	7.33	3.33	3.08
2007	79.10	12.00	5.20	3.80
2008	72.80	15.50	6.80	4.90
2009	68.40	17.60	8.00	6.00
2011	63.40	20.00	9.50	7.50
2015	56.70	23.30	10.20	9.85
2018	50.90	26.30	12.20	10.60
2019	47.00	24.60	13.00	15.40
2020	42.90	24.30	14.70	18.10
2021	38.00	24.80	15.70	21.50

续表

年份	散户/专业户 （出栏量500头以下）	小规模 （500~3 000头）	中规模 （3 000~10 000头）	大规模 （10 000头以上）
2022	35.00	20.30	19.90	26.80
2023	30.00	17.40	20.20	32.40
2024	28.00	17.50	20.40	34.10

数据来源：中国畜牧业年鉴，全国畜牧总站及估测。

第3篇 生猪产业发展政策与生猪市场现状特点

1 国内生猪养殖相关产业政策及国内市场变化

1.1 二十多年来国内政策对生猪产业发展的引导

生猪产业政策对国内的生猪生产具有直接的导向作用，国家历来高度重视通过出台产业政策引导生猪健康有效可持续发展。1999年以来，关于养猪生产的重要文件及支持生产内容如下：

1999年和2001年，国务院办公厅先后转发了农业部《关于当前调整农业生产结构的若干意见》和《关于加快畜牧业发展的意见》，提出稳定发展生猪生产。

2002年国务院办公厅发布《国务院办公厅关于落实中共中央 国务院做好2002年农业和农村工作意见有关政策问题的通知》，指出要实施"畜禽良种工程"，扩大优良种畜引进规模，在重点地区建立畜禽良种繁育基地，强化动物疫病防治工作。

2007年1月26日，国务院印发《关于促进畜牧业持续健康发展的意见》，提出进一步完善良种繁育、动物疫病防控、饲草饲料生产、畜产品质量安全、草原生态保护等体系；进一步提高规模化、标准化、产业化程度，初步实现畜牧业生产向技术集约型、资源高效利用型、环境友好型转变。7月30日，国务院办公厅印发了《关于促进生猪生产发展稳定市场供应的意见》，出台了一系列促进生猪生产发展的政策措施，包括实施能繁母猪补贴，启动母猪政策性保险，完善生猪良种繁育体系，支持标准化规模养殖场建设，给予生猪调出大县奖励，建立健全生猪疫病防控体系等。12月20日，国务院办公厅又发布了《国务院办公厅关于进一步扶持生猪生产稳定市场供应的通知》，提出加大能繁母猪补贴政策支持力度，继续推进能繁母猪保险，继续扶持生猪规模养殖，继续实行生猪良种补贴政策，继续对生猪调出大县给予奖励，继续加大信贷支持力度，继续落实规模化畜禽养殖用地政策。

2008年12月31日，中共中央、国务院印发《关于2009年促进农业稳定发展农民持续增收的若干意见》发布，文件提出将继续落实生猪良种补贴和能繁母猪补贴政策，扩大生猪调出大县奖励政策实施范围。中央财政继续安排25亿元资金扶持一批生猪标准化规模饲养场（小区）基础设施建设，特别是粪污处理、猪舍标准化改造及水电路、防疫等建设；从2008年7月1日至2009年6月30日这一年度内，国家对能繁母猪的补贴标准比2007年度翻了一倍，每头补贴增加到100元。对生猪良种场建设和使用良种猪精液开展生猪人工授精实行补贴政策，按每头能繁母猪年繁殖两胎，每胎配种使用2份精液，每份精液10元测算，每头能繁母猪年补贴40元；对列入国家一类动物疫病和高致病性猪蓝耳病实行免费强制免疫和病猪扑杀补助；对因防疫需要而扑杀的猪瘟和高致病性蓝耳病病猪及同群猪按照生猪口蹄疫扑杀补助标准和负担办法给养殖场（户）补助，补助标准暂定大猪600元/头，小猪200元/头。

2011年6月，农业部办公厅发布《关于做好当前生猪生产有关工作的通知》，要求要加快落实生猪调出大县奖励政策、生猪标准化规模养殖场小区建设项目和生猪良种补贴项目，继续支持生猪规模养殖场基础设施改造，提升设施装备水平，着力提高母猪繁殖性能和仔猪成活率，继续抓好口蹄疫、高致病性猪蓝耳病、猪瘟等生猪重大疫病基础免疫。

2011年11月，国务院办公厅发布《关于促进生猪生产平稳健康持续发展防止市场供应和价格大幅波动的通知》，要求继续大力扶持生猪生产。"十二五"期间，每年继续安排中央投资25亿元支持生猪标准化规模养殖场（小区）建设，并视情况适当增加投资；各地要继续按照每头每年100元的标准，对能繁母猪发放饲养补贴，中央财政对中西部地区给予60%的补助，对新疆生产建设兵团和中央直属垦区补助100%；继续落实国家对购买良种猪精液补助政策；生猪调出大县（农场）奖励范围由目前的421个县增加到500个县；中央财政对基层动物防疫员的工作经费补助标准由每人每年1 000元提高到1 200元，地方财政也要给予相应补助；因防疫需要而扑杀的生猪补助标准，由每头600元提高到800元；对屠宰环节病害猪损失补贴由每头500元提高到800元；对标准化规模养殖场（小区）养殖环节病死猪无害化处理费用给予每头80元的补助；落实好能繁母猪保险保费补贴政策；落实主销区和沿海大中城市地方猪肉储备规模不低于当地居民10天消费量，其他城市不低于当地居民7天消费量的规定。该政策文件为在今后的一个时期内保护生产者和消费者利益，促进生猪生产平稳健康持续发展起到非常积极的作用。

2012年5月，国家发展和改革委员会、财政部、农业部、商务部等部门联合发布《缓解生猪市场价格周期性波动调控预案》，建立完善生猪市场价格调控机制，缓解生猪市场价格周期性波动，促进生猪生产平稳健康持续发展，将防止生猪价格过度下跌和过快上涨列入调控目标，择机增加地方冻猪肉储备投放规模，调剂市场，稳定预期。

2013年全国生猪价格持续走低，下降快、跌幅大，养殖场户普遍亏损，为稳定生猪生产，维护生猪养殖户切身利益，保障市场稳定有效供给，农业部办公厅5月7日发布《农业部办公厅关于稳定生猪生产的意见》，要求强化技术指导与服务，指导养殖场户采用节本增效饲养管理技术，努力减少养殖亏损，落实好各项扶持政策。

在非洲猪瘟疫情发生后，农业农村部2019年3月印发《稳定生猪生产保障市场供给的意见》；9月10日以国务院办公厅名义印发《关于稳定生猪生产促进转型升级的意见》，并会同有关部门出台17项政策措施，包括继续实施种猪场和规模养猪场（户）贷款贴息政策，期限延长至2020年12月31日，并将建设资金贷款纳入贴息范围，持续加强非洲猪瘟防控，完善设施农用地政策，合理增加附属设施用地规模，取消15亩上限，保障废弃物处理等设施用地需要。鼓励利用农村集体建设用地和"四荒地"（荒山、荒沟、荒丘、荒滩）发展生猪生产等；12月4日又印发了《加快生猪生产恢复发展三年行动方案》的通知，要求落实生猪规模化养殖场建设补助项目，对生猪养殖场户购置自动饲喂、环境控制、疫病防控、废弃物处理等农机装备实行应补尽补，配合自然资源部门落实生猪养殖用地按农用地管理政策,不需办理建设用地审批手续,简化用地审批程序,用好生猪调出大县奖励资金,落实非洲猪瘟强制扑杀补助经费,在3个月内将补助资金给付到位,落实种猪场、规模猪场流动资金和建设资金临时贷款贴息政策,及时兑付贴息资金。2019年是生猪养殖扶持政策密集出台的年份,从政策导向、组织保障、养殖用地、资金支持(贴息贷款、建设补充、各种奖励、生产补贴等)、技术支撑(生产指导、疫病防控等)等方方面面给予了大力支持,也为2021年生猪产能恢复到常年生产水平起到了关键性的作用。

在生猪产能恢复后市场价格再度陷入低迷,部分生猪养殖场(户)亏损,一些地方政策出现反复,生猪稳产保供的基础并不牢固,而为了巩固生猪产能恢复成果,防止产能大幅波动,促进生猪产业持续健康发展。2021年8月5日,国家六部委联合印发《农业农村部 国家发展改革委 财政部 生态环境部 商务部 银保监会关于促进生猪产业持续健康发展的意见》,意见要求,用5~10年时间,基本形成产出高效、产品安全、资源节约、环境友好、调控有效的生猪产业高质量发展新格局,产业竞争力大幅提升,疫病防控能力明显增强,政策保障体系基本完善,市场周期性波动得到有效缓解,猪肉供应安全保障能力持续增强,自给率保持在95%左右,拟通过稳定生猪生产长效性支持政策,推广土地经营权、养殖圈舍、大型养殖机械和生猪活体抵押贷款,完善生猪政策性保险,建立生猪生产逆周期调控机制。"十四五"期间,全国能繁母猪存栏量稳定在4 300万头左右、最低保有量不少于4 000万头,能繁母猪存栏量月度同比减少10%或生猪养殖连续严重亏损3个月以上时,各地可按规定统筹相关资金对规模养殖场(户)给予一次性临时救助补贴,完善生猪稳产保供综合应急体系等措施以完成上述目标。9月23日,为配合落实上述文件,农业农村部印发了《生猪产能调控实施方案(暂行)》的通知,"十四五"期间,以正常年份全国猪肉产量在5 500万吨时的生产数据为参照,设定能繁母猪存栏量调控目标,即能繁母猪正常保有量稳定在4 100万头左右,最低保有量不低于3 700万头,并按照生猪产能调控要求,将能繁母猪存栏量变动划分为绿色、黄色和红色3个区域,采取相应的调控措施,对全国现有年出栏500头以上的规模猪场(户)进行全数备案,划定产能保障底线,完善和强化调控政策措施,应对生猪市场波动日益复杂的新挑战、防止生产大起大落。

"十四五"期间的生猪产业政策可能对生猪养殖行业的影响:①在一定时期内稳定猪肉价格、促进生猪产业稳定发展,保护了消费者和生猪养殖户的利益。②促进了生猪产业集中化、集团化的形成,未来可能形成垄断化,竞争性减弱。更多的支持政策资金和制度倾向规模较大的生产企业,散户和专业化养殖户获取补贴资金困难。中小养殖企业被迫接受较低的生猪出栏价格,被排挤出市场,其生存空间和利润空间受到限制,生猪养殖企业的数量将进一步减少,预计未来仍将有30%~50%的养猪生产企业脱离养猪生产。③降低交易成本。规模化和专业化养殖不仅提高了产量,也逐渐形成了纵向的、联合的肉类生产体系,具有更好、更发达的供应链,减少了交易成本。近些年像牧原拓展生猪屠宰加工业务,其屠宰产能已经接近4 000万头,双汇向上游发展生猪养殖业务。

1.2 国内近几年生猪产业发展政策动向

1.2.1 全面推进、深化落实乡村振兴重点工作部署的实施意见

农业农村部关于落实国务院2022年全面推进乡村振兴重点工作部署的实施意见:在

工作布局上，重点围绕"四稳四提"展开。粮食生产稳面积提产能；产业发展稳基础提效益；乡村建设稳步伐提质量；农民收入稳势头提后劲。其中在生猪方面，稳定生猪基础产能。围绕能繁母猪存栏量和规模养殖场（户）保有量等核心指标，分级落实产能调控责任，稳定环保、贷款、保险等长效性支持政策，确保能繁母猪存栏量稳定在4 100万头左右。推动大型猪企组建产能调控联盟，强化市场监测预警和信息发布，引导养殖场（户）合理安排生产，防止生产大起大落。

2023年2月3日，农业农村部发布关于落实党中央、国务院2023年全面推进乡村振兴重点工作部署的实施意见。

在工作布局上，重点推进"三个协同"。一是协同推进产能提升和结构优化。坚持把保障粮食和重要农产品稳定安全供给作为头等大事，全方位夯实粮食安全根基，提升农业综合生产能力。大力发展现代设施农业，加快构建多元化食物供给体系，努力实现粮食安全保障能力有新提高、农业生产结构不断优化。二是协同推进成果巩固和农民增收。把脱贫群众放在农民增收大格局中统筹考虑，把更多资源力量聚焦配置到产业就业、创业兴业上，多措并举提升内生发展动力，拓宽农民增收致富渠道，努力实现农民收入稳步增长、脱贫成果持续巩固拓展。三是协同推进乡村建设和乡村治理。坚持物质文明和精神文明两手抓，整治提升农村人居环境，提升乡村基础设施建设和公共服务质量，增强乡村治理效能，加强农村精神文明建设，努力实现宜居宜业和美乡村建设有新落点，农村生产生活条件加快改善。其中与生猪和畜牧业相关内容：

（1）抓紧抓好粮食和农业生产，确保粮食和重要农产品稳定安全供给。要稳定面积、提高单产，确保全国粮食产量保持在1.3万亿斤（1斤=500克，全书同）以上；确保全国粮食面积稳定在17.7亿亩（1亩≈667平方米，全书同）以上；千方百计稳定大豆面积、力争有所增加。多油并举扩大油料面积。加强生猪产能调控。开展生猪产能调控工作考核，确保能繁母猪存栏量保持在4 100万头左右的合理区域。以集约高效为主发展设施畜牧业。

（2）加强农业科技和装备支撑，奠定农业强国建设基础。全面完成全国农业种质资源普查，加快国家畜禽和水产种质资源库建设，构建开放协作、共享应用的种质资源精准鉴定评价机制。推进育种创新。全面实施农业生物育种重大项目，扎实推进国家育种联合攻关和畜禽遗传改良计划。认定一批农业农村信息化示范基地，打造一批智慧农（牧、渔）场。深入推进数字乡村建设试点。

（3）持续巩固拓展脱贫攻坚成果，增强脱贫地区和脱贫群众内生发展动力。支持脱贫地区聚焦"一主两辅"特色主导产业，实施一批全产业链开发项目，开展技术引进、设施更新、品牌营销和人才培养。高质量发展庭院经济。强化带农增收。健全完善联农带农益农机制，落实经营主体带动脱贫人口、监测对象等增收责任，遴选发布一批脱贫地区联农带农益农典型模式。

2025年2月24日发布，农业农村部落实《中共中央 国务院关于进一步深化农村改革扎实推进乡村全面振兴的意见》。

文件内容主要包括：①全方位夯实国家粮食安全根基，抓好粮食等重要农产品稳产保供；②巩固拓展脱贫攻坚成果，守住不发生规模性返贫致贫底线；③持续提升农业物质装备水平，增强农业科技创新体系整体效能；④推进农业发展全面绿色转型，促进农业高质量发展；⑤持续壮大乡村特色产业，着力拓宽农民增收致富渠道；⑥持续提升乡村建设和乡村治理水平，扎实建设宜居宜业和美乡村；⑦进一步深化农村改革，激发农业农村发展活力；⑧强化要素体制机制保障，推动各项任务落地见效；其中与生猪和畜牧业相关内容：

一是奋力夺取全年粮食丰收。落实新一轮千亿斤粮食产能提升任务，力争全年粮食产量保持稳定。稳住粮食面积。健全种粮农民收益保障机制，实施好稻谷、小麦最低收购价政策，完善玉米大豆生产者补贴、稻谷补贴政策。深入推进粮油作物大面积单产提升行动，深入推进国家大豆和油料产能提升工程。

二是促进畜牧业持续健康发展。优化生猪产能动态调整机制，加强监测预警，稳定长效性支持政策，引导大型猪企有序规范发展，防止产能大起大落。实施养殖业节粮行动，持续推进饲料用粮减量替代，全面推广低蛋白日粮技术，积极发展优质苜蓿、青贮玉米等饲草产业，开发新型蛋白饲料。开展畜禽屠宰"严规范、促提升、保安全"三年行动。支持开展绿色种养循环农业试点，持续加强畜禽粪污资源化利用。

三是强化农业关键核心技术攻关，加强应用基础研究、共性技术创新、重大新品种和产品创制，尽快在新品种培育等领域取得突破。加快农业高新技术产业集聚地和现代农业产业科技创新中心、农业科技园区、重大农业科技工程设施等平台建设。强化种质资源保护利用，推进高通量种质资源表型鉴定平台体系建设。发展壮大种业阵型企业，推进重大品种研发推广应用一体化，实施育种联合攻关和遗传改良计划，继续推进生物育种产业化。

1.2.2 国家推进生态农场建设，促进农牧业绿色转型发展

2022年2月9日，农业农村部办公厅印发《推进生态农场建设的指导意见》，生态农场将按照坚持现代农业发展方向、坚持绿色循环低碳发展、坚持市场导向、政府引导、坚持因地制宜、突出特色的基本原则；到2025年，通过科学评价、跟踪监测和指导服务，在全国建设1 000家国家级生态农场，带动各省建设10 000家地方生态农场；培育一批生态农业市场主体，包括龙头企业、合作社、家庭农场等，推广一批生态农业技术模式，包括推广应用耕地质量保护与提升、污染修复等产地保育技术、生物防控等技术，探索一套生态农业扶持政策，包括畜禽粪污减排降污、农膜回收利用为重点的环境补偿政策等，构建一套生态农业监测体系，及时对生态农场的畜禽粪污资源化利用、地膜回收利用等台账进行查核。

2024年12月26日，农业农村部发布《关于加快农业发展全面绿色转型促进乡村生态振兴的指导意见》，与生猪相关内容包括：

（1）推进饲料兽药使用减量增效。深入实施养殖业节粮行动，大力推广低蛋白日粮技术，研发应用绿色高效饲料添加剂，促进饲料粮节约降耗。以生猪等畜禽品种为重点，实施兽用抗菌药使用减量化行动，推广替代产品，严格遵守处方药和休药期制度。到2030年，规模养殖场实施养殖"减抗"行动比例达到65%以上。

（2）加强畜禽粪肥还田利用。推进源头减量。优化饲料配比、堆肥方式，推广干清粪等实用技术，降低畜禽粪污养分损失。推动就地就近科学还田。实施畜禽粪污资源化利用整县推进工程，支持畜禽养殖场（户）建设和改造提升粪污处理设施设备，配套完善田间贮存池、输送管网等，集成推广畜禽粪肥还田利用技术模式。深入开展绿色种养循环农业

试点，培育一批开展粪肥还田等服务的社会化服务主体，以县为单位构建粪肥还田组织运行模式，形成发展绿色种养循环农业的技术模式、组织方式和长效机制。到2030年，畜禽粪污综合利用率达到85%以上。

（3）提升农业生态价值。推动农业节能降碳，研发种养业生产过程温室气体减排技术，开发工厂化农业及储存运输节能设备，创新农业废弃物资源化、能源化利用技术体系，提升农业生产适应气候变化的能力。发展沼气、生物天然气，推进秸秆、畜禽粪污等农业废弃物高值化利用。

（4）推行绿色循环。推进绿色循环技术应用。推进种养结合。指导各地参照畜禽粪污土地承载力测算技术指南，优化调整畜牧业发展布局，科学测算养殖规模，引导畜禽养殖场（户）配套完善粪肥消纳用地，建设一批种养结合型生态农场，促进农牧循环、实现废弃物就地转化。

（5）推进价值转化，推进减排固碳。探索开展茶园、果园、沼气、农田、畜禽养殖等农业碳交易，探索开展农产品碳足迹管理。

1.2.3 保障食品安全，规范畜禽屠宰行业秩序建设

为强化屠宰环节质量安全风险监测，保证畜禽产品质量安全，2022年3月9日，《农业农村部办公厅关于印发2022年生猪等畜禽屠宰质量安全风险监测计划的通知》指出，2022年生猪等畜禽屠宰质量安全风险监测计划包括部级监测和省级监测两部分，农业农村部屠宰技术中心负责天津市和辽宁省共200份微生物样品监测任务，中国动物卫生与流行病学中心负责吉林、山东、湖北、四川、广西等5个省份共1 000份微生物样品监测任务。重点监测预冷猪肉和鲜猪肉中菌落总数、大肠菌群，监测猪肉表面和屠宰环境中沙门菌、金黄色葡萄球菌和单核细胞增生李斯特菌；针对跨省流通的猪、牛、羊屠宰企业开展违法添加监测，重点监测猪肝、牛肝和羊肝中9种β-受体激动剂、2种糖皮质激素、6种类固醇激素。监测任务由农业农村部屠宰技术中心、中国动物卫生与流行病学中心、中国农业科学院农产品加工研究所共同承担。

为进一步规范畜禽屠宰检疫工作，方便畜禽产品流通，2022年11月农业农村部办公厅印发《关于进一步规范畜禽屠宰检疫有关工作的通知》，要求如下：

（1）对到达目的地后分销的畜禽产品，不再重复出证。

（2）对经检疫合格的畜禽胴体及生皮、原毛、绒、脏器、血液、蹄、头、角等直接从屠宰线生产的畜禽产品出证。

（3）已经实施畜禽产品无纸化出证并实现电子证照互通互认的地区，对取得动物检疫证明的畜禽产品，继续在本屠宰企业内分割加工的，不再重复出证，附具动物检疫证明电子证照加注件。

（4）尚未实施畜禽产品无纸化出证并实现电子证照互通互认的地区，暂时对在本屠宰企业内分割加工的畜禽产品继续出证。

（5）各地农业农村部门要按照《国务院关于加快推进政务服务标准化规范化便利化的指导意见》（国发〔2022〕5号）要求，在农业农村部指导下加快动物检疫信息化进程，在2025年底前全面实施无纸化出证，推动实现动物检疫证明电子证照全国互通互认。

（6）应当检疫出证的畜禽胴体包括畜禽经宰杀、放血后除去毛、内脏、头、尾及四肢（腕及关节以下）后的躯体部分，也包括家畜躯体部分的二分体、四分体。

为全面规范畜禽屠宰行业秩序,提升畜禽产品质量安全保障水平,推动屠宰行业高质量发展,2023年4月7日农业农村部制定了《畜禽屠宰"严规范 促提升 保安全"三年行动方案》。

行动目标:通过实施三年行动,到2025年,全国畜禽屠宰布局结构进一步优化,屠宰产能向养殖主产区集聚,落后产能有序压减,牛羊禽集中屠宰扎实推进,畜禽屠宰规范化机械化智能化水平明显提升;生猪屠宰企业全部实施屠宰质量管理规范(以下简称"屠宰GMP"),部级生猪屠宰标准化建设示范单位达200家以上。

重点任务:①加强法规制度建设,推动产业结构优化升级。2025年底前完成畜禽屠宰管理地方性法规或政府规章的制修订。合理设定辖区屠宰行业发展目标,严格控制屠宰企业数量和产能,有序压减落后产能。②强化监督管理,保障畜禽产品质量安全。实行定点屠宰管理的,要依法依规严格审批;加强过程监管;严厉打击违法违规行为。③压实主体责任,筑牢安全防线。遴选公布一批畜禽全产业链发展典型案例,发挥示范引领作用。积极推动无纸化出具肉品品质检验合格证,促进屠宰检疫和肉品品质检验信息关联,强化畜禽产品质量安全追溯管理。加强政策支持。

组织实施:加强与公安、市场监管、生态环境等部门的沟通协作,及时解决推进三年行动方案实施过程中遇到的困难和问题,确保各项工作落实落地;加强考核评价;加强宣传引导。

2023年4月1日,为进一步规范动物检疫工作,按照《中华人民共和国动物防疫法》《动物检疫管理办法》规定,农业农村部修订了《生猪产地检疫规程》等19个检疫规程。其中与生猪相关的规程包括:①生猪产地检疫规程;②生猪屠宰检疫规程;③动物和动物产品补检规程。

1.2.4 畜禽养殖场(户)粪污处理和病死畜禽无害化处理是行业需重点关注问题之一

2022年6月24日,农业农村部办公厅与生态环境部办公厅联合制定了《畜禽养殖场(户)粪污处理设施建设技术指南》,技术指南对指南适用范围、建设依据、术语与定义、基本要求、建设内容等方面做了阐述。其中建设内容包括设施设备总体要求、圈舍及运动场粪污减量设施、雨污分流设施、畜禽粪污暂存设施、液体粪污存贮设施、液体粪污贮存发酵设施、液体粪污深度处理设施、固体粪污发酵设施、沼气发酵设施等。

2024年11月1日,农业农村部办公厅发布《关于进一步强化病死畜禽无害化处理工作》的通知,相关通知主要内容如下:

(1)严格落实无害化处理责任。严格落实监督管理责任,督促指导畜禽养殖场(户)、屠宰厂(场)、无害化处理场等生产经营主体,规范处置病死畜禽和病害畜禽产品,建立工作台账,详细记录处置的种类、数量和去向等情况。

(2)健全无害化处理体系。按照"集中处理为主,自行处理为补充"的要求,立足可持续发展,完善优化集中无害化处理场所建设规划,合理布局病死畜禽无害化处理场,科学设置集中暂存点,稳步提高集中无害化处理覆盖率。

(3)加强无害化处理监督管理。加快推进病死畜禽无害化处理信息化管理,规范生产经营主体填报收集、运输、暂存、无害化处理及产物流向等全链条信息数据,强化统计分析和智能预警,相关数据将作为养殖环节无害化处理补助资金核算的主要依据。各地农业农村部门要加大排查力度,强化部门协作,建立健全线索通报、联合执法、案件移送等长效工作机制，严厉打击随意弃置、买卖、屠宰、加工病死畜禽的违法犯罪行为。

（4）落实无害化处理补助政策。落实好《农业农村部 财政部关于进一步加强病死畜禽无害化处理工作的通知》要求，中央和省级财政资金下达后，市县财政应在3个月内将补助资金给付到位，并采取定期结算等方式及时发放补助，不得无故拖欠无害化处理企业补助资金，确保无害化处理体系有效运行。

（5）严控无害化处理产物流向。各地农业农村部门要督促指导畜禽养殖场、屠宰厂（场）、无害化处理场等严控处理产物流向，查验购买方资质并留存相关材料，签订销售合同，详细记录处理产物销售情况，全程视频监控处理产物存放和交接过程，每年1月底前向所在地县级农业农村部门报告上年度无害化处理、产物流向等情况。

1.2.5 做好畜间人兽共患病防治，维护公共卫生和生物安全

为贯彻落实2022年中央一号文件要求，做好人兽共患病源头防控，保障畜牧业生产安全、公共卫生安全和国家生物安全，按照《中华人民共和国动物防疫法》等有关法律法规规定，农业农村部制定了《全国畜间人兽共患病防治规划（2022—2030年）》，按照规划目标：到2030年逐步形成有效保障畜牧业高质量发展和人民群众身体健康的畜间人兽共患病防治能力。实施防治防范的主要畜间人兽共患病包括重点防治（8种）高致病性禽流感等，常规防治（14种）弓形虫病等，外来防范（2种）牛海绵状脑病等，并且对重点畜间人兽共患病防治提出了防治目标、策略和行动计划等。

部署稳定生猪产能等工作，要求加快建立生猪生产逆周期调控机制，准确监测生猪生产指标的月度变化情况，能繁母猪存栏量月度同比变化正负5%时发布预警，能繁母猪存栏量月度同比减少10%以上或生猪养殖连续严重亏损3个月以上时，督促地方及时启动救助措施。继续抓好非洲猪瘟等重大疫病防控，推进生猪标准化规模养殖，提升生猪产业现代化水平。

1.2.6 《全国农业科技创新重点领域（2024—2028年）》发布

为深入贯彻落实党中央关于科技创新的重大决策部署，加快推进高水平农业科技自立自强，在紧盯世界科技前沿、坚持产业急需导向的基础上，2024年11月5日，农业农村部印发《全国农业科技创新重点领域（2024—2028年）》，与生猪相关内容包括：

一是新品种培育。以种质资源保护为基础、自主创新为核心、供种安全为底线，集中力量破难题、补短板、强优势、控风险，推动育种技术体系迭代升级和生物育种研发应用，抓紧培育具有自主知识产权的优良品种，加快实现重要农产品种源自主可控，筑牢农业现代化的种子基础。培育繁殖力强、饲料转化率高、适应性强、抗病、肉品质优良、生长速度快的生猪品种。

二是装备研制。研发精准饲喂（投饵）、智能巡检、疫苗自动注射、环境智能管控、粪污及尾水处理等畜禽养殖装备及作业机器人。

三是畜禽疫病防控。加快突破重大疫病发生流行的基础理论研究，增强畜禽疫病防控关键技术原始创新能力，创制安全高效疫苗新产品，提升重大动物疫病和农业生物安全防控技术水平，支撑保障肉蛋奶稳定安全供给；开发和应用基于组学、大数据、人工智能的畜禽疫病早期风险评估与预警技术，研发智能监测设备和系统；突破精准高效疫苗研发、药物分子设计与递送、高效新型佐剂创制、病原快速识别与分子溯源等重大关键技术；创制基因标记疫苗、mRNA疫苗等安全高效的疫苗新产品，研发疫病快速、高通量的诊断新产品，研发原创兽药、新型中兽药、生物治疗制剂等新产品；集成监测、检疫、免疫、诊断、消毒、无害化处理等关键技术，构建畜禽水产疫病综合防控技术体系，开展重大疫病净化与根除应用示范。

四是高效养殖。探明饲料饲草高效转化和碳氮高效沉积机制，揭示畜禽精准饲养营养代谢基础，创新从营养供给到品质形成的全过程营养代谢理论；精准评定饲料原料营养价值和畜禽水产动物营养需要量，攻克非粮饲料资源高值化利用技术与工艺；研制新型饲料资源与安全高效健康养殖绿色投入品，形成"粮—饲"联产增收生产模式，构建绿色节粮低碳养殖综合技术体系。

1.2.7 保障粮食安全供应，实施养殖业节粮行动

2024年12月31日，农业农村部发布关于实施养殖业节粮行动的意见。饲料粮消费在我国粮食总消费中占比较大，饲料成本约占养殖成本70%，推动节粮降耗是促进养殖业降本增效、保障国家粮食安全和畜禽水产品供应安全的重要举措。

到2030年，在确保畜禽水产品稳定安全供给的基础上，养殖生产效率明显提高，标准化规模养殖方式的单位动物产品平均饲料消耗量比2023年下降7%以上，非粮饲料资源开发利用量明显增加，种养匹配度明显提高，养殖业节粮降耗、降本增效取得明显成效。

一是推进养殖方式提效节粮。①推广精准饲料配方技术。全面推广低蛋白多元化饲料配制技术，研发应用动物净能体系与氨基酸平衡模式，建立基于动物动态营养需求的精准营养模型。②推行精准饲养管理方式。加快研发推广基于全产业链效益最大化的数智化饲喂决策和饲料配方软件系统，全面推行饲料精准配方和精细加工技术措施，推广精细化阶段饲养管理工艺，提升全环节养殖生产效率。③发展适度规模高效养殖模式。持续推行标准化规模养殖方式，因地制宜发展畜禽立体养殖和水产工厂化循环水养殖等模式。推广应用智能化精准饲喂设备，推进饲养管理工艺与设施装备的集成配套，提升养殖设施化、智能化、标准化水平。④支持绿色高效饲料添加剂创制。完善饲用微生物发酵制品安全性评价技术指南，支持利用生物技术构建高效饲料添加剂产品生产菌株，增加新饲料添加剂产品供给。

二是推进饲料资源开源节粮。①健全饲料资源基础数据库。全面开展地源性特色饲料资源调查，建立健全饲料资源营养价值和加工特性参数体系，促进杂粮、杂粕、农副产品等饲料资源开发利用。②支持新饲料资源挖掘提效利用。加快地源性饲料资源发酵、酶解等提效加工利用，支持发酵饲料推广应用。支持微生物蛋白饲料生物制造，扩大产品生产规模。组织开展餐桌剩余食物、毛皮动物屠体、动物源蛋白水解物等新蛋白资源饲料化利用试点。推广尿素等非蛋白氮饲料化利用，积极探索昆虫蛋白、藻类蛋白等资源饲料化利用途径。③完善新饲料评审制度。制定发布新饲料和新饲料添加剂应用评价技术指南。

三是推进种养结构优化节粮。调优养殖品种结构。落实《生猪产能调控实施方案》，引导优化生猪产能。加快发展节粮型高效肉禽养殖生产，促进禽肉消费，提升禽肉产量比重。加大牛羊生产扶持力度，稳定基础产能，提升养殖生产效率，推动牛羊生产稳定发展。加快发展设施渔业，稳步提升养殖水产品供应能力。

四是加强关键核心技术创新。①围绕畜禽水产养殖节粮关键环节开展集中攻关研发，加强动物精准营养、饲料精准配方、良种繁育、智慧养殖、动物流行病净化、优质饲草种

植加工等核心技术和设施装备研究。加快培育推广高蛋白玉米等饲用作物品种。加强养殖业新型实用技术和新产品、新装备集成示范，推介先进模式和典型案例。②加快节粮型新品种培育与推广。加快应用智能生产性能测定、全基因组选择、分子设计育种等新技术，建立饲料转化率测定评价体系和高饲料转化率基因组遗传评估参考群体，提升品种创新和遗传资源利用水平，培育饲料转化率高、节粮性能突出、综合性状优良的畜禽水产新品种（配套系）。加快推广优良种畜禽及优质精液和胚胎，提高良种扩繁效率和良种群体规模。

1.2.8 农业农村部印发《非洲猪瘟疫情应急实施方案（第六版）》的通知

2024年12月20日，农业农村部印发《非洲猪瘟疫情应急实施方案（第六版）》通知，《非洲猪瘟疫情应急实施方案（第五版）》同时废止。

非洲猪瘟疫情属重大动物疫情，一旦发生，死亡率高，是我国生猪产业生产安全最大威胁。依据相关法律法规和规定，制定方案。

（1）疫情报告与确认。任何单位和个人发现生猪出现疑似非洲猪瘟症状或异常死亡等情况，应立即向所在地农业农村（畜牧兽医）主管部门或动物疫病预防控制机构报告，有关单位接到报告后应立即按规定采取必要措施并上报信息，按照"可疑疫情—疑似疫情—确诊疫情"的程序认定和报告疫情。

认定为确诊疫情后，确诊疫情所在地的省级动物疫病预防控制机构应按疫情快报要求将有关信息上报至中国动物疫病预防控制中心，中国动物疫病预防控制中心按照程序向农业农村部报送疫情信息。农业农村部按规定报告和通报疫情后，由疫情所在地省级人民政府农业农村（畜牧兽医）主管部门发布疫情信息。其他任何单位和个人不得发布疫情和排除疫情信息。

（2）疫情响应。根据非洲猪瘟流行特点、危害程度和影响范围，将疫情应急响应分为四级。特别重大（Ⅰ级）疫情响应、重大（Ⅱ级）疫情响应、较大（Ⅲ级）疫情响应和一般（Ⅳ级）疫情响应。省级人民政府或应急指挥机构要结合辖区内工作实际，科学制定和细化应急响应分级标准和响应措施，并指导市、县两级逐级明确和落实。农业农村部根据疫情形势和防控实际，组织开展评估分析，及时提出调整响应级别或终止应急响应的建议或意见，由原启动响应机制的人民政府或应急指挥机构调整响应级别或终止应急响应。

（3）应急处置。对发生可疑和疑似疫情的相关场点，所在地县级人民政府农业农村（畜牧兽医）主管部门和乡镇人民政府应立即组织采取隔离观察、采样检测、流行病学调查、限制易感动物及相关物品进出、环境消毒等措施。必要时可采取封锁、扑杀等措施。

（4）监测阳性和检测阳性的处置。疫情防控检查、监测排查、流行病学调查和企业自检等活动中，对生猪样品检出非洲猪瘟病毒核酸，但样品来源地存栏生猪无疑似临床症状或无存栏生猪的，为监测阳性。检测阳性及其处置：在饲料及饲料添加剂、兽药、生猪产品中检出非洲猪瘟病毒核酸的，应立即封存，经评估有疫情传播风险的，对封存的相关饲料及饲料添加剂、兽药、生猪产品予以销毁。在无害化处理场所病死猪样品检出非洲猪瘟病毒核酸的，应查找发生原因，强化风险管控；在各类场所环境样品中检出非洲猪瘟病毒核酸的，还应责令有关生产经营主体对该场所彻底清洗消毒。

（5）善后处理。包括：①落实生猪扑杀补助；②开展后期评估；③表彰奖励；④责任追究；⑤抚恤和补助。

1.2.9 《生猪产能调控实施方案（2024年修订）》发布，能繁母猪数量动态调整

为贯彻落实相关文件精神，更好发挥政策调控的保障作用，稳固基础生产能力，有效防止生猪产能大幅波动，在总结前期生猪产能调控工作实践的基础上，修订完善实施方案，主要内容包括：

（1）确定能繁母猪保有量。"十四五"后期，以正常年份全国猪肉产量在5 500万吨时的生产数据为参照，设定能繁母猪存栏量调控目标，即能繁母猪正常保有量稳定在3 900万头左右。之后，将根据猪肉消费和生猪生产效率等变化情况，动态调整能繁母猪正常保有量。

（2）保持能繁母猪合理存栏水平。绿色区域：产能正常波动。能繁母猪月度存栏量处于正常保有量的92%～105%区间（含92%和105%两个临界值）。黄色区域：产能大幅波动。能繁母猪月度存栏量处于正常保有量的85%～92%或105%～110%区间（含85%和110%两个临界值）。红色区域：产能过度波动。能繁母猪月度存栏量低于正常保有量的85%或高于正常保有量的110%。

今后一个时期，国家生猪核心育种场种猪核心群保有量保持在15万头以上，最低保有量不低于12万头。

（3）保持规模猪场数量稳定。根据2023年末全国养殖场直联直报系统备案的规模猪场数量，结合生猪规模养殖发展趋势，设定全国规模猪场保有量稳定在13万个以上的目标。

（4）分级建立产能调控基地。对年设计出栏1万头以上的规模猪场和国家生猪核心育种场，按照猪场自愿加入并配合开展产能调控的原则，建立国家级生猪产能调控基地。

（5）加强监测预警。农业农村部及时发布生猪生产监测预警信息，向各省份反馈能繁母猪存栏量和规模猪场保有量等月度指标数据变化情况，并探索发布新生仔猪数量、规模猪场的中大猪存栏量等反映生猪产能和市场供应情况的指标数据。各省份参照农业农村部的监测制度，开展生产监测并向辖区内各地市反馈相关指标数据。

（6）加大政策支持。当本省份能繁母猪月度存栏量低于正常保有量的92%或生猪养殖连续严重亏损（出栏生猪头均亏损200元左右）3个月及以上时，可按规定统筹相关资金对规模猪场和种猪场（含地方猪保种场）给予一次性临时救助补贴。

2 国外支持生猪产业发展政策情况

美国生猪产业的发展得益于美国政府对畜牧业和种植业的补贴政策，但美国政府的畜牧业补贴政策又并不直接对生猪生产提供较大的支持。美国政府补贴政策涉生猪发展的补贴主要有以下几种：

①财政基础投入。包括对畜牧科技支持、对农场主的支持，帮助畜牧生产者改善环境的环境质量激励计划，政府承担75%的环境保费分摊支付，援助服务和技能拓展机构对青年农民、农业雇工和新农牧场主（经营农牧场10年或10年以下的）提供教育、培训、技能拓展和技术援助等。②牲畜补偿项目（Livestock Compensation Program，LCP）对由自然灾害导致畜产品（牛、绵羊、山羊和水牛）损失的生产者直接补偿；家畜援助项目（Livestock Assistance Program，LAP）是指在2003—2004年由于干旱、高温、疾病、虫害、

洪水、火灾、飓风、地震、严重暴风雪或其他灾害等造成损失的家畜生产者提供补偿。③通过种植业补贴支持生猪产业发展。美国政府通过对玉米、大豆的补贴促进产量提高和价格的下降，使得肉类食品公司可以采购到大批低价饲料，猪肉生产企业可以节约15%的成本。④市场准入计划（Market Access Program，MAP）。是鼓励发展、保持和扩张美国农产品市场，刺激和增加小公司出口的兴趣，打开新的市场，抵消不公平的海外竞争以及增加美国农产品的商业销售。其中，该项目对资助的产品有明确的规定，资助产品包括肉类等。

欧盟对畜牧业发展的政策支持也很大，包括：①基础性投入。出于减少农产品供给量和保护环境的考虑，欧盟鼓励降低单位面积的载畜量，对畜牧农场实行粗放化经营补贴，以补偿畜牧农场因粗放化经营导致的经济损失。要获得粗放化经营补贴，必须满足一定的条件和遵循严格的程序。比如申请粗放化经营的饲料地至少50%是草场牧地，允许在放牧期间与其他动物混用，但其他动物（如马、猪、鹿等）专用的饲料地不能计入申请粗放化经营补贴的饲料地面积，并且种植饲料粮的面积不能作为申请粗放化经营补贴的饲料面积。在收入政策支持方面，欧盟更多的资源和资金用在了牛、母羊和奶制品生产上，没有对生猪生产的支持。②出口促销计划。欧盟在对外方面也出台了很多政策，促使欧盟的产品出口。

日本政府长期以来一直对国内养猪业提供各种强有力的支持。根据日本政府的统计，1999年，日本用于支持国内养猪业的总体支持量（AMS）为2 650亿日元（23.3亿美元），占用于支持国内农业总体支持量的35%。①根据"畜牧价格稳定法"，日本政府每年宣布一次猪肉标准稳定价格，当市场价格低于标准稳定价格，政府就有权采取旨在提高市场价格的措施。这些措施包括：收购猪肉，对处理母猪提供补贴，对储藏冷冻猪肉提供补贴等。②"地区猪肉生产稳定基金"是一种地区性计划，由主要猪肉生产县的猪肉基金协会自愿实施。如果月均猪肉批发价格低于最低保证价格，加入"地区猪肉生产稳定基金"的农民就可以从县级基金中得到价差补贴，2001—2003财年期间，农林水产省用于"地区猪肉生产稳定基金计划"的专用资金总量为50亿日元（4 100万美元）。③保险农民饲养的猪可以加入得到政府支持的危险保险计划。当农场发生猪死亡、生病和受伤时，农民可以根据参保条件得到20%～80%的损失价值赔偿。

国外对生猪产业发展支持政策的特点：①法律保障和严格的预算程序。欧美对畜牧业的支持都有可靠的法律保障，美国2002年颁布的《农业法案》，欧盟出台了共同农业政策，日本制定了畜牧价格稳定法。法案中详细规定了对畜牧业及生猪的各种支持政策。②支持力度大。欧盟畜产品生产者的收入中，40%以上都是来自政府资助；在2000年美国政府对牛奶生产者的收入资助达到了1 104 900万美元；日本生猪的总体支持量占农业总体支持量的35%以上。③支持目标明确。每一项政策的适用对象很清楚，均设置了严格且详细的申请条件。④手段多样。美国的支持政策包括价格支持、"直接补贴+出口促进"、粗放化经营补贴、牧场补贴、草场保护补贴等。欧盟除了对各种畜产品的价格支持外，还有对牲畜的直接补贴、畜产品的储存补贴和出口促进补贴等。日本的支持政策包括：母猪提供补贴+冷冻猪肉补贴、保险计划等。

第4篇 2024年的中国生猪养殖业

1 中国生猪生产及市场变化

1.1 2024年生猪养殖变化特点

1.1.1 生猪规模养殖成本有所降低，2024年规模化生猪养殖场效益颇佳

2024年我国生猪养殖业受消费市场低迷的影响。目前我国生猪养殖主体多样，各生猪养殖主体的生产环境、生产条件、成本投入、盈亏平衡点、资金条件等均存在较大差异；同时由于非洲猪瘟跨区禁运政策影响，各地区间的差异更加显著。整体而言，2024年按照农业农村部统计生猪成本收益情况如下：

生猪散养户：2024年全年月度散养平均每头生猪产值2 328元/头，散养生猪月度平均每头成本2 167元/头，散养生猪月度平均每头盈利161元/头。

规模化生猪养殖场：2024年全年规模养殖场户或企业月度平均每头生猪产值2 344元/头，规模生猪养殖月度平均每头成本2 043元/头，规模生猪养殖月度平均每头净盈利303元/头。

2024年国内大规模、集团化的养殖企业的生猪出栏销售价格约16.52元/千克，由于2024年国内生猪价格尚佳，生产成本变动不大，绝大部分生猪上市企业处于盈利状态，天邦食品2024年全年由于前期暴雷，处于重整状态；傲农生物基本重整完成，处于ST状态；正邦科技在双胞胎介入下，基本进入劫后的正常生产状态。牧原股份、温氏股份、新希望等生猪销售量都有增长（表5）。

表5 2024年大型养殖集团单头猪收入、成本及毛利润情况

企业名称	每头猪收入（元/头）	每头猪成本（元/头）	毛利润（元/头）
牧原股份	1 902.53	1 737.13	265.40
温氏股份	2 045.97	1 727.87	318.10
新希望六和	1 619.3	1 586.02	33.28
正邦科技	1 283.2	1 220.5	62.70
大北农	1 849.16	1 786.67	62.49
傲农生物	1 421.08	1 349.6	71.48
天邦股份	1 459.07	1 198.71	260.36

数据来源：企业数据估算。

1.1.2 能繁母猪每年能够提供出栏育肥猪的数量稳步提高

MSY（Market pigs per Sow per Year），表示每头母猪每年出栏肥猪数。该指标推荐计算公式为：MSY=PSY×育肥成活率。同时由于国家相关部门并不公布该指标的全国数据，并且行业内关于 PSY 的计算方法并不相同，如：

$$PSY = \frac{断奶仔猪头数}{母猪存栏数} \times \frac{365}{统计天数}$$、$PSY = $ 窝均断奶头数 × 母猪年流转率（年产胎数），美国猪肉生产者协会（NPPC）采用的公式是：

$$PSY = \frac{断奶仔猪头数 / 统计期天数 \times 365}{已配种母猪总存栏天数 / 统计期天数}$$，导致最终计算结果的绝对数上有差异。

虽然计算方式各异，但结果呈现的趋势相似或相同。为方便 MSY 计算结果，采用公式为：

$$MSY = \frac{年生猪出栏总数}{年度内各期能繁母猪平均存栏数}$$，统计近年 MSY 数据的变化趋势（图1）。

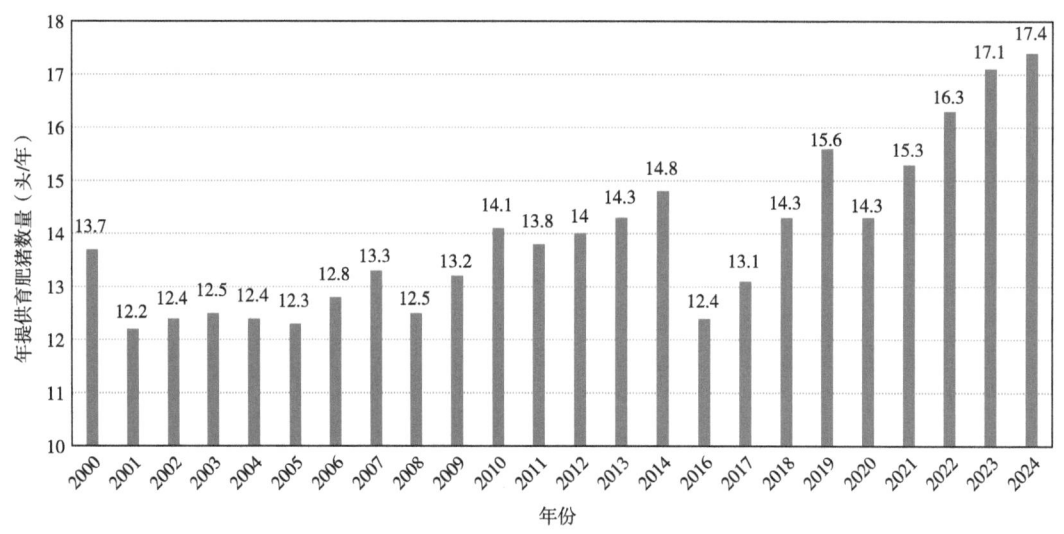

图1　2000—2024年中国能繁母猪提供出栏育肥猪数量

（数据来源：根据国家统计局，农业农村部数据测算）

MSY 综合反映猪场的繁殖管理水平和经济效益。高 MSY 意味着更高的产出和更低的单位成本，为企业增加利润；MSY 高的猪场通常具有更高的生产效率，能够以较少的资源产出更多的产品；MSY 的高低也反映了猪场的管理水平，包括饲养管理、疾病控制、营养管理等方面。在规模化养殖中，MSY 常作为核心绩效指标，用于优化配种计划、饲料管理及疾病防控策略。

2001—2005 年间国内 MSY 数据变化不大，基本稳定在 12.2～12.5 头，国内正处于本土的地方品种猪大量减少，外三元种猪大量进口国内的末期，这一时期国外种猪凭借生长速度快的优势占据国内生猪养殖市场，但是外来种猪对饲养条件和管理能力要求比较高，而国内多数地方的饲养条件仍比较粗放，所以这一时期 MSY 整体水平较低。2006—2014 年国内的生猪养殖场（户）慢慢觉醒，逐步开始尝试使用工业化生产的饲料，生猪的生长速度提升，出栏时间变短，市场对仔猪的需求较大，种猪场数量和规模快速增加，这个时期MSY水平不断提升，但时而会受到疫病侵扰，MSY会有所波动。2014年国内种猪场数量众多，出现阶段性过剩，出现大面积深度亏损，为了生存很多种猪场关闭退出行业或大幅减产降低存栏水平，一些优秀的种猪无差别地在这波产能去化的过程中被淘汰，影响了基础产能的质量水平，导致2016年和2017年MSY水平下降。随着产能的恢复和正常生产的进行，MSY水平不断提升，2019年国内MSY达到了15.6头。由于非洲猪瘟疫情导致能繁母猪的大量折损，优质母猪的减少，导致2020年国内MSY水平下降至14.3头，虽然依靠三元母猪留种增加了基础产能的数量，但在生产性能上大幅拉低了整体MSY的水平。2020年后国内大量引进国外种猪，当年的引种数量接近3万头，随后的2021年引种量仍居高不下，随着优良生产性能种猪进入生产，国内MSY的水平稳步提高，到2024年已经达到17.4头（图1）。近几年MSY水平提升，除引种的因素外，还与国家加大对种业的支持力度、行业育种水平提升、先进的大量设备投入和管理水平的提升有关。

1.1.3 抢抓先机聚焦生猪养殖成本降低，增强养殖盈利能力

随着国内生猪养殖规模化、集团化的发展，大型养殖集团出栏量在国内的占比不断提高，国内猪肉消费量逐渐抵达上限（5 500万吨左右，可增加的空间变小），未来将导致大型养殖集团间的竞争日趋激烈。与国际先进水平相比国内的生猪养殖业仍有较大的提升空间，同时面对存量市场，提高管理能力，降低生猪饲养成本是市场竞争的利器。

2024年9月牧原股份提出，将生猪养殖成本降至11元/千克的目标。牧原股份认为当前在基因层面上，育种技术能够让能繁母猪每胎产活仔数达到17~18头，日增重可达1 400克，而国内实际生产平均每胎产活仔数仅为13头，日增重约800克。造成这种差异的主要原因是生猪养殖的环境条件达不到要求，可以围绕饲料技术创新、种猪育种潜力挖掘、健康管理和养殖生产管理提升等进行优化；其中健康管理占据创新挖掘潜力的50%以上，是利润增长的最大领域。根据公开信息，2024年7月，牧原股份的生猪养殖完全成本为13.8元/千克；2024年12月，牧原股份的生猪养殖成本降至约为13元/千克，相较于年初下降了2.8元/千克，达到了近年来的最低水平。

温氏股份也在积极降低养殖成本。温氏股份主要通过三个方面降低成本：①通过适度规模降本，避免盲目追求大规模；②通过提升管理水平降低成本，提高猪的生产效率和人工工作效率减少浪费；③通过科技创新降低生产成本，尤其在育种上大量投入，可以大幅提升PSY水平，提高日增重，降低料肉比。2024年，温氏股份的肉猪养殖综合成本降至14.4元/千克，同比下降约0.6元/千克，其中原料价格下降，占比约40%，生产效率和生产成绩提升，占比约60%。温氏股份制定2025年肉猪养殖综合成本目标，力争不超过13元/千克。

2024年唐人神集团加大在持续降低生猪养殖成本，提供更安全、价格更低廉的肉类，以满足普通消费者需求上的关注力度；正大集团更关注育肥大体重猪出栏天数和MSY水平的提升，以全产业链角度衡量盈利水平；扬翔集团通过提升生猪养殖产能利用率、淘汰落后产能、减少固定资产成本，提升防病技术水平，通过引进品种、自主育种、选种方式，改良品种降低生产成本，应用智能化设备和互联网养猪技术降低人员成本。并认为未来3~5年可以实现11元/千克的成本目标。

1.1.4 大型生猪养殖集团积极推进智能养殖

当前在智能养猪养殖环境监测控制、生物信息获取与行为监测、精准饲喂管理、疫病防控决策以及遗传育种信息化等领域取得良好的进展。可以通过综合运用物联网、互联网、大数据、云计算、人工智能、区块链等信息技术，建立智能养猪的技术体系和产业体系，形成以大数据分析决策为支撑的智能养猪模式，实现生猪产业全链条数字化、智能化。智能养猪是生猪产业发展的重要方向，环境动态自适应操作、养殖生产管理智能化、养猪周期智能规划、疫病诊断与防控等新技术研发突破与云端基础设施的低成本普及，使得智能养猪真实落地。

生猪养殖智能化自动化设备能够根据猪只的生长阶段和健康状况，自动调整饲料配方和投喂量，确保猪只的营养需求得到满足；能够实时监控猪只的行为和健康状态；通过收集和分析养殖过程中产生的各种数据，可以帮助优化养殖流程，为未来养殖决策提供依据；采用循环经济的理念，利用猪粪等有机废弃物进行生物质发电或肥料生产，减少对环境的负面影响；通过自动化和智能化，养猪场可以显著减少对人工的依赖，降低人力成本；通过精确的环境控制和健康监测，能够为猪只提供更为舒适的生长环境，减少应激反应，提高动物福利水平。

据公开信息，牧原股份在水、料、气、温湿度等方面已实现智能管理，猪粪处理与臭气治理也融入智能技术。猪饮用超滤水，智能饲喂实现一日一配方的全价日粮，保障营养均衡；空气过滤系统确保猪呼吸洁净空气，同时净化排出的臭气与粉尘，有利于生态环境，促进猪的健康生长。在猪的生长环境营造上，牧原突破地域气候限制，通过智能化手段，使猪舍环境全年保持四季如春，让猪群更健康，提高了生产效率。部分优秀生猪生产水平已超越国际先进水平。

温氏股份旗下的南牧物联网开发的智慧养殖管理平台"小牧管家"为养殖场提供管设备、管数据、管能耗、管摄像头、管生产、管人的全生态一体化链路，目前智慧养殖平台已在温氏、双汇、德康和神农等10多家企业旗下500多个大型养殖场得到应用。

德兴股份的德兴北欧农场依靠智能科技赋能健康养殖，通过智能设备减少人工，实现猪场智能精准饲喂、智能环境控制，同时完善生物安全与环保体系。

目前国内的智慧养猪领军企业已基本具备自动投喂系统、粪污处理系统、智能化监控系统等智能化设备，人工智能、大数据、云计算、物联网等产业互联网技术与传统养殖业务相结合，贯穿生猪养殖的各个环节。智能变频风机、智能环控器、自动化料线等自动化养殖设备也逐渐成为养殖标配，机器人等高端智能装备也开始进入养殖场，应用在巡检、点数、估重、清扫、配种等场景。

1.1.5 2024年国家生猪核心育种场数量为100家，"十四五"种猪核心群保有量不低于12万头

2017年7月农业部办公厅发布《关于部分国家生猪核心育种场变更名称和取消资格的通知》，取消了河北旺族种猪有限公司、湖南正虹科技发展股份有限公司正虹原种猪场、湖北省正嘉原种猪场有限公司鄂州原种猪场等3家企业国家种猪核心育种场的资格。2018年12月农业农村部又取消了河北吴氏润康牧业股份有限公司、宜昌正大畜牧有限公司和桂林美冠原种猪育种有限责任公司等3家企业国家种猪核心育种场的资格。2018年新增了9家国家种猪核心育种场，截至2018年底国家种猪核心育种场的数量为99家，原种猪场

4 478家，种猪54万头。2019年国家种猪核心育种场的数量没有变化，没有新增和取消。2020年种猪核心育种场由于疫情和复产的压力，育种工作受到很大影响。

2020年12月30日，农业农村部办公厅发布通知，组织全国生猪遗传改良计划工作领导小组办公室和专家组对到期的生猪核心育种场进行了核验。根据核验结果，天津恒泰牧业有限公司等9家单位未通过核验，取消资格。2021年12月10日，犍为巨星农牧科技有限公司（前都江堰巨星猪业科技有限公司）通过国家生猪核心育种场核验现场审核，所以2021年底国内国家种猪核心育种场仍为89家。

2021年4月23日，农业农村部办公厅发布《农业农村部关于印发新一轮全国畜禽遗传改良计划的通知》，其中的《全国生猪遗传改良计划（2021—2035年）》提到，到2035年，建成完善的商业化育种体系，核心种源自给率保持在95%以上；形成"华系"种猪品牌，培育具有国际竞争力的种猪企业3~5家。

"十四五"期间，国家生猪核心育种场种猪核心群保有量保持在15万头以上，最低保有量不低于12万头。当核心群保有量处于12万~13.5万头（含临界值）时，特别是低于12万头时，及时采取应对措施，加强政策支持，使核心群存栏量尽快回归到合理水平。

2022年3月农业农村部组织全国畜禽遗传改良计划工作领导小组办公室和专家委员会，开展了2021年国家畜禽核心育种场、良种扩繁推广基地和国家核心种公猪站的遴选、核验和名称变更审核等工作，2022年4月2日农业农村部办公厅发布《关于公布2021年国家畜禽核心育种场等遴选核验结果和变更名称的通知》，通知显示辽宁伟嘉农牧生态食品有限公司等9家企业为国家生猪核心育种场。截至2022年底国家生猪核心育种场数量为104家（2021年底为97家，其中瘦肉型品种国家核心场92家，地方品种国家核心场5家，2022年入选国家生猪核心场9家，取消2家）。通知显示北京六马科技股份有限公司等23家企业通过核验，其中11家国家生猪核心育种场，有效期5年。重庆南方金山谷农牧有限公司未通过核验，取消资格。

2023年7月7日农业农村部消息，组织全国畜禽遗传改良计划领导小组办公室和专家委员会，开展了2022年国家畜禽核心育种场、良种扩繁推广基地和核心种公猪站的遴选、核验和变更审核等工作。

2024年2月6日，农业农村部办公厅关于公布2023年国家畜禽核心育种场等遴选核验结果和变更信息的通知，北京嘉华种猪育种有限公司等6家企业为国家生猪核心育种场，北京六马科技股份有限公司等7家生猪核心育种企业未通过核验，取消资格。截至2023年12月底，国家生猪核心育种场的数量为103家（入选国家生猪核心场6家，取消7家），其中8家为地方品种猪国家核心育种场。

2024年7月农业农村部种业管理司发布《关于开展2024年度国家畜禽核心育种场遴选和核验以及种畜禽生产性能测定项目专题调研的通知》，计划2024年在全国范围内，遴选国家生猪核心育种场（瘦肉型猪）3家（不超过3家），核心种公猪站3家。

2025年3月6日，农业农村部办公厅发布《关于公布2024年国家畜禽核心育种场增补名单等信息的通知》，为贯彻中央种业振兴行动决策部署，落实《全国畜禽遗传改良计划（2021—2035年）》安排，有序推进国家畜禽核心育种场、良种扩繁推广场和核心种公畜站建设，建立健全商业化育种体系，确保畜禽核心种源自主可控，农业农村部组织开展了2024年国家畜禽核心育种场等动态调整工作，新增北京六马大好河山农牧科技有限公司等19家单位为国家畜禽核心育种场、良种扩繁推广场，河南省谊发牧业有限责任公司等35家国家畜禽核心育种场、良种扩繁推广场通过核验，取消中道农牧有限公司等14家国家畜禽核心育种场、良种扩繁推广场和核心种公畜站资格，同意海拉尔农牧场管理局谢尔塔拉农牧场等12家国家畜禽核心育种场、良种扩繁推广场变更单位名称、场址、法人等信息。与国家生猪核心育种场相关的变化名单如下，截至2024年12月底，国家生猪核心育种场的数量为100家（其中入选国家生猪核心场2家，取消5家）（表6）。

表6　2024年增补和取消的国家生猪核心育种场名单

序号	企业名称	品种名称	所在省份
2024年增补国家生猪核心育种场名单			
1	北京六马大好河山农牧科技有限公司	大白猪	北京市
2	江西裕隆牧业有限公司	大白猪	江西省
2024年国家生猪核心育种场取消资格名单			
1	中道农牧有限公司	大白猪	河北省
2	湖北省正嘉原种猪场有限公司桑梓湖种猪场大悟基地	大白猪	湖北省
3	佳和农牧股份有限公司汨罗分公司	大白猪	湖南省
4	犍为巨星农牧科技有限公司	大白猪	四川省
5	云南西南天佑牧业科技有限责任公司	大白猪	云南省

资料来源：农业农村部。

1.2　能繁母猪市场价格变化

1.2.1　能繁母猪存栏量作为市场关注的核心指标之一，数量变化牵动情绪

能繁母猪是指已具备繁殖能力并投入生产的母猪，包括经产母猪和初孕母猪，不含后备母猪。能繁母猪是猪场的核心资产，也是猪场生产的核心发动机，能繁母猪生产性能的好坏与生产效益最为相关。对于个体而言，能繁母猪生产性能的好坏与遗传、营养、管理、疫病及环境等密切相关；对于群体而言，能繁母猪生产性能的好坏关乎饲料成本、人工成本、防疫成本及固定资本折旧等的投入。能繁母猪的数量及生产性能影响生猪市场行情的变化，在一定时期而言，能繁母猪生产性能变化不大，所以人们对能繁母猪数量有更多的关注。

2000年末全国能繁母猪的存栏量为3 780.0万头，比上年增加236.8万头，增幅6.68%，其中四川能繁母猪存栏量最多，超过400万头，其次是河南、湖南、山东、河北、云南、广西。虽然国内生猪养殖业面临疫病、技术、设备和市场等方面的问题，但生猪养殖有了长足的发展，农户也逐渐重视规模化养殖。2001年末能繁母猪存栏量大幅增长，数量达到4 364.2万头，比上年增长了584.2万头，养殖场（户）生产积极性较高，自繁自养农户数量增长，补栏增养的势头良好。2003年末能繁母猪存栏量为4 455.1万头，2005年已经达到4 893万头，增势迅猛，2005年国内生猪出栏量达到6亿头以上；由于养殖收

益的下降，养殖场户补栏积极性有所下降，2006年末能繁母猪存栏量比上年有所下降，为4 767.1万头。2007年受疫情影响，能繁母猪大量流产、死亡，发病猪群死亡率达10%～30%，且个体生产性能下降，行业供给快速下滑，年末能繁母猪存栏量降至4 233.8万头，生猪价格高企，国家关注生猪生产，编制了《"十一五"畜牧业发展规划纲要》，并加大了对能繁母猪的关注力度，为下一年能繁母猪数量增长，奠定了良好的政策基础。2008年末能繁母猪存栏量达到4 878.8万头，此时四川能繁母猪的存栏量已经超过500万头，为525.1万头，河南达到470.2万头，湖南达到399.5万头，其他各省份均在300万头以下。2009年在养猪政策支持下，给予能繁母猪100元/头补贴，通过"一折（卡）通"形式直接补贴到养殖户，同时叠加养殖高盈利，刺激产能扩张，能繁母猪存栏量惯性增长，年末存栏量已经达到4 910万头。2010年生猪养殖处于亏损状态，养殖场户的养殖积极性有所下降，年末国内能繁母猪存栏量降至4 750万头。

2010年上半年，由于猪价偏低再加上生猪疫情贯穿全年，大量养殖户弃养而淘汰母猪，同时国家出台5项扶持措施，2011年猪价历史性高涨，猪肉价格一路高涨使多家企业"眼热"，纷纷投资重金养猪，除了顺鑫农业、新希望、大康牧业、雏鹰农牧、雨润集团、双汇集团等规模养殖企业投资介入外，更有房地产商、投资或金融公司甚至IT公司投身养猪业，据统计，一年左右已有10多家企业高调宣布投资养猪相关项目，2011年国内能繁母猪存栏量已经达到4 928万头。

2011年国内养猪业在高通胀、高疫情、高成本、高风险的形势提高了养殖门槛，至此后国内养猪业也跨入了逐渐由资本主导的时代，特点表现为：在价格行情大起大落波动时，可以利用资本的优势快进快出，达到快速扩产，快速淘汰的目标，以期在产业中占据更加优势的地位，同时利用产业故事达到公司在资本市场增值的目标。

为充分调动养殖场（户）饲养能繁母猪的积极性，促进生猪生产持续健康发展，2012年继续实施能繁母猪饲养补贴政策。农业部印发了《2012年能繁母猪饲养补贴实施指导意见》，使得2012年能繁母猪的存栏量超过5 000万头，年末存栏量达到5 043.2万头。

2013年春节后国内猪价一路下跌，加上受"黄浦江抛猪"事件及H7N9疫情影响，3个月下跌近三成，为2010年8月中旬以来最低水平。随后受政府收储、养殖户惜售及猪源紧缺等利好因素影响，生猪供应量出现阶段性减少，猪价上演"淡季不淡"，全国大规模的生猪养殖场和企业较理性和谨慎，合理淘汰种猪，大量宰杀母猪现象较少。使得年末能繁母猪存栏量为5 132.3万头，达到历史新高。随后国内能繁母猪存栏进入了去产能的过程，由于2013—2015年间国内生猪养殖行业陷入深度亏损状态，环保压力大，成本大幅提高，大量小养殖户开始退出，种猪场更是不能自拔，很多种猪场因资金链断裂，而被迫退出行业，国内种猪进入全面去产能阶段。深度亏损产能去化后，2015年5月至2017年底生猪养殖迎来盈利阶段，且盈利水平处于较高的位置，大型养殖集团信心增加，纷纷圈地扩产。

2018年国内出现非洲猪瘟，业内养殖信心不足，补栏积极性大幅下降。非洲猪瘟造成的生产影响在2019年明显体现，2019年全年能繁母猪存栏量呈大幅回落态势。农业农村部400个监测县的信息显示，2019年12月全国能繁母猪存栏量环比增幅14.1%，但同比下降28.65%，绝对数估计在3 082万头左右。

农业农村部400个监测县的信息显示，2020年10月全国能繁母猪存栏量大约为

3 950万头。截至11月底，全国生猪存栏和能繁母猪存栏均已恢复到常年水平的90%以上，全国能繁母猪存栏量约为4 100万头，生猪存栏量接近4亿头。农业农村部数据显示，2020年12月底，全国能繁母猪存栏量为4 161万头，生猪存栏量为4.07亿头。2021年上半年产能完全恢复。

截至2021年11月，全国能繁母猪存栏量为4 296万头，相当于正常保有量的104.8%，处于合理范围内。据农业农村部数据，2021年底能繁母猪存栏量同比增长4.0%，2021年底能繁母猪存栏量在4 329万头。

2022年底，全国能繁母猪存栏量为4 390万头，比上年同期增加62万头，增长1.4%。相当于正常保有量的107%，比2022年1月末增加了100万头，产能大幅增加，处于黄色区域，为近几年来存栏量最高的年份。能繁母猪存栏量从4月开始连续9个月增长，究其原因，国内这一期间，全国仔猪平均价格持续上涨由3月的24.24元/千克上涨至11月的46.03元/千克。养殖母猪处于盈利阶段，刺激了养殖场扩大了母猪的存栏量。

通过行业交流和各方的渠道信息及生猪生产周期推断，2022年能繁母猪产能处于过剩状态，同时由于2020年开始国内从国外大量引进祖代种猪，大批种猪后代供应市场，同时引进种猪的生产性能相对较优，高生产性能母猪占比提高，将带来生产成绩的提升，即每头母猪每年提供的断奶仔猪数量和提供出栏商品猪的数量有较大幅度的增加，2023年能繁母猪数量进入去产能状态。

2023年12月底，全国能繁母猪存栏量为4 142万头，比上年同期下降248万头，降幅5.65%（图2）；相当于正常保有量的101%，基本接近国家划定的正常水平线。但纵观行业生猪产能仍显过剩，出栏价格未见本质性起色。究其原因可能包括两个方面：①三年的疫情导致居民收入下降，消费动力减弱，消费市场整体低迷。② 2020年以来，国内引进了大量的国外种猪，四年间累计引种量达到66 765头，生产性能大幅提高，市场供应能力提升。

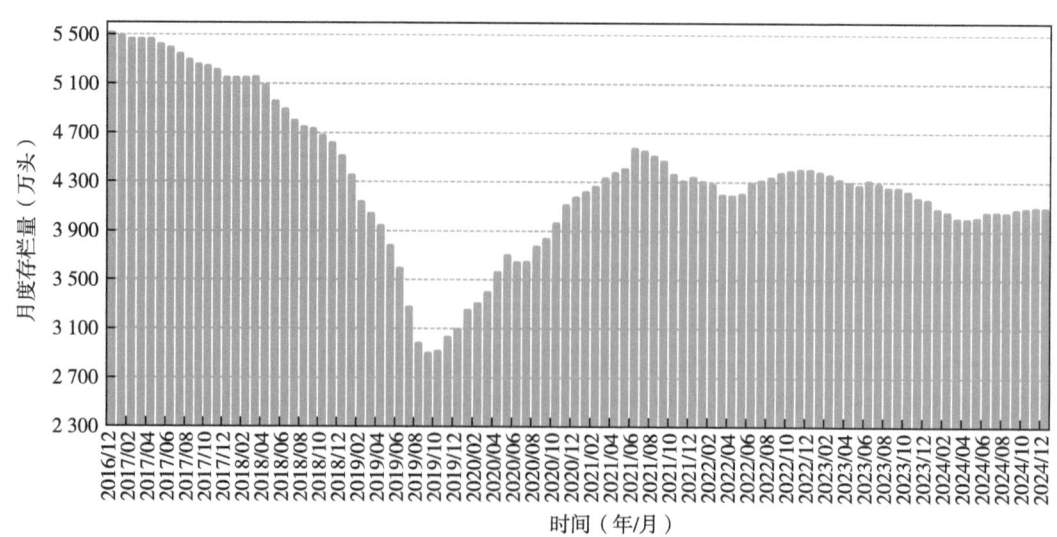

图2 2016—2024年中国能繁母猪月度存栏量

（数据来源：国家统计局，农业农村部）

2024年底国内能繁母猪的存栏量为4 078万头，比上年同期下降64万头（图3），按照农业农村部2024年3月印发《生猪产能调控实施方案（2024年修订）》，将全国能繁母猪正常保有量目标将从4 100万头下调为3 900万头，能繁母猪存栏量正常波动（绿色区域）下限从正常保有量的95%调整至92%。主要源于近年国外引进种猪性能的释放和国内育种工作取得较大的进展有关，能繁母猪提供可出栏育肥猪的数量增长。推测2025年能繁母猪存栏量在3 700万～3 900万头，可满足国内生产消费量的需求，且能保持较好的盈利。

当前能繁母猪产能处于过剩状态，且母猪生产性能优。2025年能繁母猪数量将进入去产能状态。

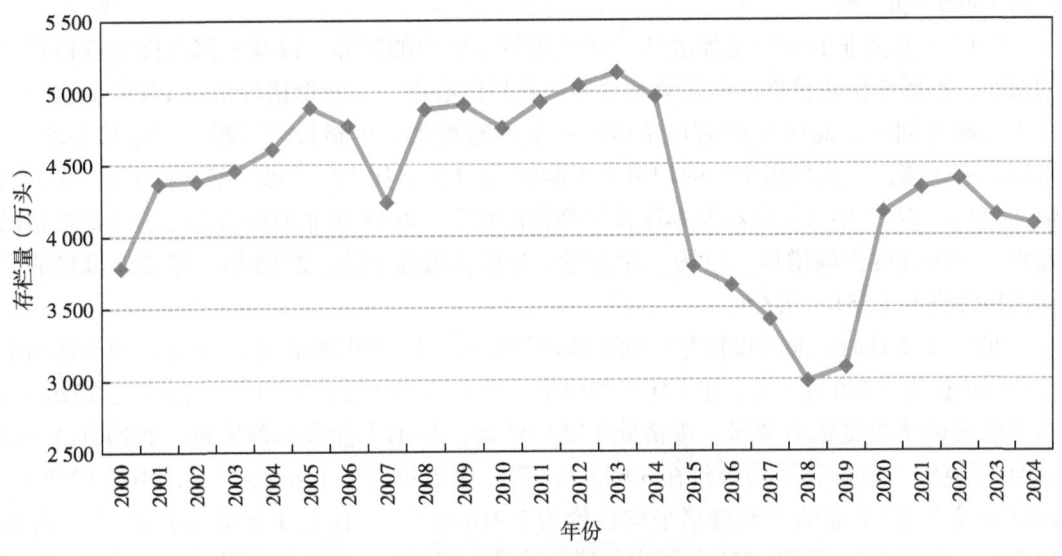

图3　2000—2024年中国能繁母猪存栏量

（数据来源：国家统计局）

1.2.2　二元母猪是产业发展的核心，是未来生猪价格走势的先验性指标

在国内的三元繁育体系中，一般二元母猪作为终端母本，具有优良的生产性能。

2000年作为父母代种猪的母猪种类比较多，除了通常说的长大二元母猪或者大长二元母猪，还包括斯格父母代、皮杜、斯杜、苏太等。其繁殖二元种猪的纯种品系来源更为丰富，包括英系、新美系、新英系、新丹系、台系、法系、比系（比利时）、挪威、加系、匈美系等。品种包括杜洛克、大白、长白、圣特西、达兰猪、皮特兰、巴克夏、汉普夏等，根据品系、品种、等级区分二元种猪的价格一般在850～1 100元/头（体重50千克）。2000年第一季度至2004年第二季度内二元种猪价格变化不大。2004年二季度开始种猪市场销售火爆，30～40千克的长大二元母猪每头价格在1 200～1 300元。此后的几年里二元母猪的价格不断上涨，至2008年长大二元母猪的市场报价已经达到1 800～2 000元/头。2009年二元母猪的市场报价有所下降，北京市场一般在1 500～1 700元/头，全国的平均价格低于北京市场价格。

据农业农村部数据，2010年全国市场50千克二元母猪均价为1 351元/头，9—11月价格较高，平均价格为1 424元/头。2011年二元母猪市场需求增长，供应紧俏，市场价格大幅上涨,全国全年均价为 1 675.5 元/头,比上年增长 324.5 元/头,增幅 24.02%。2012 年中大规模养殖场和大型企业都看好生猪产业,不断扩大规模,在全国布局养殖基地,加大了对种猪的需求,二元母猪市场价格继续保持高位,为 1 656.7 元/头。2013 年国内生猪价格下降,对引种的积极性造成了影响,在猪价低迷的情况下,一般为降低引种成本,猪场会把本场内体型较好的猪选留为种猪,另外饲料价格居高不下,饲养成本较高,使得 2013 年二元母猪的价格下降,比上年下降 69.1 元/头,降幅 4.17%,全年平均价格为 1 587 元/头。2014 年二元母猪价格跌破近 3 年来的最低点,2013 年 8 月中旬至 2014 年 5 月中旬,二元母猪价格连续 10 个月徘徊下降。6—7 月二元母猪价格连续小幅回落,8 月回升,9 月则涨跌互现,10 月开始连续下滑,全年的均价为 1 465.9 元/头。

2015 年养猪业的竞争更加激烈,规模化与小散户的博弈,以及中国猪肉与进口猪肉的博弈,都影响生猪价格后期走势和养殖户补栏的心态,二元母猪价格为 1 490.8 元/头,比上年略有回升。2016 年能繁母猪淘汰数量不断增加,生猪价格回暖,养殖信心增强,市场需求旺盛,二元母猪全年的均价为 1 840.3 元/头,比上年大幅上涨 349.5 元/头,增幅 23.44%。2017 年二元母猪基本保持了高位的势头。2018 年非洲猪瘟造成了能繁母猪的死亡,养殖难度大幅增加,市场一片恐慌,补栏积极性下降,2018 年全年二元母猪的平均销售价格为 1 551.4 元/头。

2019 年 2 月后,能繁母猪存栏量下降幅度增大。2019 年种猪场 50 千克二元母猪的平均销售价格为 2 220 元/头,比上年平均价格水平上涨 670 元/头,增幅 43.23%。2020 年,国内能繁母猪数量依旧紧张,价格处于高位波动。根据农业农村部数据,2020 年 1—12 月 50 千克的二元母猪平均售价在 3 623 元/头,比上年增加 1 403 元/头,增幅 63.20%。2021 年全年 50 千克的二元母猪平均售价为 2 916 元/头,比上年下降 707 元/头,降幅 19.51%。由于 2020 年和 2021 年国内种猪引种量大幅增长,国内种源供应得到缓解,2022 年二元母猪的供应紧张局面完全得到缓解,阶段性供应过剩。2022 年 1—12 月 50 千克二元母猪的平均销售价格为 1 973 元/头,比上年下降 943 元/头,降幅 32.34%,2022 年全年国内种源供应充足,价格下降。

2023 年全年 50 千克二元母猪的平均销售价格为 1 793 元/头,比上年下降 180 元/头,降幅 9.12%。2023 年国内能繁母猪供应充足和生猪价格低迷,使得补栏需求积极性减弱,更新需求较少,价格下降。

2024 年全年 50 千克二元母猪的平均销售价格为 1 780 元/头,比上年下降 13 元/头,降幅 0.73%(图 4)。2024 年国内能繁母猪供应充足和高性能母猪数量占比增加,种猪企业间的竞争激烈,同时养殖场自身繁殖的母猪满足了一部分需求,更新母猪的需求量相对较少,对具备高产、快长、双阴性能种猪的需求增加。鉴于以上因素,综合影响二元母猪的价格变化不大。

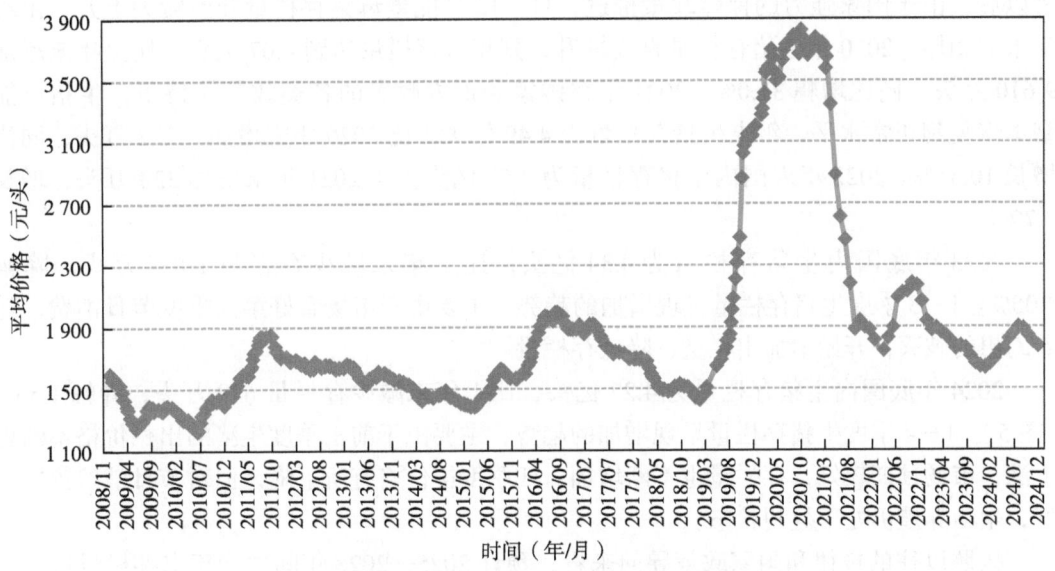

图 4 2008—2024 年全国二元母猪平均价格

（数据来源：农业农村部、北京华畜农业研究院数据库）

1.3 生猪市场及生产变化

1.3.1 生猪年末存栏量是下一阶段市场供应的基石，除个别年份外，一般变化不大

对于生猪存栏量而言，国内一般按照月末、季末、年末为时间点进行统计，指某一时间点全部生猪饲养头数，包含公猪、母猪、仔猪和育肥猪。年末存栏量大，通常意味着养殖场具有较强的生产能力和市场供应能力，年末存栏量的变化趋势能够反映出市场的供求关系。如果年末存栏量增加，可能预示着未来市场上猪肉供应充足，价格可能会受到一定的压力；反之，如果年末存栏量减少，则可能导致市场供应紧张，价格上涨。

二十多年来，除了极端年份 2019 年（年末生猪存栏量为 3.10 亿头）外，国内年末生猪存栏量基本保持在 4.0 亿～4.8 亿头，最高为 2012 年末的 4.74 亿头，最低为 2020 年末的 4.07 亿头，2000—2022 年末生猪平均存栏量为 4.36 亿头。生猪存栏量的变化与多种因素有关，城镇居民收入水平、猪肉产品价格、生猪生产成本、粮食产量及人口数量均会影响存栏量的变化。这些年来猪肉在人们膳食结构中的比例逐渐提高，来源于人们收入水平增加带动了生产的扩大，同时对生产者来说，获得生产利润是推动生产的基础，占生猪养殖 60%～70% 的饲料粮成本也制约存栏量的变化，人口数量直接影响消费数量。

2000—2006 年国内生猪年末存栏量在 4.1 亿～4.3 亿头，非常稳定；随后在国家生猪养殖政策的扶持下，2006—2008 年生猪存栏量快速攀升，达到 4.6 亿头以上；2008—2014 年间，生猪年末存栏为 4.6 亿～4.8 亿头，也处于平稳期；2014 年国内生猪养殖陷入深度亏损状态，行业启动去产能，2015—2016 年间生猪存栏量快速下降，维持在 4.3 亿～4.5 亿头。2018 年进入 11 月以后在非洲猪瘟疫情的破坏下，全国生猪存栏直线减少。2019 年生猪年末存栏为 31 041.0 万头，同比 2018 年下降 27.5%。不过在 2019 年 10

月以后，由于国家强力的保障政策推进，11—12月能繁母猪存栏量开始转为上升，出现年末的翘尾。2020年生猪存栏量直线攀升，到年末存栏量达到4.07亿头，比上年末增加9 610万头，同比增幅31.0%。2021年在国家和地方政府的各类政策扶持下，生猪产能基本恢复到正常水平，年末生猪存栏量为4.49亿头，比2020年末增加4 272万头，同比增长10.51%。2022年末国内生猪存栏量为4.52亿头，比2021年末增加333万头，增长0.7%。

2023年底国内生猪存栏量为4.34亿头，比上年末减少存栏量1 834万头，降幅4.05%。1—3季度生猪存栏量呈现增加的趋势，主要由于市场看好第四季度节日消费，随着幻想的破灭，开始增加出栏量，降低存栏量。

2024年底国内生猪存栏量为4.27亿头，比上年末减少存栏量679万头，降幅1.56%（图5）。1—4季度生猪存栏量呈现增加的趋势，主要由于前三季度生猪的出栏价格不断更上涨，市场预期较好，存栏量也不断增加，四季度虽价格有所下降，但对节日消费预期较好，生猪养殖仍处于盈利状态。

按照以往的规律和国家政策导向来看，预计2025—2028年间生猪年末存栏量将处于一个平稳的时期，在4.4亿～4.6亿头。

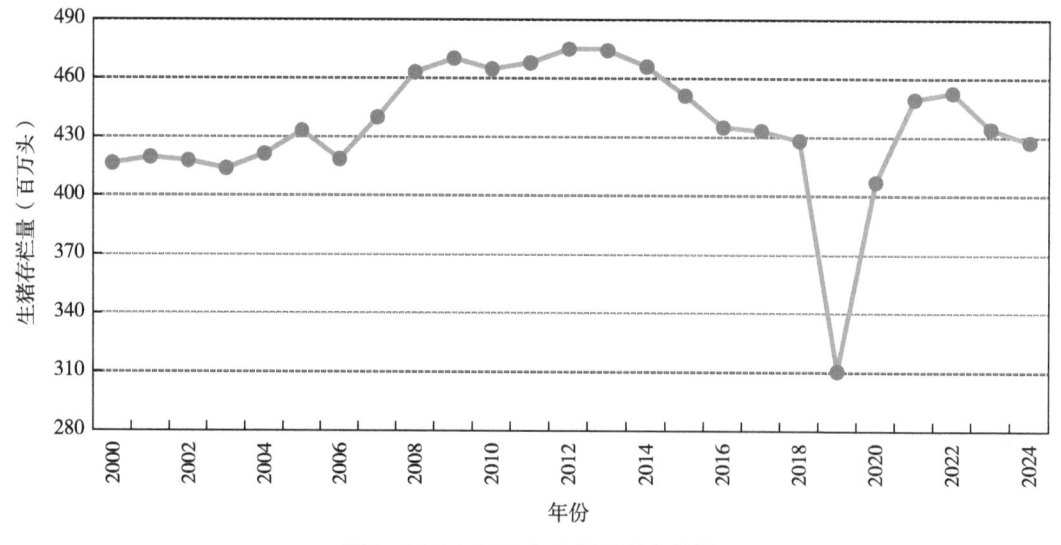

图5　2000—2024年全国生猪存栏量

（数据来源：国家统计局）

1.3.2　生猪出栏量稳定在7亿头，国内市场供应有保障

生猪出栏量指的是作为商品猪卖到市场上猪的数量，比如年出栏量是指一年中卖出的作为商品猪的数量，主要反映猪的销售情况。2000—2014年，除了2007年外，国内生猪出栏量呈现直线增长的态势，由5.27亿头增长到7.35亿头，增长2.08亿头，增幅39.47%，年均复合增长率为1.44%；2014年也是国内生猪出栏量的历史高点。2006年国内暴发猪呼吸与繁殖综合征，全国从南到北猪场大面积感染，造成母猪孕晚期流产、哺乳仔猪死亡率可达80%～100%，导致2007年国内生猪出栏量比2006年下降7.68%，

减少出栏4 698.9万头。2014年4月24日经第十二届全国人民代表大会常务委员会第八次会议修订，《中华人民共和国环境保护法》通过并颁布，指出在重点生态功能区、生态环境敏感区和脆弱区等区域划定生态保护红线，加大了对环境违法行为的处罚力度，此后国内生猪养殖行业刮起来"环保风暴"，几年间拆除猪场数量超数百万个，导致很多中小养殖场户被迫退出，全国养猪行业陷入人为驱动去产能阶段，2016年国内生猪出栏量下降至6.85亿头，较2014年下降5 008万头，降幅6.8%。由于生猪数量的减少，养猪行业进于盈利阶段，2016年生猪养殖户和企业盈利丰厚，刺激了行业扩大生产的积极性，2017年全国生猪出栏量升至7.02亿头；2018年8月初国内首例非洲猪瘟疫病在辽宁沈阳暴发，接下来几个月以狂风骤雨之势席卷摧残着本就羸弱的生猪养殖业，生猪养殖业降至冰点，对生猪生产和养猪人情绪造成极大的伤害，2019年中国生猪出栏降至54 419万头，比2018年下降21.6%。因能繁母猪数量持续下降且环保压力有增无减，迭加非洲猪瘟疫情发生后，禁止跨区域调运的影响，使得部分地区养殖收益下降，大量养殖户退出养殖行业，到2020年全国生猪养殖场（户）数量下降至2 077.8万家（2018年为3 155.9万家），2020年全国生猪出栏量为52 704万头，比上年减少1 715万头，下降3.2%。主要由于生猪存栏持续较快恢复，出栏量降幅明显收窄。各地积极落实生猪稳产保供各项政策措施，新建、扩建养殖场陆续建成投产，有力促进生猪产能持续回升。其中，三季度出栏同比增速转正后，四季度进一步加快，四季度生猪出栏比上年同期增长22.9%。

在撒钱式政策红利的刺激下和行业超额利润的加持下，生猪产能快速释放，生猪出栏大幅增长。2021年全国生猪出栏67 128万头，比上年增加14 424万头，增长27.4%，基本恢复至常年水平。2022年全国生猪出栏69 995万头，比上年增加2 867万头，增长4.3%。2022年生猪出栏保持增长，但增速有所放缓，一季度同比增长14.1%，上半年增长8.4%，前三季度增长5.8%。全年猪肉产量5 541万吨，比上年增加246万吨，增长4.6%。从政策层面、技术层面、资金层面等预计未来几年生猪出栏量将围绕6.9亿头上下波动，范围在6.8亿～7.2亿头。

从出栏量上分析，笔者认为2021年后的中国养猪已进入一个全新的时代，其表现为生猪养殖业将进入薄利时代、集团化企业出栏占比快速提高、自动化数字化设备广泛应用、企业的管理由对疫病的重点防控转而对企业风险管理的重点管控、资本对养猪业的控制将进一步加深、降本增效难以完成被迫接受高额养殖成本、疫病防控更加复杂但不会对生产再造成断崖式影响。

2023年，全国全年生猪出栏72 662万头，比上年增加2 667万头，增长3.8%。各阶段生猪出栏保持增长势头，一季度生猪出栏量为19 899万头，同比增长1.7%，上半年生猪出栏量为37 548万头，同比增长2.6%，前三季度生猪出栏量为53 723万头，同比增长3.3%。全年猪肉产量5 794万吨，比上年增加253万吨，增长4.6%。

2024年，全国全年生猪出栏70 256万头，比上年减少2 406万头，降幅3.31%（图6）。其中一季度生猪出栏量为19 455万头，同比增长1.7%，上半年生猪出栏量为36 395万头，同比增长2.6%，前三季度生猪出栏量为52 030万头，同比增长3.3%。

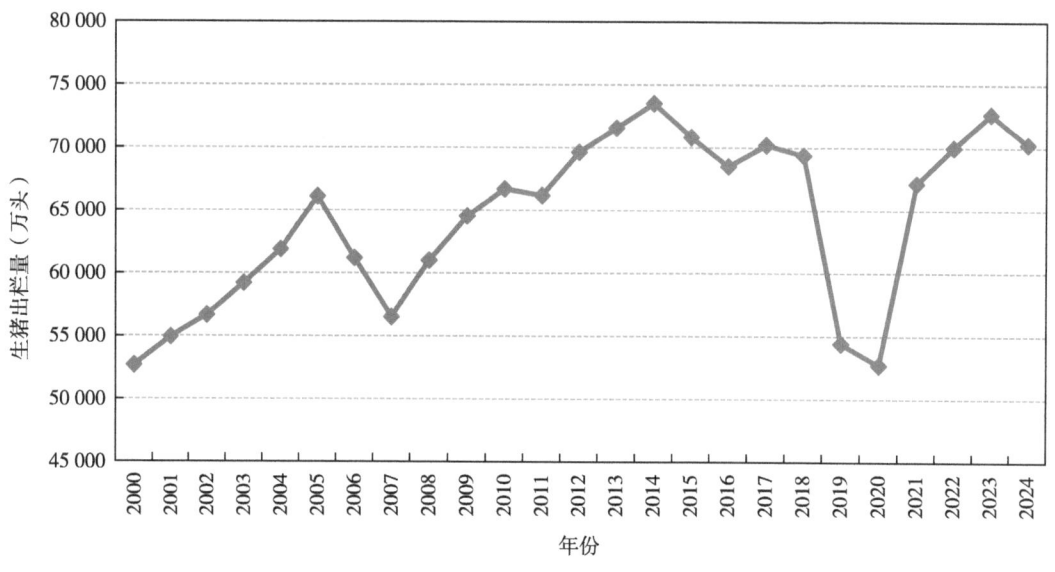

图6 2000—2024年全国生猪出栏量

（数据来源：国家统计局）

1.3.3 2000年以来生猪价格经历4个完整周期，见证了养猪集团成长历程

2000年国内生猪出栏均价为5.74元/千克，此时的温氏集团启动第一个五年发展计划，提出稳定发展养鸡业，加快发展养猪业战略，年生猪出栏量已经达到14万头（到2006年牧原出栏量才达到9.67万头）；而雏鹰农牧尚未开始养猪事业，这一年内乡县牧原养殖有限公司（牧原股份前身）成立，牧原股份仍蛰居一方。温氏集团已成为当时名副其实的"中国猪王"，在踩准了节奏后，加快产能扩张脚步。此后国内的生猪出栏价格更是不断上涨，2001年生猪价格涨至5.92元/千克。2002年国内暴发"非典"，直到2003年中期疫情才被逐渐消灭。"非典"过后，猪肉迎来了需求的增长，2004年活猪平均价格达到8.58元/千克，同比提高35.64%，其中9月的平均价格为9.59元/千克，达到几年来最高水平；猪肉平均零售价格为13.76元/千克，同比提高了28.52%。2004年对中国养猪行业具有重要的意义，是全国养猪行业大发展的年份。2004年雏鹰农牧转型开始养猪，6年后在深圳证券交易所挂牌上市，成为"中国养猪第一股"。这一年的温氏集团生猪出栏量已经超过70万头，而牧原公司只是区域的头部企业，温氏集团生猪的出栏量是牧原公司的13倍多，出栏量全国第一。正邦科技深耕饲料行业赚得盆满钵满，也正式开始养猪事业，20多年后却深陷债务的泥潭。彼时新希望、大北农和天邦正在专心经营饲料行业，高额的利润让它们不断扩张，无心思考养猪行业。

2005年9月结束了该轮共长达26个月的盈利期后，10月快速下跌至亏损线以下，当年全国生猪均价为8.03元/千克。2005年从加拿大引进的470头曾祖代种猪成为牧原养殖的种猪之源；此时新希望也收购了山东六和集团，形成中国最大的农牧企业，开始了全国的农牧产业布局。10月雨润食品在香港联交所主板挂牌上市，雨润集团香港零售部分超额认购156倍，国际认购部分超额认购21倍；自此国际资本市场开始逐步进入中国养猪行业，3月高盛、鼎晖和新加坡政府投资基金（GIC）联合向雨润食品投资了约7 000万美元，上市前，雨润食品与三家战略投资者签署了"对赌"协议，如果中国雨润2005年的盈利未能达到2.592亿元，这部分战略投资者则有权要求大股东以溢价20%的价格赎回所持股份，显然这一次雨润赢了。

2007年被称为"金猪年"，全国全年生猪平均出栏价格达到12.22元/千克，养猪业着实"火了"一把，名副其实地当了一次市场的"主角"。生猪及猪肉价格波动之大、上涨之快、幅度之高均创历史新高，对国内养猪业影响深远。谁也不曾想到，蓝耳病会让中国养猪业遭受百年不遇的重创，受疫情影响，能繁母猪死亡、流产率高达10%～20%，猪群发病率通常在50%～100%，发病猪死亡率通常在20%～100%，生猪供应短缺。10月27日新希望公告，拟在河北宽城县投资1亿元成立"河北新希望农牧有限公司"，主要从事规模化的生猪繁育养殖及其配套服务，计划用6年的时间建成年出栏肥猪100万头，辐射华北、东北的重要优质种猪基地。2007年5月国家出台的一系列相关政策促进了生猪生产稳定发展，当年温氏集团年销售产值达到117亿元，首次突破百亿元大关，牧原的生猪出栏量也达到10万头。

2008年生猪价格创历史新高，3月价格一度达到18元/千克，全年均价14.95元/千克。农业部发布的数据显示，2008年国内生猪出栏缺口在3 000万头至1亿头，供不应求导致价格上涨。资本的嗅觉总是很灵敏，8月德意志银行出资6 000万美元购买上海宏博养猪场30%的股份，同时6 000万美元注资天津宝迪农业产业集团，美国艾格菲国际集团通过在福建、广西、海南和江西收购养猪场进入中国生猪养殖业，扩张产业链让艾格菲获得了更多的利润。2008年艾格菲销售收入将近1.44亿美元，不到两年的时间实现企业经营规模增长7倍以上，"到中国来养猪吧"，这是艾格菲2008年致股东信的标题，另外不可否认，外资布局中国养猪业的同时，也带来了先进养殖技术和管理经验。

有高峰就有低谷。2009年5月初猪价触底，跌至9～9.5元/千克，猪粮比低于盈亏平衡点，6月中旬商务部会同财政部、国家发展改革委启动了国家冻猪肉收储工作，之后开始反弹，到"中秋""国庆"双节期间达到高峰，生猪价格一度超过12元/千克；但全年的生猪出栏均价同比下降3.52元/千克，降幅23.55%。温氏肉猪出栏量已经达到345万头，拟尝试借壳华农温氏上市，却第三次因"股东超200人"被拒。雏鹰农牧经过整体改制后在深圳交易所成功挂牌上市，被誉为"中国养猪第一股"，年生猪出栏量48.4万头，全国排名第二，其也逐渐迎来高光时刻。12月28日牧原养殖整体变更设立为河南省牧原食品股份公司，生猪出栏量37万头。

2012年全年的生猪出场价格自年初开始下降，在相当长的时间内（4月上旬至11月中旬阶段）价格基本在14元/千克左右，标志生猪生产盈亏平衡点的猪粮比价在6∶1徘徊且没有过度的波动。当年牧原股份收入达到14.90亿元，利润3.30亿元，销售生猪91.76万头。11月2日温氏股份也在深交所正式挂牌上市，当年实现肉猪销售813.9万头。雏鹰农牧出栏量接近150万头，并开始多元化布局，在西藏投资了藏香猪，以布局高端市场。大北农2012年开始收购种猪公司，持续布局种猪。养猪上市企业开始借助资本的力量在行业内跑马圈地，抢占先机，扩大产能，对于资本这个工具使用的方式不同，也为后来这些企业在行业内的起浮变迁埋下了伏笔。

2013年国内生猪平均价格为14.91元/千克，资本的助力和不错的养殖利润，使企业们也开足了马力，2013年温氏生猪出栏量达到1 013万头，比上年增加199万头，增幅量超过排名第二企业全年的出栏量，首度突破千万头大关，是国内首家年度出栏量破千万头的养猪企业。而当年，牧原的生猪出栏量为131万头，比上年增加39.24万头，刚突破百万头大关，温氏出栏量是牧原的8倍左右。正邦生猪出栏量为115万头，也首度突破百万头，新希望、天邦均不到50万头。而当时，牧原、正邦、天邦等上市猪企出栏总和不到500万头，不足温氏的一半。纵观企业各自的增长情况，养猪行业扩张的"发动机"被开启，也使得2014年国内的生猪出栏量达到迄今为止的顶峰，为7.35亿头。种猪引种量也达到历史高峰，为1.73万头。9月6日，双汇71亿美元收购美国史密斯菲尔德。2013年，刘畅从父亲刘永好手中接过了新希望的管理权，正式开启了企业发展新阶段。

高歌猛进的扩张，使得供求关系失衡。2014年全国生猪出栏均价再度下降至低点，全年均价为13.21元/千克，低迷的行情让行业出现了分化，小散户加速被淘汰的局面势不可挡，很多养猪企业等待被收购，养猪上市企业逆势扩张。这一年1月28日牧原股份在深圳交易所正式上市，市值大约85亿元。双汇国际更名万洲国际，在香港上市，成为当时全球最大的生猪生产商和猪肉生产商。

经历2014—2015年的养殖低迷期，2016年迎来周期的顶点，全年生猪均价为18.50元/千克，达到历史新高。养猪企业在这一年可谓赚得盆满钵溢。新希望后知后觉，在2016年初，新希望才正式提出《养猪业务规划》，拟通过3～5年时间，以"公司+家庭农场"等方式发展1 000万头生猪，通过"技术托管和技术服务"形式覆盖2 000万头生猪，3月初公司收购本香农业70%股权，布局西北生猪养殖市场，业务战略重心转移至养殖端。2016年，大北农陆续加大了生猪养殖的力度，"养猪大创业"成为大北农2016年的工作重点之一，全年大概在18个省市共投资145亿元。

2018年在中国养猪史是会被留下重要一笔的年份，8月初发生的非洲猪瘟在随后的几个月迅速席卷全国，造成生猪的大量死亡，8月后国内生猪销售价格迅速拉高，9月全国生猪均价升至37.18元/千克，全国全年生猪平均收购价格为21.92元/千克，比2017年的12.63元/千克上涨9.29元/千克，同比增幅73.56%。这年温氏股份出栏量截至目前（2022年底）达到历史最高的出栏量2 230万头。雏鹰农牧成就了自己最后的辉煌，出栏量226.98万头，但2019年却因资金链断而退市。

2019年生猪收购价格呈现"V"形的波动行情。2019年前10个月，生猪市场供求偏紧，价格持续10个月不断攀高。10月达到历年来的最高月度价格，月均价为37.65元/千克，从10月开始市场生猪供给有所增加，同时国家为稳定元旦、春节的市场价格，不断投放储备肉，仅12月国家就投放了14万吨储备肉，供求关系依然偏紧，生猪价格略有下调。这一年牧原股份出栏量比上年略增长，温氏股份出栏量反而降至1 850万头，可见非洲猪瘟造成的影响之大。

2020年生猪价格较往年维持在较高的价格水平上，整体在28元/千克以上。全年均价为33.86元/千克，比上年21.70元/千克上涨12.16元/千克，增幅56.04%。2020年牧原股份打了一个翻身仗，出栏量达到1 812万头，成为全国出栏第一。温氏因为非洲猪瘟疫病防疫的决策性失误造成养猪产业元气大伤，在生猪行情大好的情况下出栏量未能实现增长，反而出栏量降至955万头，排名第三。正邦科技利用资本优势大肆扩张产能，在2020年出栏实现956万头，排名第二。

2021年在国家政策的强力加持下，生猪产能基本恢复至常年水平。生猪价格走势基本呈现直线下降趋势，1月份全国均价35.54元/千克，至12月全国均价跌至16.54元/千克，最低月份为9月，均价为12.46元/千克。全年均价为20.04元/千克，比上年均价下降13.82元/千克，降幅40.82%。牧原股份一骑绝尘，产量实现1.22倍的增长。温氏股份有所恢复，出栏量实现增长，重回1 000万头阵营。刷新了历史纪录的正邦实现1 493万头出栏，但2022年陷入资金链断裂的困境。

2022年生猪价格呈现前低后高的走势，1月全国均价15.88元/千克，至12月全国均价至20.93元/千克，最低月份为3月，均价为13.34元/千克，最高月份为9月，均价为27.39元/千克。全年均价为19.46元/千克，比上年均价下降0.58元/千克，降幅2.89%。因为资金问题，2022年正邦科技全年生猪出栏量同比下降约43.41%，为844.65万头。牧原股份的出栏量增长惊人，达到6 000万头以上。2023年国内生猪价格走势基本呈现处于低价位波动，1月全国均价16.83元/千克，最低月份为7月，全国均价14.26元/千克，最高月份为8月，均价为17.11元/千克，全年均价为15.35元/千克，比上年均价下降4.11元/千克，降幅21.12%。

2024年国内生猪价格走势基本呈现先上涨后下降势态（图7），1月全国均价14.63元/千克，为价格最低月份；最高月份为8月，均价为20.63元/千克；全年均价为17.08元/千克，比上年均价上涨1.73元/千克，涨幅11.27%。

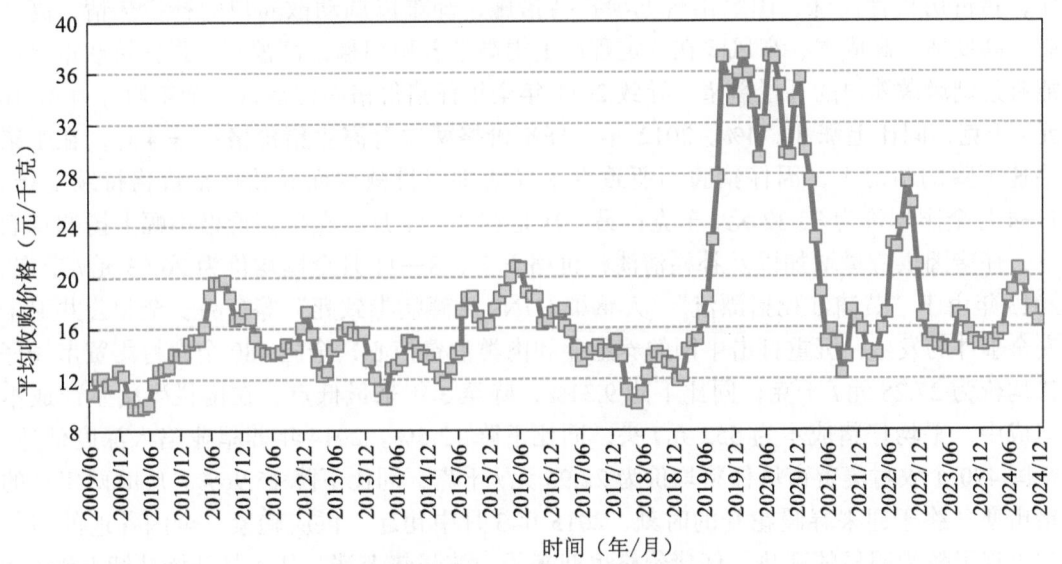

图7　2009—2024年全国生猪平均收购价格

（数据来源：网络资料，北京华夸农业研究院数据库）

1.3.4　仔猪价格从10元/千克至超过100元/千克，离不开疫情的推波助澜

仔猪的价格走势是行业衡量后市商品猪出栏价格的风向标，一般养殖户对后市商品猪出栏价格看好的话，会增加补栏仔猪，造成仔猪价格的上涨，否则反之；种猪养殖者

也会关注育肥猪比价形势,来调整猪群的结构。仔猪价格还受供求关系、仔猪疫病、体重等的影响。2000年全国仔猪平均价格为8.01元/千克,下半年平均价格高于上半年,11月价格最高为8.65元/千克。2001年全年仔猪平均价格为8.66元/千克,比上年有所上涨,且料猪比比上年下降,盈利空间扩大。从2003年7月开始,生猪价格连创新高,6月时仔猪价格12.77元/千克,同比增长50.3%。主要原因是猪肉消费量增加,带动了生猪产品价格上涨。仔猪价格最贵时段在2004年9月至2005年5月,达到15元/千克左右,随后仔猪价格出现下降,9月降至12.8元/千克。2006年1—5月仔猪平均价格比上年同期下降了50.21%。传统上以仔猪价格10.0元/千克作盈亏临界点(2007年前)反映种猪企业盈利情况。2007年仔猪价格一路上涨,由1月的12.5元/千克涨至10月的22.6元/千克,8月达到24元/千克,与生猪发生高致病性蓝耳病疫情有关。2008年4月全国仔猪的平均价格一度接近39.5元/千克,5月中旬后,大部分养殖户开始减少补栏、降低饲养量,仔猪价格快速下跌,至6月底已下滑至35元/千克左右,12月更是跌至10~16元/千克。2008年11月后,全国生猪和仔猪价格再度持续攀升,到2009年初,猪粮比价达到9:1的水平,这个水平过高,后期向合理的水平回归,2009年6月全国仔猪价格降至接近14.5元/千克,后期略有上涨,12月均价达到17.55元/千克。

2010年全国仔猪均价为17.76元/千克,较2009年全年均价20.03元/千克下跌了11.33%,这时仔猪价格的均衡价位已经升至20元/千克左右。2010年冬季和2011年春季仔猪流行性腹泻直接导致2011年仔猪供应总量较正常值下降了5%~10%。2011年,猪价历史性高涨,国家出台五项扶持措施,却难以调动散养户的补栏热情,高通胀、高疫情、高成本、高风险在一定程度上提高了养殖门槛,高盈利、强扶持政策已不能有效刺激散养户的补栏欲望,导致2011年全年仔猪价格高位运行,全年均价为32.10元/千克,同比上涨80.74%。2012年,仔猪价格两次背离生猪价格:1—4月,在生猪快速下降的情况下,因仔猪腹泻所致春季仔猪供应量减少而导致仔猪价格持续上扬,1—4月全国均价为33.32元/千克;另一次是在8—11月,在生猪价格小幅上扬的背景下,仔猪因供应量增加以及补栏清淡,价格下滑,8—11月全国均价为26.53元/千克。2013年由于"黄浦江死猪漂流""人感染H7N9流感病毒致死"等食品安全和公共卫生安全事件的发生,沉重打击中国的养殖业和肉类消费信心,全国480个农村集贸市场仔猪均价为27.28元/千克,同比下降9.31%,降至3年来最低点。在出栏生猪生产成本构成中,平均仔猪成本为552元/头,同比下降12.5%。2014年养猪业陷入深度低迷,全国470个农村集贸市场仔猪均价为22.95元/千克,同比下降15.96%。历时两年多的猪市寒冬终于迎来春暖花开的时刻,2015年3月中旬起,供应趋紧,全国各地的猪价都出现了较为明显的涨势,仔猪价格也迎来了一波强势上涨,从1月开始持续上涨至8月,3月15千克仔猪就已经涨至450~500元/头,8月更是达到600元/头以上,下半年的各月份均价稳定在30元/千克以上。2016年是我国畜牧业环保、禁养、超载超限等新规定正式实施的一年,对生猪产业影响更为深远但也是属于仔猪的高光时刻,全国全年的均价达到了50.90元/千克,比2015年上涨20.69元/千克,增幅68.49%,走势上呈现上半年增、下半年减的走势。2017年1—3月仔猪价格呈现上涨趋势,3月是全年仔猪价格的高点,为51.06元/千克,3月以后仔猪的价格持续下降,至12月已经下降至29.92元/千克。"拆"字在中国有着特殊的含义，对能纳入国家住房拆迁的大部分来说，代表家庭即将走向富裕，是幸福生活的象征，与"福"字同含义，而对养殖业来说应该是灾难性的，对于小散户养殖场来说可能是一家人几十年的心血，家庭生活的希望，上千年以家庭养殖为特点的中国养殖经受住各种疫病的考验和时代的变迁，不但能够消纳多产的农副产品，提供肉类，而且能够为本不富足的农田提供富足的养分。但是2017年"拆"字是养殖业的主要基调，因环保要求大量猪场被拆，环保当然需要重视，对于养殖业是否"一拆了之"值得思考。2017年环保拆迁叠加猪价自春节后逐渐下行令不少养殖户心寒，是否继续从事养猪生产成为最艰难的抉择，单就仔猪价格而言，仍是比较乐观，全年均价为40.27元/千克。2018年生猪处于下降周期中，仔猪的全年均价为25.16元/千克，比上年同比下降37.52%，突如其来的非洲猪瘟虽然打乱了原本的生产节奏，但对2018年的供求影响较小。同时非洲猪瘟造成仔猪死亡，养殖业较为困难，所以仔猪价格全年呈现下降的趋势。2018年8月31日，农业农村部为防止非洲猪瘟疫情扩散蔓延，发布的《关于切实加强生猪及其产品调运监管工作的通知》也对生产、运输和价格造成了一定的影响。

2019年能繁母猪存栏量持续下降、生猪存栏量减少，市场仔猪极度缺乏，且养殖效益大幅增长。由于生产性能佳的二元能繁母猪急剧减少，三元母猪被大量留种，三元母猪的繁殖性能比二元母猪下降20%～30%，且繁殖生命周期短，仔猪平均销售价格大幅上升，全年仔猪平均销售价格为46.48元/千克，高于2018年平均价格25.12元/千克，同比增幅85.03%。2020年行业猪只严重缺乏，全年均价为94.52元/千克，比上年增长48.04元/千克，增幅103.36%。仔猪价格的高企主要由于全国能繁母猪存栏量低位，生猪养殖量偏少，并且大集团抢购所致，2020年养猪业呈现前所未有的变局，从中央到地方的新政策层出不穷，令行业人士应接不暇，政策在解决行业问题的同时，也反过来深刻地改变了行业。产能快速恢复，能繁母猪供应量增长，繁殖性能提升，仔猪供应量大幅增加，价格断崖式下降，2021年全年仔猪均价为48.13元/千克，比上年下降46.39元/千克，降幅49.08%。2022年全年仔猪均价为36.27元/千克，比上年下降11.86元/千克，降幅24.64%；2022年仔猪价格走势也呈现前低后高的趋势，1月全国仔猪均价为26.55元/千克，至12月价格涨至41.00元/千克，最低月份为3月，均价为24.23元/千克，9月和10月部分养猪户看好四季度市场行情，二次育肥和压栏大猪的现象增多，对仔猪的需求转多，市场的供应端阶段性地减少，2022年仔猪价格最高月份为11月，均价为46.03元/千克。

2023年全年仔猪均价为32.18元/千克，比2022年下降4.09元/千克，降幅11.28%；2023年仔猪价格走势基本呈现一路下降的趋势，1月全国仔猪均价为34.86元/千克，至12月价格降至23.26元/千克，最低月份为12月；最高月份为3月，均价为37.72元/千克。

2024年全年仔猪均价为36.36元/千克，比2023年上涨4.18元/千克，涨幅12.99%（图8）；2024年仔猪价格走势基本与出栏育肥猪的价格走势相似，1月全国仔猪均价为23.22元/千克，比2023年同期下降33.39%；随后一路上涨至8月，价格涨至44.27元/千克，随后价格呈现下行趋势，12月价格为33.17元/千克。

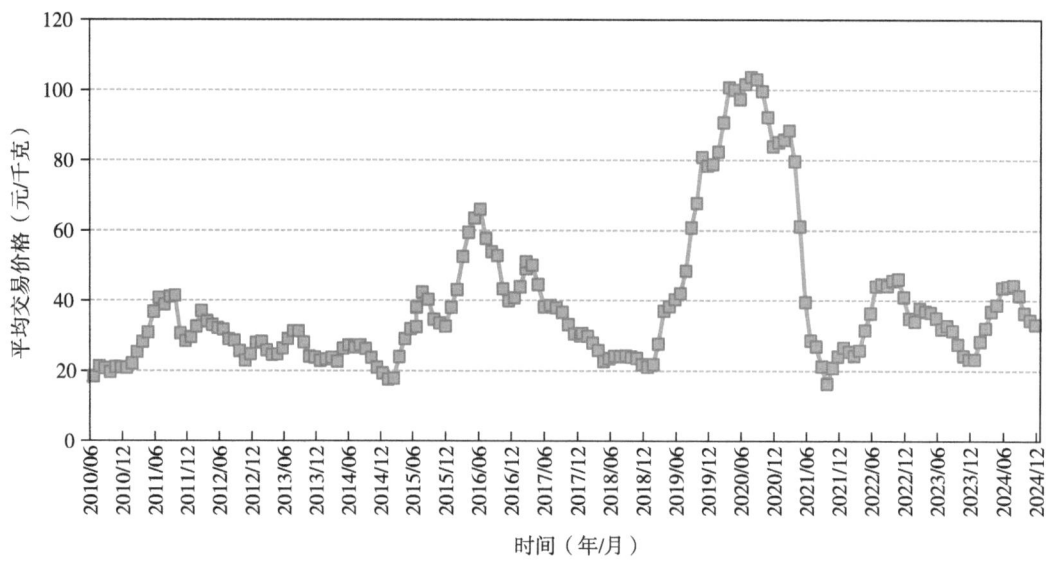

图 8　2010—2024 年全国仔猪平均交易价格

（数据来源：网络资料，北京华畜农业研究院数据库）

1.3.5　生猪养殖行业效益在几十至上千元之间波动，近几年呈上升趋势，但波动更加剧烈

盈利是行业存在的根本，是产业得以维系的基础。2000 年国内小规模养殖户收益最高，约为 90 元/头，其次为中规模养殖户，养殖收益为 55 元/头，散养户和大规模养殖户的养殖收益均在 50 元/头以下，约为 47 元/头。2001 年散户和各规模的养殖户养殖收益均有所下降，小规模养殖户收益约为 70 元/头，中规模养殖收益约为 53 元/头，散户和大规模养殖户收益相当，约 32 元/头。2002 年全国农户散养生猪每头收益为 34.34 元/头，小规模养殖户平均每头商品猪出栏收益为 61.75 元/头，中等规模养殖户平均每头商品猪出栏收益为 54.63 元/头，大规模养殖户平均每头商品猪出栏收益为 31.85 元/头，中小规模养殖户有一定的规模优势和成本优势，农户散养趋向于养殖大猪，平均出栏重在 105.5 千克，而中小规模养殖场（户）的商品猪出栏重为 95~97 千克，超过 90 千克生猪生长的料肉比会变高，单位生产成本升高。各种规模生猪养殖主体每出栏一头商品猪平均收益为 50.44 元/头。2003 年生猪价格略有上升，效益有所提高。上半年，瘦肉型猪价格维持在 7.2~7.6 元/千克，三元杂交肉猪价格为 6.5~6.8 元/千克，二元杂交普通肉猪价格为 6.3~6.5 元/千克，农户养猪每头盈利为 50~80 元，规模化集约化生产企业养猪每头盈利为 20~40 元，养猪普遍有较好盈利。

2004 年活猪价格和仔猪价格创近 10 年来新高，因此，自繁自养户增多，养殖户惜售仔猪。自繁自养户出栏 1 头商品猪实际获利在 300 元左右，部分地区高达 350 元左右。2004—2007 年间全国农户散养生猪养殖纯收益平均为 168.9 元/头；2005 年最低，为 10.5 元/头；2007 年最高，为 415.1 元/头。从全国各地区的情况来看，2004—2007 年贵州农户散养生猪平均纯收益最高，为 392.5 元/头；重庆最低，亏损 26 元/头。2004—2007 年全国不同地区小规模生猪养殖平均纯收益为 188.1 元/头；其中，2005 年最低，为 94.6 元

/头，2007年出现较大幅度增长，达到2004—2007年间年最高值，为381.6元/头，从全国各地区的情况来看，新疆小规模生猪养殖平均纯收益最高，为382.8元/头；甘肃最低，为84.13元/头。2004—2007年全国不同地区中规模生猪养殖平均纯收益为177.8元/头，从全国各地区的情况来看，江西中规模生猪养殖平均纯收益最高，为280.0元/头；甘肃最低，为51.2元/头。2004—2007年间全国不同地区大规模生猪养殖平均纯收益为150.6元/头，2005—2007年间全国不同地区大规模生猪养殖平均纯收益呈现逐年递增的趋势，其中，2005年为49.9元/头比2004年下降86.1元/头，2007年最高，为351.1元/头，从全国各地区的情况来看，陕西大规模生猪养殖平均纯收益最高，为363.0元/头；海南最低，为16.6元/头。

受生猪价格下降和饲料价格高位上涨的影响，2009年生猪养殖效益大幅下降。其中，自繁自育养殖户生猪的平均养殖效益为72.5元/头，比2008年下降356.6元/头左右，购买仔猪养殖户的平均养殖效益为31.8元/头，比2008年下降271.0元/头。

2010年1—5月我国生猪养殖效益一直处于亏损状态，生猪养殖亏损100~200元/头；但从下半年开始，生猪养殖效益逐渐上升，10月中旬至11月中旬大幅上涨至287.0元/头，达到近2年的生猪养殖效益最高点。

2011年生猪自繁自育养殖户的平均收益为500元/头，比2010年的30.0元/头增加470.0元/头，其中，6—10月的养殖效益在600~800元/头。因仔猪价格上涨，2011年7月起购买仔猪养殖效益开始低于自繁自育养殖户，11—12月自繁自育养殖户的收益仍在400.0元/头左右，购买仔猪养殖户仅在100.0元/头左右。

随生猪价格的下降，2014年1—4月生猪养殖效益持续走低，4月降至每头亏损近400元，为历年来最低。随着生猪价格的回升，8月生猪养殖出现短暂盈利，最高盈利水平在100元/头。总体来看，2014年自繁自育及购买仔猪养殖户平均亏损水平均在100元/头左右，比2013年平均盈利水平减少约160元/头。

随着生猪价格的上涨，2016年1—5月生猪养殖效益持续向好，5月时升至每头盈利近950元，为历年来最好。随着生猪价格的回降，6月生猪养殖出现盈利下降，最低盈利水平在400元/头。总体来看，2016年自繁自育及购买仔猪养殖户平均盈利水平均在500元/头左右，比2015年平均盈利水平增加约342元/头。

2017年国内生猪养殖处于盈利状态，自繁自养场（户）平均盈利为333.54元/头，购买仔猪养殖场（户）出现亏本，平均亏损38.38元/头。2017年下半年生猪出栏价格较低，购买仔猪的成本投入较高，出现亏本现象。

2018年8月以后随着非洲猪瘟疫情的暴发，行业内各企业恐慌抛售生猪，生猪养殖大面积亏损。随着抛售的持续和补栏意愿的减弱，行业开始出现生猪供应紧张，2019年3月后国内的生猪价格不断上涨攀高，至2019年10月下旬生猪价格达到历史新高，全国平均价格超过41元/千克。2019年自繁自育养殖户平均盈利水平为1 359元/头，购买仔猪养殖户平均盈利水平为953元/头，比2018年平均盈利水平大幅提升。

2020年1—12月，全国生猪养殖平均盈利达到1 606.5元/头。其中，自繁自育养殖户平均盈利水平为1 662.06元/头，购买仔猪养殖户平均盈利水平为1 551元/头。

针对生猪行业盈亏状况，农业农村部表示，2021年生猪价格高位逐步回落，从1月35.8元/千克回落到12月的17.59元/千克，12月猪价依然高于15.5元/千克的平均生产成本 2 元左右。从生猪养殖收益看，除 6—10 月亏损外，其余 7 个月均盈利较多，按出栏量加权平均计算，全年每出栏一头生猪仍有 564 元的利润，高于正常年份 200 元左右的盈利水平。据测算，2021 年全年全国生猪养殖平均亏损 88.75 元/头。其中，自繁自养户平均亏损 58.3 元/头，购买仔猪养殖户平均亏损 186.01 元/头。

据农业农村部测算，2022 年全年全国生猪养殖平均盈利 402.51 元/头。其中，自繁自养户平均盈利 323.42 元/头，购买仔猪养殖户平均亏损 455.24 元/头。

据农业农村部测算，2023 年全年全国生猪养殖平均亏损 165.09 元/头。其中，规模养殖场平均亏损 91.67 元/头，散养户平均亏损 238.54 元/头。

2024 年全年全国生猪养殖平均盈利 231.75 元/头。其中，规模养殖场平均盈利 302.5 元/头，散养户平均盈利 161 元/头（图 9）。

图 9　2015—2024 年全国自繁自养和购买仔猪育肥养殖效益

（数据来源：农业农村部、北京华畜农业研究院数据库）

1.4　种猪进口及活猪出口

1.4.1　国内种猪企业从国外引种的政策及引种流程

国内种猪企业从国外引进种猪涉及的法律法规主要包括：《中华人民共和国畜牧法》《中华人民共和国动物防疫法》《中华人民共和国进出境动植物检疫法》《中华人民共和国畜禽遗传资源进出境和对外研究利用审批办法》《中华人民共和国海关法》。涉及的政府批文包括：《中华人民共和国农业部动植物苗种进（出）口审批表》（农业农村部）、《中华人民共和国进境动植物检疫许可证》（国家质量监督检验检疫总局）、《进出口货物征免税证明》（中国海关）。引种过程中涉及三个审批部门：①农业主管部门：农业农村部畜牧兽医局；②检验检疫部门：国家质量监督检验检疫总局动植物监管司；③海关：进口地海关和口岸海关。

（1）办理《中华人民共和国农业部动植物苗种进（出）口审批表》的程序。

引种场的资格：拥有由省级农业主管部门颁发的"种畜禽生产经营许可证"，一般来说，一个品种需要一个许可证。

引种企业首先要向所在县及地区申请并填写《农业农村部种用畜禽遗传资源引进申请表》（俗称"四联单"），经省级人民政府畜牧兽医行政主管部门审核并签署意见报农业农村部。无进出口权的申请人，需委托有进出口代理权的单位办理。需报送以下材料：①《农业农村部种用畜禽遗传资源引进申请表》；②畜禽遗传资源外贸合同（复印件）；③《种畜禽生产经营许可证》（复印件）；④出口国家法定机构出具的种畜禽系谱（复印件）。经审批合格后发给《中华人民共和国农业农村部动植物苗种进（出）口审批表》。

（2）办理《中华人民共和国进境动植物检疫许可证》的程序。

分为利用国家口岸隔离场和国家质量监督检验检疫总局指定隔离场两种情况，国家口岸隔离场数量少，使用情况非常紧张，等待时间长，申请时申请单位需提交《中华人民共和国进境动植物检疫许可证申请表》和邀请国家质量监督检验检疫总局委托兽医官员出国的函电。经审批合格后发给《中华人民共和国进境动植物检疫许可证》。海关签发的隔离场使用证有效期为6个月，且使用一次有效。同一隔离场再次申请使用的，应当重新办理审批手续。两次使用的间隔期间不得少于30天。

指定隔离场，国家质量监督检验检疫总局于2009年7月22日颁布了《进境动物隔离检疫场使用监督管理办法》，并于2009年12月10日起施行。该办法允许符合条件的新建猪场通过直属检验检疫局向国家质量监督检验检疫总局申请作为进口猪的一次性指定隔离场。动检许可证的申报程序与使用国家隔离场相同。

（3）办理《进出口货物征免税证明》的程序。

在财政部批准的进口数量以内，经农业农村部批准的享受进口免税政策的企业，享受免关税和免增值税的政策。进口单位是享受免税政策的主体，种猪到货前1周向所在地申请。需要申报的文件：《进出口货物征免申请表》《农业农村部动植物苗种进（出）口审批表》，申请免税的说明，企业营业执照或事业单位法人证书，进出口合同、发票以及相关货物的情况说明。办理免税手续的程序：凭《农业农村部动植物苗种进（出）口审批表》及相关文件到进口企业所在地海关办理《进出口货物征免税证明》，凭此证明在货物到达前在进境口岸海关办理免税。

1.4.2 种猪进口的操作周期及操作流程

种猪进口是一项复杂的系统工程，操作周期长达5个月左右，具体流程如下：

（1）国内客户将拟购买种猪的数量、品种、质量要求、拟进口国家告知代理公司，代理公司按客户要求向国外供货商询价、还价，与国内客户共同确定最终价格及质量条款，并与国内客户签订代理进口合同。

（2）代理合同签订后，代理公司与外商签订外贸进出口合同。

（3）代理公司负责为客户申请办理隔离场使用手续和《中华人民共和国进境动植物检疫许可证》，并向国家质量监督检验检疫总局发出兽医的邀请函。

（4）同期国内客户向当地省级农业主管部门（农业厅或农牧厅）申请《农业农村部种用畜禽遗传资源引进申请表》，审批后将此原件连同《种畜禽生产经营许可证》复印件递至农业农业部畜牧兽医局，由代理公司负责向农业农村部申请《中华人民共和国农业农村部动植物苗种进（出）口审批表》。此批文是办理海关免税批文的重要文件。获得海关免税批文后即可免10%的关税和13%的进口环节增值税。

（5）国家质量监督检验检疫总局选派兽医官，代理公司协助办理兽医出国手续，并为客户选种人员办理出国相关手续。收到国家质量监督检验检疫总局出具的《中华人民共和国进境动植物检疫许可证》后，安排选猪人员出国选种。

（6）选猪人员选种结束后，种猪在国外进行农场检疫及隔离场检疫。

（7）国内客户持农业农村部批复的《中华人民共和国农业农村部动植物苗种进（出）口审批表》及相关文件到当地海关办理《进出口货物征免税证明》。

（8）国外检疫合格的种猪装机运往中国，到货前7天左右，经体检合格的饲养管理人员进驻口岸隔离场。

（9）种猪到达中国口岸由代理公司负责办理报检报关及提货手续，种猪运往口岸隔离场进行为期45天的隔离检疫，检疫合格后将种猪运往客户种猪场。

1.4.3　二十年种猪引种数量趋势性增长，国内已积累足够丰富的育种素材

种猪进口，一方面可以增加国内优质种源的数量，另一方面可以丰富国内种猪的育种素材。近些年来，国内种猪的引种量呈现上升的趋势。

由于国内地方猪品种生长性能较低，产业化水平不高，所以需要从国外引进种猪提高国内生猪生产的产业化水平。从2000年国内不断从国外引进种猪，2000年共引进种猪3 364头，其中美国1 474头，法国1 255头，其他引种来源包括丹麦、加拿大、瑞典等。2001—2004年国内种猪引种量有所下降，维持在1 000～2 000头，其中2004年引进了1 898头。这一期国内引种企业应对种猪引进表现为经验不足：隔离期间与代理商缺乏联系，缺乏有经验的兽医人员，合同中索赔条款不全（如公猪精子缺乏活力、包皮长短等约定丧失索赔机会），同时运输条件欠佳（卖方为节约运输费用，超载、大小猪安排不当、途中供水不足导致猪肢蹄损伤、死猪、肠胃不适等应激反应明显）。不过从国外引进种猪繁育出售也让企业尝到了甜头，湖北省原种猪场2001—2002年从国外引进240头种猪，4年间共繁育、销售合格种猪16 000头，除去购买成本、生产成本，粗略估算这批种猪的利润为3 200万元；广西壮族自治区畜牧研究所2004年初从美国引进280头种猪，2004年底开始销售种猪，2005年销售4 000多头，共获得利润600万元，成为养猪行业的"暴发户"，导致2005年国内种猪引种量大幅增加，达到3 238头，比上年增加1 340头，增幅70.60%，其中来自美国的种猪1 892头，占比58.43%，来自加拿大的种猪为1 032头。2006年、2007年种猪引种量有所下降，维持在2 400～2 500头，但2007年国内暴发疫病，导致母猪生产性能下降、并且损失较大，2008年国内种猪引种量暴发增长首次超过10 000头，达到11 613头，比上年增长9 199头，增幅达到3.81倍，其中来自美国的种猪达到7 086头，占比61.02%。暴发式增长后引种量迎来了低谷，2009年全年国内引种量仅为1 875头，比上年大幅度下降。

从2009年后中国种猪进口量逐年大幅增加，2011年国内种猪引种量已经达到10 050头，再次超过万头；2012年上半年，受多方面因素影响，中国种猪进口量大增，需求的空缺使得国内相关公司开始摩拳擦掌，谋划拓展业务，进军种猪养殖阵营。大北农拟投资50亿元发展种猪业务；正邦集团则成立加美种猪公司，拟打造国内种猪旗舰品牌；中粮集团积极在2012—2015年期间投资20亿元，建设种猪养殖基地及相配套的产业链项目。2013年国内的种猪进口量达到创纪录的1.73万头，比2012年的1.5万头增幅13.8%。2012年从国外引种种猪有三个基本特点：一是一次性引种数量多，单个企业一次性引种数量在800头以上的占全部引种批次的30%以上；二是新进入种猪行业的引种企业占全部引种企业的40%以上；三是国外供种企业规模比较大，相对比较集中，引进品种除大白、长白猪外增加了巴克夏、皮特兰。

但2013年以后，我国种猪进口量显著减少。连续增长的种猪引种量让国内种猪行业出现过剩，同时各种猪场选育能力、选育水平良莠不齐，大多花费巨额资金引进的种猪没能够充分发挥出其优质的遗传潜力，种猪行业陷入深度亏损，使得2014年国内种猪引种量有所下降，降至万头以下，为8 659头，其中加裕公司以36%的市场份额稳居首位，其次分别是丹麦（30%）、美国（14%）、英国（10%）及法国（10%）。2015年国内种猪引种量进一步下降至4 442头。

2013—2015年上半年，规模化养殖企业和种猪企业亏损严重，纷纷降低养殖规模，以减少损失，大量私人资本投资也退出种猪场项目，二元母猪需求显著下降。二元母猪销售价格较为低迷，种猪场盈利下降，部分养殖成绩较差的种猪场甚至倒闭、转产，市场商品猪的供给量大幅减少。由于2015年5月开始生猪盈利，并逐渐达到有史以来最好的盈利水平，使得市场对种猪的需求大幅增加，部分种猪场种猪脱销，对进口的需求增加。2016年进口量有所增加，全年进口总量约6 728头，同比增加约51.5%。

2017年1—12月国内种猪进口量为10 527头，同比增加3 529头，增幅52.35%。据查阅相关资料估算，2018年全年国内种猪进口量约7 159头，比2017年减少3 348头，降幅31.80%。2019年受防控非洲猪瘟影响，国内种猪引种量大幅下降，仅有8月份从丹麦引进1 018头种猪，其他月份均无种猪引进。2020年国内种猪企业引种再掀高潮，根据中国海关总署数据，2020年以来企业自国外引种量接近30 000头，达到29 042头，比上年增长27倍多，创历史新高。

2021年种猪引种量居高不下。2021年1—12月国内种猪引种量24 462头，比2020年减少6 580头，降幅22.66%，是除2020年外，第二高位的引种数量，2020年和2021年两年合计引种量达到53 504头，占国内种猪核心群30%以上，达到35.67%。

2022年国内种猪引种量大幅下降。2022年全年共从国外引进种猪5 280头，比2021年减少19 182头，降幅78.42%。引种量下降主要有下面几个原因：一是2022年初俄乌战争爆发，国际的焦点迅速转移至东欧地区，欧美等国家的大型空中运力更多投放至该区域，导致国际货运航线的运力紧张，长期以来从事中国国际种猪运输业务的俄罗斯国际航空也难以抽身，特别是在1—8月国际大型航空商业运力陡然下降。二是2020年和2021年国内已经引进了大量的种猪，可以满足国内的大部分需求。三是国内新冠病毒疫情防控需要，在引进过程中海关报关程序和资料、手续等要求增多，种猪到港落地后的消毒杀菌更是重三迭四，程序繁琐。四是受运力、新冠病毒防疫等因素的影响，引进种猪的价格大幅增加，2022年平均每头种猪引进价格为20 780元/头（到港价），比上年增加4 451元/头，创近几年来的新高。

2023年国内种猪引种量比2022年有所增长，全年种猪国外引种量为7 997头，比上年增加2 717头，增幅51.46%。引种量有增加但未呈现倍数级增长的原因包括：一是若2022年未受到边缘政治、战争的影响，进口量应该破万头，2023年引种量有对2022年引种量代偿性的补充。二是随着中小型专业化种猪育种企业对国外种猪引种程序的加深了解后，便通过中介代理公司直接引种，通过几家联合拼机的形式达到运载的负荷，而降低运输的成本，优势比较明显。三是2023年国外引进种猪的价格大幅下降，与从国内种猪企业引种具有比较优势。

2024年国内种猪引种量比2023年有所下降，全年种猪国外引种量为3 769头，比上年减少4 228头，降幅52.87%（图10）。引种量有下降的原因包括：一是大型养殖产业集团基本形成闭环的育种体系，偶有引种需求，限于补充丰富血缘需要。二是多数专业化种猪育种公司，前几年已经引进了大量种猪，处于开产销售阶段，对引种的需求欲望不强烈。三是中小型种猪公司（省域或区域知名公司）有引种需求，主要是更新血缘及打造产品竞争优势的需要，整体体量有限。

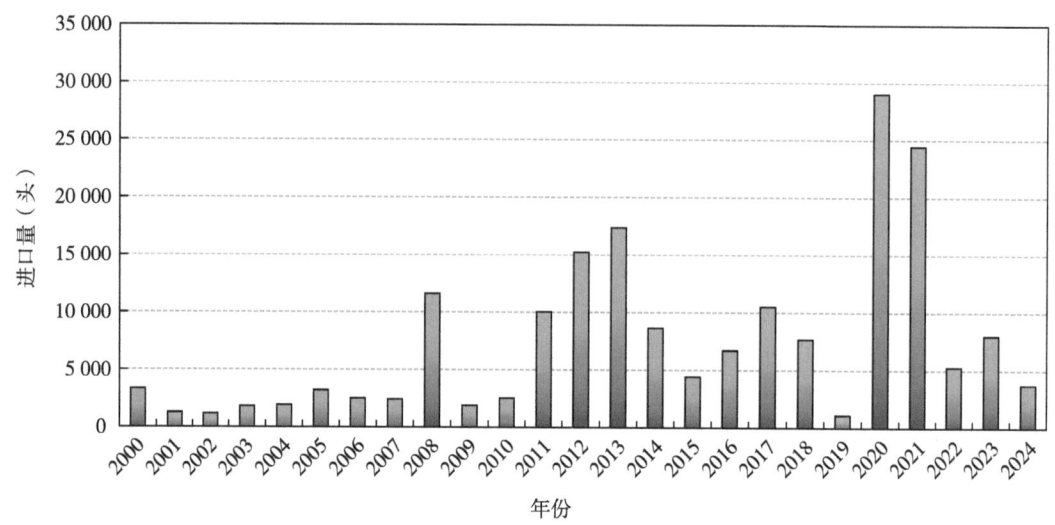

图10 2000—2024年中国种猪进口量

（数据来源：中国海关总署）

1.4.4 主要养猪强国的育种体系和专业化育种公司年度间进口来源变化有限

美国国家种猪登记协会（National Swine Registry，NSR）是在美国种猪出口工作起重要作用的一个组织，并为出口企业提供系谱服务。NSR成员企业包括华多农场（Waldo Genetics）、华特希尔（Whiteshire Hamroc）、斯达瑞吉（Cedar Ridge）、储富来（Truline）、谢福基因育种公司（Shaffer Genetics）等。

加拿大种猪出口商协会（Canadian Swine Exporters Association，CSEA）是加拿大种猪出口的重要组织。CSEA成员企业包括加裕遗传公司（Genesus Genetics）、伯乐种猪（Polar Genetics）等。而加拿大种猪育种者协会（Canadian Swine Breeders Association，CSBA）则负责提供系谱服务。加拿大猪改良项目始于1928年，是世界上最先进的猪改良项目之一。加拿大猪改良中心（Canadian Centre for Swine Improvement，CCSI）协调猪改良项目。

丹麦育种体系最初是养猪户自己发起成立的，并不是政府组织的，丹麦猪研究中心（Danish Pig Research Centre，DPRC）是一个云集专家的组织，涉及生猪的品种及遗传育种、营养及繁殖、生产体系及环控科技、疾病防治等各个环节。DPRC董事会由丹麦12个产业链不同领域、不同地区的养猪生产者组成，主要负责养猪生产的研究与开发，及新知识、新技术的交流、传播。

法国种猪育种是由农业部、农业科学院、法国养猪研究院（IFIP）以及3家国有种猪公司共同实施，实现资源共享，形成了完整的联合育种组织体系。负责对全国种猪性能测定的遗传评估以及种猪选育、猪舍建设、设备制造、饲料标准、屠宰加工等指导与研发。通过在养猪比较集中地区分别按比例建立诸多授精中心（站）进行统一育种，集中控制种猪的前3代育种，父母代母猪由授精中心（站）供应公猪精液，商品猪则由企业及养殖户饲养。

英国国家猪育种者协会（BPA）成立于1884年，是世界上历史最悠久的纯种猪协会。负责英国养猪行业内各品种系谱的注册工作、代表猪育种行业与政府相关委员会、部门等进行协调沟通、推动英国发展育种、向英国境外推广英国纯种基因。

过去荷兰猪的育种工作完全由品种登记协会来执行，但是现在育种工作由以下四种机构来主持：①登记协会和育种公司联合组成的全国猪只育种组织，该组织成立于1971年，由民间组织、育种公司及农业部肉品局共同推派代表组成一个管理委员会，负责下列各种工作：改进猪只品种、照顾生产者的利益、配合登录组织和育种改良组织、作为鉴定种猪或者人工授精工作的顾问。②农业部属下的公猪管理机构，该机构负责管理全国的公猪必须是登录过的才能作为种公猪，或者是由指定的育种机构所育成的公猪，否则一律不准配种，因此饲养种公猪者必须是登记协会的会员，或者取得合格的育种组织的书面同意，并且必须参加地区的兽医组织以控制全国种公猪的水准。③登记协会，荷兰有东南西北四区四个登记协会，共有会员18 000个，其中有2 000个种猪场，16 000个是专养架子猪的牧场。四区公会联合组成一个中央管理处，专门负责荷兰全国的育种工作。④育种团体，荷兰猪只育种机构所承认的育种团体一共六家。育种团体是由饲料生产者和养猪公司共同组织的一种联合单位，不专属于任何一个机构，也不是专门营利的组织。而实际的饲养、选拔等工作则由这些公司所有的牧场执行。

根据我国与输出国家或地区签订的双边检疫协定（包括检疫协议、议定书、备忘录等），截至2023年底以下国家或地区的种猪可对华出口：法国、丹麦、美国、加拿大、英国、爱尔兰、奥地利、芬兰、荷兰、瑞典等。

2000年国内种猪的进口来源主要包括美国、法国、加拿大、丹麦、瑞典及其他国家和区域，其中美国占比43.82%。2001年国内种猪的进口来源除没有从法国引进种猪外，其他来源与2000年基本相同，其中丹麦占比39.01%，为当年最大进口来源地。2002—2005年间都仅从三个国家进口，其中2002年从美国、法国和丹麦进口，2003年、2004年从美国、丹麦和加拿大进口，而2005年则是从美国、法国和加拿大进口。2006年和2008年进口来源相同，为美国、丹麦、加拿大和英国。2007年进口来源包括美国、加拿大、英国和澳大利亚。2009年进口来源仅包括美国和丹麦。2010年首次没有从美国引进种猪，引种来源包括丹麦、加拿大和法国。2011—2015年国内种猪的引进来源主要是美国、法国、丹麦、加拿大和英国，2015年后至2019年由于英国暴发猪瘟疫情，国内没有再从英国引进种猪。

2016年，加拿大、丹麦和法国是最大的三个种猪进口来源国，共计进口比例为82.35%。2018年中国种猪进口来源包括三个国家：美国、法国和加拿大。其中，来自美国的进口量最大，占比71.13%。2019年中国种猪进口来源仅为丹麦，以后由于贸易政策方面的原因，国内没有再从加拿大引进过种猪。2020年中国种猪进口来源包括法国、丹麦、英国和美国四个国家。2021年国内种猪进口来源包括丹麦、英国、法国和美国四个国家。2022年国内种猪进口来源国主要是法国、美国和丹麦三个国家，其中引进法国2 750头，美国1 407头，丹麦1 123头。中国进口的种猪主要来自美国、加拿大、丹麦和法国。

2023年国内种猪进口来源国与上年相同，还是美国、丹麦和法国，其中来源美国

5 321 头，来源于丹麦 1 970 头，来源于法国 706 头。

2024 年国内种猪进口来源国主要是美国和法国，其中来源美国 2 279 头，来源于法国 1 490 头。

在国内种猪引种企业喜欢以引种国家的来源区分不同的种猪，分别给予美系、丹系、加系、英系、法系等诸如此类命名区分。而国外更多的是以专业化的育种公司的名称或育种联合体的名称来区分种猪来源，经过几十、上百年的发展，国外不少国家形成了国际化的种猪专业育种公司及具有良好种猪性能的育种联合体。

（1）PIC 种猪改良公司。PIC 种猪改良公司于 1962 年成立于英国，是世界上最早专业从事种猪改良的公司之一，是 Genus 国际集团的全资子公司，全球最大的种猪育种公司，在 2013 年收购了加拿大的吉博克公司，PIC 中国公司于 1996 年成立于上海。PIC 中国公司拥有 6 个核心场，曾祖代种猪存栏 8 000 余头。

（2）托佩克（TOPIGS）。托佩克种猪公司是总部位于荷兰的国际种猪育种公司。于 2002 年在中国投资设立的全资子公司托佩克种猪（中国），2002 年起从国外托佩克核心猪场引进种猪。在安徽和山东拥有 2 个种猪核心场，主要客户包括环山集团、江苏雨润集团、大北农集团、安佑集团和新农集团、新疆生产建设兵团等。

（3）加裕遗传公司（Genesus Genetics）。加裕公司是位于加拿大的种猪育种企业，拥有世界上最多官方系谱证明纯种猪（杜洛克、长白和大白），注册的纯种猪数量占加拿大全国的 40% 以上，客户商品猪场母猪生产性能居北美首位。在中国的客户包括中粮家佳康、巨星农牧、乐山蓝雁集团、江苏常州康乐公司、福建一春农业发展有限公司、福建华天农牧生态有限公司、正邦集团、广州天生卫康、赤峰家育种猪生态科技有限公司、天康生物等。

（4）华多农场（Waldo Genetics）。华多农场是美国一家以杜洛克猪著称的种猪育种公司，成立于 1895 年，2006 年前后进入中国，华多农场在国内有 5 家合资公司，主要合资模式是美方以种猪作为投资入股，并参与利润分配。在国内一般以"沃尔多""沃而多"等称谓。

（5）丹育国际（DanBred International，DBI）。是丹育种猪在中国的独家官方销售机构，为中国猪场客户提供从丹麦直接进口丹育原种猪，包括长白猪、大白猪、杜洛克猪以及杂交母猪，2010 年 12 月在连云港投资建设核心场，并设有贸易公司和销售处。丹育国际在中国的主要客户有浙江大观山、天津宁河、湖北桑梓湖、力智农业、河南双汇、海南罗牛山、湖南佳和、湖南中宝农科、安徽大自然、天津农夫、广西一遍天、惠州广丰、兴旺畜牧、广西扬翔等。

（6）英国 JSR Genetics 公司。JSR 遗传育种有限公司是位于英国的育种公司。在中国的客户包括广州市畜牧总公司、湖北金旭爵士种畜公司和天津博汇瑞康畜牧养殖有限公司。其中，湖北金旭爵士种畜公司为湖北金旭农业发展股份有限公司与英国 JSR 遗传育种有限公司合资成立。

（7）海波尔（Hypor）。海波尔成立于 1968 年，总部位于荷兰，是跨国育种企业汉德克斯（Hendrix Genetics）的子公司。2007 年，汉德克斯公司收购了海波尔。2008 年，海波尔收购法国伊比得公司（Hybrides），2010 年收购了加拿大的 DGI 育种公司。海波尔中国在中国设有 2 个下属合资核心育种场，分别在山东烟台与江西武宁，主要引种自海波尔加拿大核心育种场。目前提供纯种大白、长白、杜洛克与皮特兰原种猪。

（8）纽克利斯（NUCLES）。纽克里斯是由法国一些种猪场共同发起的种猪育种企业，共有 Cam、Cap50、Cooperl Arc Atlantique 和 Fipso4 家持股公司。Nucles 公司在中国的战略合作伙伴为华育公司，在中国的业务及服务主要是通过其母公司 Cooperl 公司来展开，Cooperl 在中国北京、上海分别设立分公司和办公室，在中国客户有河北中道牧业有限公司、江苏雨润集团、北京九鼎、江西康源、山东环山集团、上海新农、温氏股份等。

（9）Fast Genetics。Fast Genetics 是加拿大 Hylife 公司下属的子公司，Hylife 公司是加拿大西部最大的养猪公司之一，2013 年 Hylife 公司出售 1/3 的股权给日本的伊藤忠商事，天兆猪业是 Fast Genetics 在中国的合作伙伴。

（10）伯乐种猪（Polar Genetics）。伯乐公司是 CCSI 的成员企业，出口到中国的种猪全部来自 CCSI 系统，伯乐公司在中国客户包括广州畜牧总公司、黑龙江森宇畜牧公司、重庆隆生集团、正邦集团、辽宁国美等。

（11）Cooperl 科普利信集团总部位于法国，于 1966 年成立，2012 年进入中国市场成立 Cooperl 科普利信贸易（北京）有限公司。2015 年，在河南省林州市投资约 2.4 亿元人民币，建立河南 Cooperl 科普利信纯种种猪农场。在 2021 年开始与河南精旺公司合作成立了河南精旺科普利信猪种科技有限公司。每年可提供高端常温育种精液 60 万剂以及冷冻精液 200 万支。

1.4.5 2000 年以来国内种猪进口平均价格基本在 1 万 ~ 2.2 万元 / 头范围内

我国对种猪进口具有刚性需求，进口种猪价格的变化对进口需求的影响不大，也表明我国对国际市场种猪资源高度依赖。2000 年以来整体而言，种猪进口的平均价格有增加的趋势（从数值变化上看），2000—2008 年间国内种猪引进平均价格 11 640.6 元 / 头，2009—2017 年间国内种猪引进平均价格为 15 114.8 元 / 头，2018—2022 年间国内种猪引进平均价格为 16 747.0 元 / 头。2000—2022 年间种猪引进平均价格为 14 110 元 / 头，最高的年份是 2009 年，平均价格为 21 073 元 / 头；价格最低年份是 2003 年，平均价格为 9 207 元 / 头；中位数为 13 620 元 / 头（图 11）。一般而言，在国内暴发生猪重大疫病后 1 ~ 2 年，国内种猪引种的价格会有突然的升高，引种数量少的年份引种价格偏高。

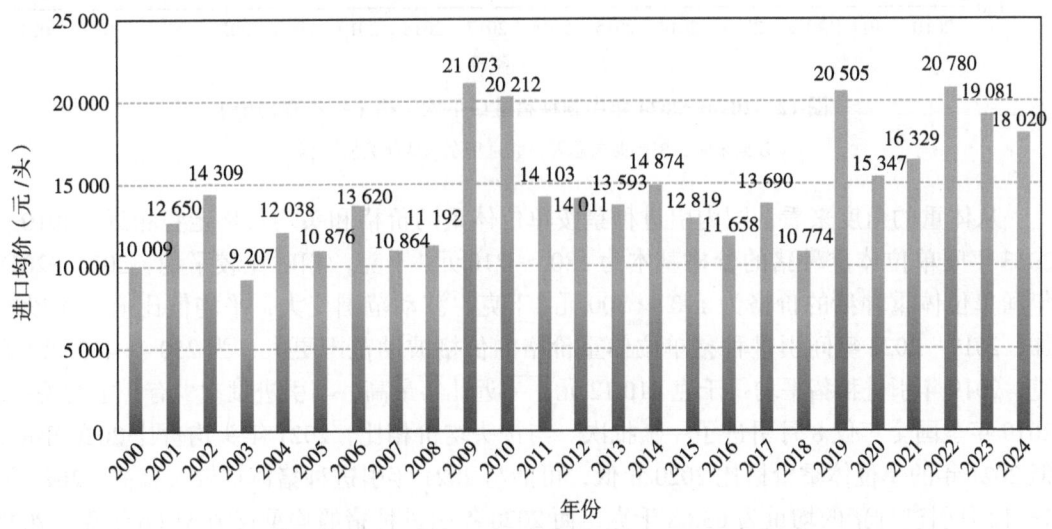

图 11 2000—2024 年中国种猪进口平均价格（按头均价）

（数据来源：据中国海关总署数据整理）

近几年国内种猪进口均价有所上行，可能是由于国内种猪引种需求量大，国外种猪企业的供应偏紧，引起价格的上行。2021年全年引进种猪24 462头，平均每头种猪的价格为16 329元/头，比上年增加982元/头。2022年全年引进种猪的平均每头价格为20 780元/头（到港价），比上年价格增长27.26%。就2017—2022年种猪进口均价而言，比前些年价格有所下降，前些年引种的均价基本在3万～5万元/头。也可能和近几年国内种猪遗传进展有所改进，与国外种猪的生产成绩差距缩小，相对而言，国外种猪的价值下降。坚持不懈的育种定有价值体现。

2023年国内种猪引种到港平均价格为19 081元/头，比2022年下降1 699元/头，降幅8.18%。如果按照进口来源国价格统计，发现2023年引进美国种猪的价格明显高于丹麦和法国，按批次丹麦和法国引进种猪的到港价格在15 000～16 000元/头，而引进美国的种猪价格在17 000～24 000元/头。

2024年国内种猪引种到港平均价格为18 020元/头，比2023年下降1 061元/头，降幅5.56%。2024年引进美国种猪的价格明显高于法国，2024年法国引进种猪的到港平均价格在15 123元/头，而引进美国的种猪价格在19 915元/头（图12）。

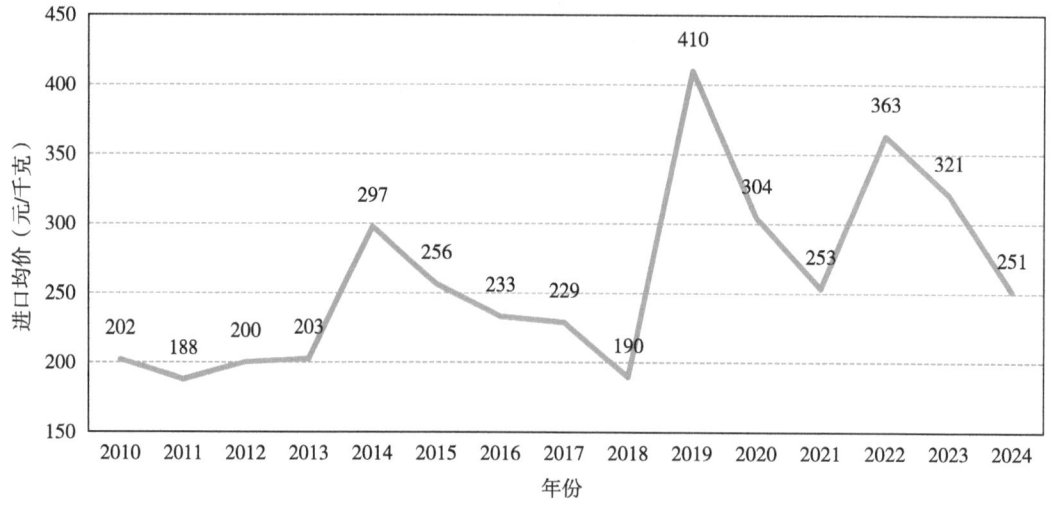

图12　2010—2024年中国种猪进口平均价格（按重量均价）

（数据来源：中国海关总署，北京华夛农业研究院数据库）

从体重的角度来看，国内引进种猪按单位体重的价格和头均价格走势相近。2010—2013年间单位体重种猪的价格基本为180～210元/千克，相对比较平稳；2014—2018年间单位体重种猪的价格为190～300元/千克，波动范围变大，平均值比前一阶段增加；2019—2022年间引进种猪单位体重价格的价格波动范围更大，为250～410元/千克；2019年引进种猪平均每千克410.12元，为近几年最高，与引进批次少有一定的关系，2019年全国全年仅8月引进了一个批次。与按头均价相比，2021年头均价比2020年高，但2021年的单位体重价格比2020年低，可能与2021年引进种猪体重较大有关，2021年1—12月引进种猪的均重为63.68千克，而2020年引进种猪的均重仅为51.06千克。2022年全年引进种猪的体重较大，平均重量为64.18千克/头；按体重而言，平均每千克种猪价格为363.07元，比上年增加109.62元/千克。2023年全年引进种猪的体重比2022年有所下降，平均体重为59.46千克/头；按体重，平均每千克种猪价格为320.89元，比上年下降42.18元/千克。分地区来源看，来源法国的种猪依然具有性价比，为181.98元/千克；而来源于丹麦的种猪却达到372.49元/千克，说明引种来自丹麦的种猪体重更小，来自法国的种猪体重更大；来源于美国的种猪为358.31元/千克，平均体重为60.66千克。

2024年全年引进种猪的体重比2023年有所增加，平均体重为71.73千克/头；按体重，平均每千克种猪价格为251.22元，比上年下降69.67元/千克。分地区来源看，来源法国的种猪依然具有性价比，为214.32元/千克，比2023年增加了32.34元/千克；来源于美国的种猪为274.69元/千克，比2023年下降83.62元/千克，引种平均体重为72.50千克。

1.4.6 国内活大猪出口配额180万头

我国香港、澳门等地居民不喜欢食用冻肉和罐头制品，喜欢食用鲜肉，为了满足我国香港、澳门及东南亚居民食用热鲜猪肉的需求，国内按照相关的标准向中国香港、中国澳门、缅甸、柬埔寨等地区和国家出口活大猪，以满足该区域居民食用需求同时赚取外汇。

2000年国内共出口活大猪169.45万头，其中向中国香港出口155.76万头，向中国澳门出口13.57万头，向缅甸出口1 200头。2001年活大猪出口量为167.35万头，与上年出口量基本持平，香港依然是最大的出口目的地，出口量为154.18万头。2002—2004年间活大猪出口量有所增长，2004年活大猪出口量达到182.66万头，比2002年增加18.13万头，增幅11.02%。2005年以后，国内活大猪出口目的地主要为中国香港、中国澳门，没再向缅甸、柬埔寨等出口活大猪。2005—2007年活大猪出口量有所下降，由165.97万头降至155.83万头，下降超过10万头。2008年、2009年出口活大猪数据基本相同，为161.1万头。2011年活大猪出口量比上年有所下降，下降12.14万头，为155.48万头。

商务部2012年11月1日发布2012年第74号公告，公布2013年农产品出口配额，其中，活鸡640万只，活大猪180万头，活中猪8.24万头，主要供给中国香港和中国澳门。当年活大猪出口量为166.85万头，其中中国香港156.88万头，中国澳门9.96万头。2014年活大猪出口量升至179万头，其中中国香港占比93.74%；2015年中国全年累计出口活猪（种猪除外）169万头，同比2014年全年累计出口减少2.5%。商务部2015年10月29日对外公布了《2016年农产品和工业品出品配额总量》。根据公告显示，2016年拟对港澳供应活大猪180万头，供应活中猪8.24万头，供应活鸡640万只，供应量均与往年相同，2016年我国全年累计出口活猪155万头，2017年出口量与2016年基本持平。2018年活大猪出口达到历史新高，为231.2万头，超过180万头的配额。

由于发生非洲猪瘟疫情，国内生猪货源紧张，2019年国内活大猪出口量大幅下降，降至94.2万头，减少137万头，降幅59.26%，2019年出口至中国香港的量占出口总量的90%。广东、河南、湖北等生猪主产省一直是中国活大猪出口大省。受非洲猪瘟影响，生猪活体运输受到一定限制。2020年中国的活大猪共出口71.82万头，主要出口至中国香港和中国澳门。其中出口至中国香港63.85万头，折合7.31万吨；出口至中国澳门7.98万头，折合8 220吨。2021年国内活大猪共出口88.08万头，出口区域仍为中国香港和中国澳门。其中出口至中国香港79.19万头，折合9.06万吨；出口至中国澳门8.89万头，折合9 072吨。2022年国内活大猪共出口106.54万头，出口至中国香港和中国澳门。其中出口至中国香港96.28万头，折合11.48万吨；出口至中国澳门为11.03万头，折合1.1万吨。2023年国内活大猪共出口111.88万头，其中出口至中国香港102.07万头，折合12.07万吨；出口至中国澳门为9.87万头，折合1.07万吨。

2024年国内活大猪共出口114.92万头（图13），其中出口至中国香港104.01万头，折合12.49万吨；出口至中国澳门为10.91万头，折合1.22万吨。

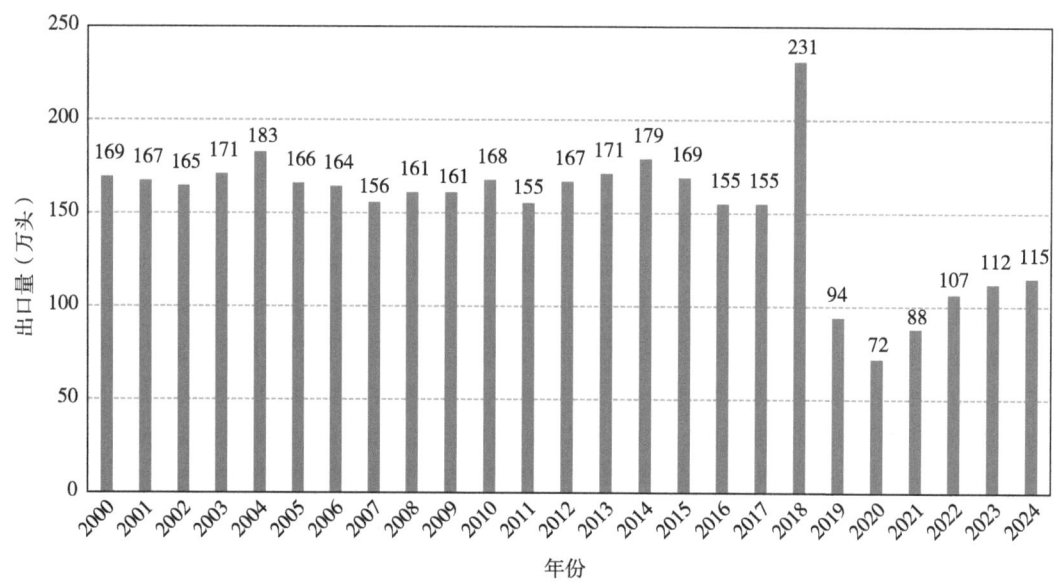

图13　2000—2024年中国活大猪出口量

（数据来源：中国海关总署）

1.4.7　国内活大猪主要出口至香港和澳门，出口价格整体呈现增加趋势

相较而言，活大猪出口至中国香港、中国澳门的同期价格高于大陆，利润收益水平也较好。2008年大陆出口中国香港、中国澳门的活大猪平均价格为16.85元/千克，而大陆的同期价格为14.95元/千克，高出1.9元/千克。2009年大陆出口至中国香港、中国澳门活大猪的平均价格为14.15元/千克，国内同期价格为11.44元/千克，价差达到2.71元/千克，以活大猪出栏110千克计算，单价产生的额度差额就达到298.1元/头。2011—2018年间出口均价波动不大，维持在15.50～18.80元/千克，其中2016年的均价为18.80元/千克，2014年为15.63元/千克。

2018年中国发生非洲猪瘟疫情，导致生猪供应紧张。2019年6月以后大陆出口中国香港和中国澳门的活猪价格不断上涨。2017年至2019年6月供中国港、澳的活猪均价为17.07元/千克，高于内陆生猪的平均出栏价格13.91元/千克。2020年也为近些年出口活大猪均价最高的年份，全年均价为45.85元/千克，大陆同期价格为33.86元/千克。至2021年12月底，出口至中国香港和中国澳门活猪的月度最高均价为2020年1月55.85元/千克，高于内陆最高均价37.43元/千克。2021年全年大陆出口至中国香港和中国澳门活猪的均价为34.99元/千克，比2020年均价下降10.86元/千克，降幅23.69%。2022年全年大陆出口至中国香港和中国澳门活猪的均价为24.25元/千克，比2021年均价下降10.74元/千克，降幅30.69%。

2023年全年大陆出口至中国香港和中国澳门活猪的均价为21.88元/千克，比2022

年均价下降 2.37 元/千克，降幅 9.77%。

2024 年全年大陆出口至中国香港和中国澳门活猪的均价为 20.87 元/千克（图 14），比 2023 年均价下降 1.01 元/千克，降幅 4.62%。预计 2025 均价将持平或略有上升。

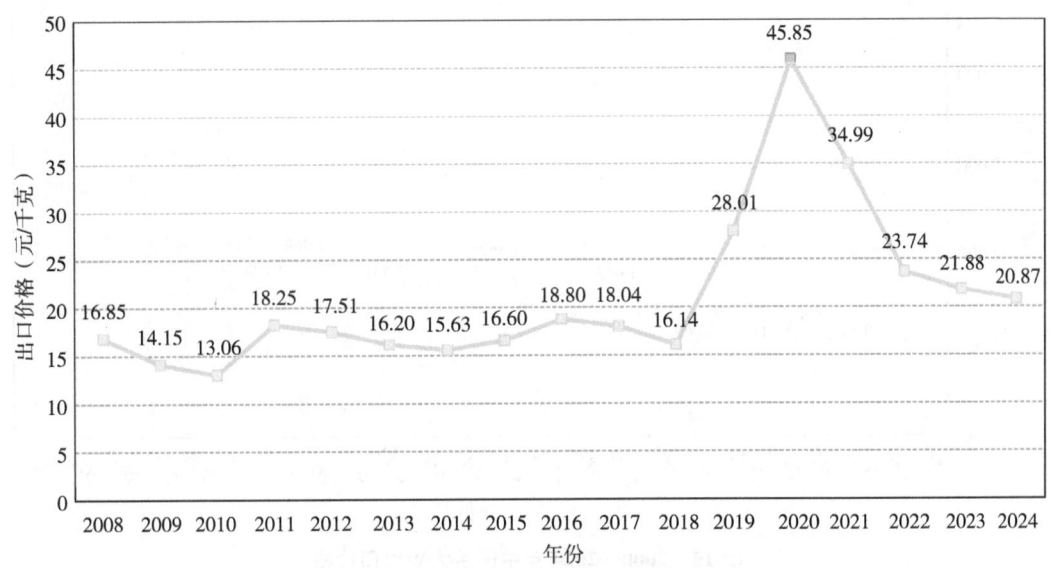

图 14　2008—2024 年中国活大猪出口价格

（数据来源：中国海关总署）

2000 年大陆出口活大猪的均价为 1 032 元/头，彼时大陆整体生猪价格也相对较低，为 5.74 元/千克，粗略估算，出口至中国香港、中国澳门的活大猪毛利润在 300～400 元/头，利润丰厚。2001—2007 年，内陆出口至中国香港、中国澳门的活大猪均价维持在 1 000～1 200 元/头，相对比较稳定，均价为 1 046 元/头，利润维持也较好。2008 年出口至中国香港、中国澳门的活大猪均价为 1 675 元/头，比上年大幅增加，增加 538 元/头，增幅 47.32%，至此后出口的活大猪均价整体提高，2008—2018 年出口均价达到 1 665 元/头。2019—2022 年间均价达到 3 711 元/头，其中 2019 年出口活大猪均价为 3 113 元/头，比上年增加 1 318 元/头，增幅 73.43%。2020 年出口活大猪均价达到了历史新高，为 5 221 元/头，2021 年、2022 年出口活大猪的均价有所下降，但也在 2 700 元/头以上。2021 年全年活大猪出口均价为 3 776 元/头，比 2020 年的均价 5 221 元/头，下降 1 445 元/头，降幅 27.68%。2017—2019 年 6 月的出口均价为 1 892 元/头；月度最高均价为 2020 年 1 月的 6 411 元/头，最低价格为 2018 年 6 月的 1 565 元/头。2022 年全年活大猪出口均价为 2 733 元/头，比 2021 年的均价 3 776 元/头，下降 1 043 元/头，降幅 27.62%。

2023 年全年活大猪出口均价为 2 644 元/头，比 2022 年下降 214 元/头，降幅 7.49%；其中，出口至中国香港的均价为 2 533 元/头，出口至中国澳门的均价为 2 972 元/头。

2024 年全年活大猪出口均价为 2 540 元/头，比 2023 年下降 104 元/头，降幅 3.93%；其中，出口至中国香港的均价为 2 418 元/头，出口至中国澳门的均价为 2 661 元/头（图 15）。

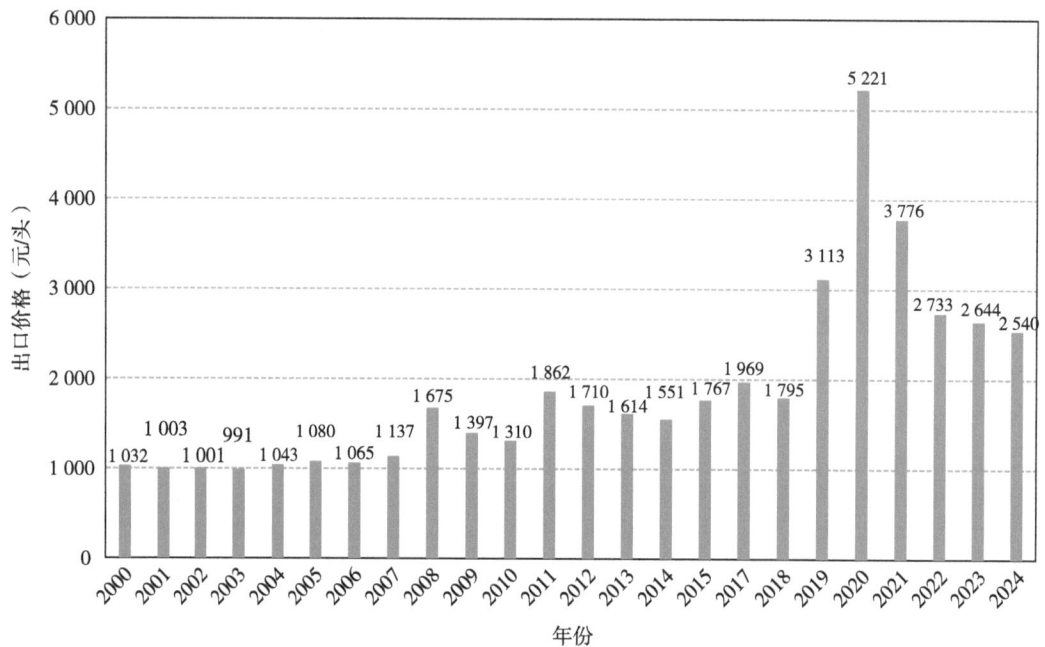

图 15　2000—2024 年中国活大猪出口价格

（数据来源：中国海关总署）

2　大型生猪养殖企业集团及 2025 年的投资趋向

2.1　河南牧原食品股份有限公司

2.1.1　紧紧围绕养猪产业继续领跑，一体化产业链优势明显

河南牧原食品股份有限公司（简称"牧原股份"）始建于 1992 年，于 2014 年 1 月 17 日正式在深交所中小版上市，首次发行 7 068 万股，募集资金投资于邓州牧原的生猪一体化项目。截至 2017 年 12 月 31 日，公司具有年可出栏生猪千万头、年可加工饲料近 500 万吨、年可屠宰生猪 100 万头的能力，形成了集科研、饲料加工、生猪育种、种猪扩繁、商品猪饲养为一体的完整封闭式生猪产业链。2019 年新增 48 家子/孙公司，全部为新设立公司，2019 年牧原集团总资产超 1 000 亿元，员工 10 万余人，下属子公司 270 余家。生猪养殖业务布局在全国 23 个省 93 个市 197 个县，市值超过 2 500 亿元。截至 2020 年底，已经扩展到全国 24 个省级行政区，100 个市，211 个县；2023 年总资产 1 900 亿元，员工 15 万余人，营收 1 108.61 亿元，下属子公司 308 家，生猪养殖业务布局在全国在 25 个省 108 个市 225 个县（区），具有千万吨以上的饲料加工能力。2023 年末已有养殖产能约 8 000 万头/年；共投产 10 家屠宰厂（场），投产屠宰产能 2 900 万头/年。

公司采用大规模一体化养殖，完全自育自繁自养模式。

"十三五"期间，公司快速复制现有发展模式，在河南、湖北、山东、陕西、山西、河北、内蒙古、吉林、江苏等地建设完整封闭式生猪产业链，建立以高品质猪肉为亮点的生猪产业集群。

截至2019年9月公司拥有2个种猪核心育种场，8个二元扩繁场，核心群基础母猪存栏15 000余头，年可供后备母猪50万头，纯种猪30万头。同时，投入使用独立公猪站58个，场内公猪站11个。年测定纯种猪2.5万头以上，测定父母代种猪8万头以上，商品猪肉质测定1 000头以上，自有300余个猪场，超过1 000万头猪的数据。

牧原拥有从饲料加工、生猪育种、种猪扩繁、商品猪饲养、生猪屠宰的一体化产业链，有利于公司对食品安全与产品质量进行全过程控制。一体化的经营模式，为实施标准化的疫病防控措施奠定了基础。减少了中间环节的交易成本，有效避免了市场上饲料、种猪等需求不均衡波动对生产造成的影响，使得整个生产流程可控，增强了抵抗市场风险的能力。

与同行业上市公司相比，牧原股份的生猪养殖采用"全自养、全链条、智能化"养殖模式（表7），而同行业上市公司多采用代养模式。代养模式因采用"公司+农户"的生产模式，相对具有"轻资产"的特点；而全自养模式需公司自主投资建设生猪养殖场。故与同行业上市公司相比，公司固定资产占营业收入的比例较高、固定资产周转率较低。

表7　牧原股份与同行业上市公司的生猪养殖模式对比

企业名称	生猪养殖模式
温氏股份	紧密型"公司+农户（或家庭农场）"模式
新希望六和	自繁自养模式和"公司+农户"合作养殖模式均有。"公司+农户"合作养殖模式占比大，一体化自养与合作放养比例为1∶9
正邦科技	自繁自养模式和"公司+农户"合作养殖模式均有。"公司+农户"合作模式占比大
天邦股份	2019年前，基本采用"公司+农户"代养模式。发生非洲猪瘟疫情后由代养模式向"家庭农场+租赁育肥场+自建育肥场"的组合模式转变
牧原股份	"全自养、全链条、智能化"养殖模式

数据来源：公司公告。

2021年公司营收788亿元，拥有292个子公司。2022年公司营收1 248亿元，拥有308个子公司。

2023年生猪销售量6 381万头，屠宰量1 326万头；2024年公司营收1 362.25亿元，生猪销售量7 160.2万头。

2.1.2　加强与外部企业的业务合作，先后设立多家合资公司

2021年1月28日，牧原食品股份有限公司审议通过相关协议，同意与融通农业发展有限公司共同投资设立合资公司，拟设立"融通农发牧原（唐山）有限责任公司"、"融通农发牧原（简阳）有限责任公司"合资公司，由融通农发、牧原股份按照51∶49的比例认缴出资设立。中国融通资产管理集团有限公司是中央直接管理的商业类国有独资公司，经营范围包括：房地产、农业、酒店及旅游业、商业服务、资源回收利用、科技服务等领域，旗下的融通农业发展（北京）有限责任公司经营范围包括牲畜、水产品、家禽养殖等。生猪产业是国家的基础产业，增加国有力量注入，有利于国内稳产保供。

牧原食品股份有限公司与河南双汇投资发展股份有限公司于 2022 年 1 月 1 日在河南省漯河市签订了《双汇牧原战略合作框架协议》，双方以生猪购销为依托，通过完善产业链、提升价值链、打通供应链，提高产品质量、效益和市场竞争力，实现共同高质量发展。2019 年、2020 年和 2021 年 1—9 月，公司直接向双汇发展销售生猪的金额分别为人民币 0.21 亿元、3.80 亿元、2.90 亿元。

2022 年 4 月 11 日，牧原食品股份有限公司通过了《关于与中牧实业股份有限公司及其全资子公司合资成立子公司及该子公司建设南阳生产基地项目的议案》，并成立合资公司"中牧牧原动物药业有限公司"，中牧牧原注册资金 12 000 万元，其中，中牧股份以现金方式出资 5 868 万元，占注册资本的 48.9%；牧原股份以现金方式出资 5 760 万元，占注册资本的 48.0%；中牧南药以现金方式出资 372 万元，占注册资本的 3.1%。中牧牧原设立后，将投资建设南阳生产基地项目，主要从事兽药生产、兽药经营、兽药研发及技术咨询服务，该项目建设投资 47 131.72 万元。

2022 年 7 月 15 日，公司通过了《关于与内蒙古联邦动保药品有限公司合资成立子公司的议案》，同意公司与内蒙古联邦动保药品有限公司签署《牧原食品股份有限公司和内蒙古联邦动保药品有限公司之股东协议》并成立合资公司"河南联牧兽药有限公司"，河南联牧注册资本 5 000 万元，其中，联邦动保以现金方式出资 3 000 万元，占注册资本的 60.00%；牧原股份以现金方式出资 2 000 万元，占注册资本的 40.00%。生产经营包括但不限于兽用药品粉剂、粉针剂、消毒剂（固体、液体）水针剂、片剂及大输液产品。

2023 年 1 月 6 日召开第四届董事会第十六次会议审议通过了《关于与常州千红生化制药股份有限公司合资成立子公司的议案》，同意公司与常州千红生化制药股份有限公司签署《常州千红生化制药股份有限公司和牧原食品股份有限公司之合资协议》并成立合资公司"河南千牧生物科技有限公司"。

河南千牧注册资本人民币 1 亿元，其中：千红制药（或其控股子公司）以现金方式出资 5 100 万元，占注册资本 51.00%；牧原股份（或其控股子公司）以现金方式出资 4 900 万元，占注册资本的 49.00%。合资公司依托千红制药在肝素钠粗品、原料药及制剂等领域的专业生产技术、质量管理等经验，并结合公司国内生猪养殖与屠宰的资源优势，建设全球规模及溯源性领先的猪小肠等猪副产品综合利用生物制药基地，生产包含但不限于肝素钠粗品、肝素钠及低分子肝素钠系列原料药及制剂等相关产品。旨为建设全球规模领先的猪小肠等猪副产品综合利用及生物制药基地。

河南牧元安粮合成生物技术有限公司是由牧原与元素驱动（杭州）生物科技有限公司合资创办，于 2023 年 2 月 22 日正式成立。规划总投资 10 亿元，分三期建设。一期年产 3 万吨合成生物产品项目计划投资约 3 亿元，规划建设面积 125.92 亩，建筑面积 36 087.37 ㎡。该项目聚焦豆粕减量替代和其他生物基产品，基于合成生物开发新一代"高效、低耗、绿色"的生物智造技术，打造生物发酵和生物制品的产业平台。牧原自 2000 年以来，一直致力于推动低豆日粮的推广，未来也将继续借助合成生物技术的进步，持续探索节豆日粮技术，拟以生物合成氨基酸替代豆粕，实现无豆养猪的宏伟目标。

2024 年 6 月 30 日，牧原股份与托佩克种猪核心场开工奠基仪式在甘肃省凉州区举行，此项目总投资 1.36 亿元，占地约 200 亩，投产后预计存栏母猪可达 1 200 头，年出栏种猪 3 万头，猪场建设及猪舍设施将全部采用牧原最新的设计方案及智能设备，结合托佩克公司优质种源,致力于提升国内种猪产业的国际竞争力,助推生猪种业高质量发展。

2.1.3 牧原食品股份有限公司生猪养殖项目投资不减,增加设立多个子公司

2021年1月19日,牧原食品股份有限公司审议通过《关于设立子公司的议案》,拟在国内多地增加设立子公司。

在河南省南阳市内乡县设立子牧原种猪育种公司,开展种猪育种及生猪养殖业务,并由牧原种猪育种出资在广西壮族自治区崇左市宁明县、河南省信阳市平桥区等地设立子公司开展种猪育种及生猪养殖业务,有利于提升公司育种水平,提升公司专业化管理水平,进一步扩大种猪场产能,更好地支撑公司快速发展,提高国内养殖效率,获取规模经济效益。

牧原肉食在黑龙江省齐齐哈尔市克东县、湖北省老河口市、安徽省亳州市蒙城县设立子公司开展生猪屠宰业务是着眼于公司业务布局的完善和长期战略发展规划,是根据行业形势的变化以及公司长远发展规划的考虑,是公司由养殖环节向下游发展的重要举措,对公司未来发展有重要且积极的意义;有利于公司实施战略发展规划,提高核心竞争力,进一步增强公司的综合竞争力和盈利能力,巩固公司在行业内的地位,有利于公司的长期和持续发展,会产生良好的经济效益和社会效益。

2021年牧原股份子公司成立情况如下:

4月29日,董事会通过决议,拟设立汉南区、翁源县、庐江县等8家子公司;

5月19日,董事会通过决议,拟在江州区、钟祥市设立子公司;

12月6日,牧原董事会通过决议,拟设立惠民县、通榆县、溧水区等地子公司10家。

2022年12月12日,牧原食品股份有限公司审议通过了《关于设立子公司的议案》,公司在河南省鹤壁市淇滨区、河南省新乡市长垣市设立子公司开展生猪养殖业务,有利于扩大公司生产规模,实现主营业务高质量稳定发展;在河南省南阳市卧龙区设立子公司开展新能源相关业务,有利于节能增效,实现可持续发展;在河南省南阳市内乡县设立子公司开展生物技术相关业务,提高原料利用效率,促进提质增效,符合公司发展的长远规划。牧原股份子公司牧原肉食品有限公司在河南省南阳市社旗县设立子公司开展生猪屠宰业务,综合考虑了公司业务布局的完善和长期战略发展规划,对进一步增强公司的综合发展能力和盈利能力,巩固公司在行业内的地位有重要且积极的意义,有利于公司的长期和持续发展,产生良好的经济效益和社会效益(表8)。

表8 牧原股份2022年设立的子公司

序号	设立子公司名称	省/自治区	县/区	拟注册资本(万元)
1	鹤壁牧原农牧公司	河南	鹤壁	2 000
2	长垣牧原农牧有限公司	河南	新乡	2 000
3	河南牧原新能源产业发展有限公司	河南	南阳	10 000
4	河南牧原合成生物技术有限公司	河南	南阳	10 000
5	社旗牧原肉食品有限公司	河南	南阳	10 000

数据来源:公司公告。

2.1.4 纵深发展，分散经营风险，屠宰端产业不断加码

2020年4月24日，董事会通过了《商水县人民政府与商水县牧原肉食品有限公司之400万头生猪屠宰项目合作协议书》和《宁陵县人民政府与河南牧原肉食品有限公司之400万头生猪屠宰项目合作协议书》，商水肉食拟在商水县人民政府辖区内投资建设规模由200万头变更为400万头的生猪屠宰项目，总投资8亿元；宁陵县人民政府同意河南牧原肉食品有限公司在宁陵县兴建400万头生猪屠宰项目，总投资8亿元。2020年10月9日，牧原食品股份有限公司分别在河南省内乡县、正阳县、商水县等地启动屠宰厂项目，董事会审议通过了《关于增加屠宰销售模式的议案》。2021年9月13日，董事会审议通过《关于在江苏省灌南县设立子公司从事生猪屠宰业务的议案》，设立灌南牧原肉食品有限公司从事生猪屠宰业务，注册资本10 000万元。

2021年9月17日召开的第三届董事会第四十三次会议、第三届监事会第四十一次会议审议通过了《关于变更部分募投项目实施主体的议案》，经中国证券监督管理委员会《关于核准牧原食品股份有限公司公开发行可转换公司债券的批复》（证监许可〔2021〕442号）的核准发行可转换公司债券募集资金总额为人民币955 000万元，扣除各项费用实际募集资金净额为952 868.5万元。用于23个生猪养殖项目和4个生猪屠宰项目，其中生猪屠宰项目包括商水、宁陵、铁岭和林甸生猪屠宰项目（表9）。

表9 牧原拟通过发行可转换公司债券募集资金投资的屠宰项目

序号	生猪屠宰项目名称
1	商水年屠宰400万头生猪项目
2	宁陵年屠宰400万头生猪项目
3	铁岭年屠宰200万头生猪项目
4	林甸年屠宰300万头生猪项目

数据来源：公司公告。

2021年末牧原股份有6个屠宰厂投产，年产屠宰产能2 200万头，内乡牧原肉食产业综合体（楼房猪舍）建成投产，年产能210万头。截至2022年末，公司已有养殖产能约7 500万头/年，共投产10家屠宰厂，设计屠宰产能2 900万头/年，已在全国设立25家屠宰子公司，屠宰、肉食业务已在全国20个省级行政区设立60余个服务站。

2022年牧原股份屠宰厂开工率不足40%。一方面是行业屠宰产能严重过剩造成的激烈竞争，有些屠宰企业亏损保量。另一方面阶段性产能增长超过4倍，给销售端造成较大压力。公司2022年前三季度屠宰业务亏损6亿元，平均亏损50元/头左右。

2.1.5 为降低综合成本，牧原设立多家能源公司，发展绿色科技低碳经济

为了降低公司生产成本，推动清洁生产，实现节能增效，推动可持续发展。牧原公司整体养殖用电度电成本在0.5元左右，相关投资业务进行后，运行达到预期时每度电成本将降至0.2~0.25元。能源企业分布在河南南阳、山西运城、安徽阜阳、湖北襄阳、广西南宁，主要服务于当地养殖场等。

牧原食品股份有限公司2023年3月13日召开的第四届董事会第十八次会议审议通过了《关于设立子公司的议案》和2023年8月17日召开的第四届董事会第二十一次会议审

议通过了《关于设立子公司的议案》。同意设立能源公司，具体如表10所示。

表10 牧原股份2023年设立的子公司

序号	拟设立子公司名称	地点	拟注册资本（万元）	拟定经营范围
1	滑县牧原新能源有限公司	河南滑县	5 000	许可项目：发电业务、输电业务、供（配）电业务；建设工程设计；建设工程施工；输电、供电、受电电力设施的安装、维修和试验（依法须经批准的项目，经相关部门批准后方可开展经营活动，具体经营项目以相关部门批准文件或许可证件为准）一般项目：太阳能发电技术服务；生物质能技术服务；合同能源管理（除依法须经批准的项目外，凭营业执照依法自主开展经营活动）
2	卧龙牧原新能源有限公司	河南卧龙区	5 000	
3	正阳县牧原新能源有限公司	河南正阳县	2 000	
4	上蔡县牧原新能源有限公司	河南上蔡县	5 000	

数据来源：企业公告。

牧原股份的碳资源管理构想是2030年前着重于减碳技术应用，同时加大负碳、零碳的研究投入，到2025年、2030年分布式光伏发电装机容量分别提升至50MW、10GW以上。

2024年4月26日，牧原股份发布《牧原食品股份有限公司2023年度环境、社会及公司治理（ESG）报告》，报告显示，2023年牧原共计减少434万吨温室气体排放，每千克猪肉碳排放为0.964千克，相较于国际每千克猪肉平均碳排放2.16千克，降低了55.4%。采用无供热猪舍模式，2023年减少温室气体排放86.70万吨；在挑战方面，主要是体现在饲料效率上，目前牧原每千克活猪增重饲料效率在3.0∶1左右，一些发达国家的饲料效率在2.4∶1，甚至2.1∶1，与之相比牧原还有很大空间。

2024年6月，牧原食品股份有限公司与全国畜牧总站、中国农业科学院农业环境与可持续发展研究所、中化现代农业有限公司，以及山西、黑龙江、江苏等7个省份的技术推广机构紧密合作，共同建设8个绿色低碳种养循环基地。旨在促进畜牧业的减污降碳，加速畜禽粪污资源化利用，推动行业向更环保、更可持续的方向转型。

2024年10月，农业农村部信息中心公布了"2024年智慧农业建设典型案例"，以内乡牧原肉食产业综合体建设项目为样本的《河南省内乡县智能化生猪养殖解决方案》被评定为全国85个典型案例之一，成为全国农业科技发展的一个典型代表。

2.1.6 募集95.5亿元投资实施养殖和屠宰项目，后不断调整变更部分募投项目

2023年4月26日召开的第四届董事会第十九次会议、第四届监事会第十七次会议审议通过了《关于新增募集资金投资项目实施地点的议案》（表11）。为优化资源配置，公司加快了募集资金投资项目的建设实施。

表11 牧原股份2023年新增募集资金投资项目实施地点情况

序号	项目名称	项目投资总额（万元）	拟投入募集资金总额（万元）
1	固镇15万头生猪养殖建设项目	18 599.61	14 000
2	右江18万头生猪养殖建设项目	26 439.36	23 000

续表

序号	项目名称	项目投资总额（万元）	拟投入募集资金总额（万元）
3	大安 20 万头生猪养殖建设项目	25 039.93	14 000
4	双辽 65 万头生猪养殖建设项目	80 740.96	22 000
5	内乡综合体 210 万头生猪养殖建设项目	300 000	170 000
6	代县 10 万头生猪养殖建设项目	12 193.01	5 000
7	洪洞 15 万头生猪养殖建设项目	18 880.39	14 000
8	万荣 37 万头生猪养殖建设项目	44 859.50	7 000
9	新绛 20 头生猪养殖建设项目	23 938.71	8 000
10	内黄 65 万头生猪养殖建设项目	78 245.21	51 000
11	清丰 18.75 万头生猪养殖建设项目	22 952.81	14 000
12	柘城 14.5 万头生猪养殖建设项目	18 033.37	12 000
13	西平 11 万头生猪养殖建设项目	13 549.33	10 000
14	海州 20 万头生猪养殖建设项目	29 475.54	14 000
15	射阳 20 万头生猪养殖建设项目	23 371.39	20 000
16	金湖 6 万头生猪养殖建设项目	7 423.91	6 000
17	汝州 8 万头生猪养殖建设项目	9 734.14	8 000
18	乐安 10 万头生猪养殖建设项目	14 969.94	13 000
19	康平 36 万头生猪养殖建设项目	44 760.40	28 000
20	洪泽 20 万头生猪养殖建设项目	28 685.14	25 000
21	即墨 8 万头生猪养殖建设项目	9 677.48	6 000
22	科右中旗 12 万头生猪养殖建设项目	14 204	9 000
23	睢宁 18 万头生猪养殖建设项目	21 181.67	17 000
24	商水年屠宰 400 万头生猪项目	67 620	55 000
25	宁陵年屠宰 400 万头生猪项目	55 361.71	45 000
26	铁岭年屠宰 400 万头生猪项目	48 764.46	41 000
27	林甸年屠宰 300 万头生猪项目	57 000	49 000

数据来源：公司公告。

增加募集资金投资项目实施地点有助于提升经营效率，提高募集资金使用效率，符合公司的实际情况和长远发展规划。

2023 年 7 月 17 日召开的第四届董事会第二十次会议审议还通过了《关于在山西省繁峙县设立子公司从事生猪屠宰业务的议案》。拟在山西省忻州市繁峙县设立繁峙牧原肉食品有限公司开展生猪屠宰业务，注册资金 10 000 万元。

截至 2021 年牧原股份有 6 个屠宰厂投产，年产屠宰产能 2 200 万头，内乡牧原肉食产业综合体（楼房猪舍）建成投产，年产能 210 万头。

2023年公司全年生猪屠宰量1 326万头。

截至2024年11月22日，公司右江18万头生猪养殖建设项目、洪洞15万头生猪养殖建设项目、柘城14.5万头生猪养殖建设项目、海州20万头生猪养殖建设项目、乐安10万头生猪养殖建设项目、康平36万头生猪养殖建设项目、洪泽20万头生猪养殖建设项目合计剩余募集资金56 408.15万元（包括其利息收入），公司未使用完的发行费用余额及利息收入为1 274.12万元，合计57 682.27万元。

根据公司未来发展规划，结合募投项目进展和募集资金实际使用情况，为提高募集资金使用效率，降低公司运营成本，拟终止以上募投项目的后续投入，将剩余募集资金57 682.27万元（包括利息收入、发行费用剩余资金等，具体金额以资金转出当日账户余额为准）永久补充流动资金，用于公司日常经营和业务发展。

2024年11月26日牧原股份召开的第四届董事会第三十一次会议审议通过了《关于变更部分募集资金用途的议案》，董事会同意公司变更部分募集资金用途用于永久补充流动资金。截至2024年11月22日，牧原股份公开发行可转换公司债券募集资金投资项目已使用募集资金901 295.16万元，其中252 868.50万元用于偿还银行贷款及补充流动资金达承诺投资总额的94.59%。部分生猪养殖及屠宰项目募集资金尚未使用完毕，具体项目使用情况如表12所示。

表12　牧原股份2024年变更部分募集资金用途情况

序号	项目名称	拟投入募集资金额（万元）	募集资金余额（万元）	已投资比例（%）
1	右江18万头生猪养殖建设项目	23 000	8 881.47	64.29
2	洪洞15万头生猪养殖建设项目	14 000	2 972.42	81.82
3	柘城14.5万头生猪养殖江苏项目	12 000	3 643.69	70.95
4	海州20万头生猪养殖建设项目	14 000	6 124.07	57.70
5	乐安10万头生猪养殖建设项目	13 000	1 411.32	90.33
6	康平36万头生猪养殖建设项目	28 000	9 167.96	69.30
7	洪泽20万头生猪养殖建设项目	25 000	24 207.22	8.90
	合计	129 000	56 408.15	59.08

数据来源：企业公告。

2.1.7　从22头生猪到销售量超过7 000万头，规模持续扩大

1992年，秦英林辞去公职携夫人钱瑛回到家乡内乡县马山口镇，从22头猪养起，开始了养猪创业。1997年牧原出栏量达到1万头，5年之后，2002年牧原的生猪出栏量达到2万头，至此后牧原的生猪出栏量翻倍增长，2007年牧原的生猪出栏量已经达到10万头。牧原集团2011年出栏生猪61万头左右，至2012年出栏生猪80万头，是2007年生猪出栏量的8倍。2015年已形成300万头的生猪出栏规模，生猪出栏量191.9万头。2016年牧原生猪出栏能力超过500万头，出栏量达到311.4万头，增幅超过60%。2016年牧原集团的生猪养殖事业进行了全国范围布局，先后在陕西、山西、河北、内蒙古、河南、吉林、江苏、湖北、辽宁、黑龙江、安徽、山东等省份设立分公司、子公司，或相应的项目

启动，如在通许县启动 55 万头生猪出栏和 36 万吨饲料生产项目。

牧原股份 2011 年出栏生猪 61 万头左右，2012 年出栏生猪 80 万头。2015 年已形成 300 万头的生猪出栏能力，生猪出栏量 191.9 万头。2016 年牧原生猪出栏能力超过 500 万头，出栏量达到 311.4 万头，增幅超过 60%。

2018 年牧原股份生猪出栏 1 101 万头，比上年增加 377.26 万头，增幅 52.13%。首次超过千万头，是国内第二个达到千万级出栏的企业。

2019 年牧原股份销售生猪 1 025.33 万头，同比略降，其中商品猪 867.91 万头，仔猪 154.71 万头。能繁母猪存栏为 128.32 万头，后备母猪存栏约 72 万头。

2020 年牧原股份销售生猪 1 811.5 万头，同比增幅 76.67%，其中商品猪 1 152.4 万头，仔猪 594.8 万头，种猪 64.3 万头。能繁母猪存栏为 262.4 万头，后备母猪存栏为 131.9 万头。

2021 年牧原股份销售生猪 4 026.3 万头，同比增幅 122.26%，其中商品猪 3 688.7 万头，仔猪 309.5 万头，种猪 28.1 万头。截至 2021 年 12 月底，公司能繁母猪存栏为 283.1 万头。

2022 年牧原股份销售生猪 6 120.1 万头，同比增幅 52.0%，其中商品猪 5 529.6 万头，仔猪 555.8 万头，种猪 34.6 万头。截至 2022 年 12 月底，公司能繁母猪存栏为 281.5 万头。

2023 年牧原股份销售生猪 6 381.6 万头，同比增幅 4.27%，其中商品猪 6 226.7 万头，仔猪 136.7 万头，种猪 18.1 万头。截至 2023 年 12 月底，公司能繁母猪存栏为 312.9 万头。

2024 年牧原股份销售生猪 7 160.2 万头，同比增幅 12.20%（图 16），其中商品猪 6 547.7 万头，仔猪 565.9 万头，种猪 46.5 万头。截至 2024 年 12 月底，公司能繁母猪存栏为 351.2 万头。

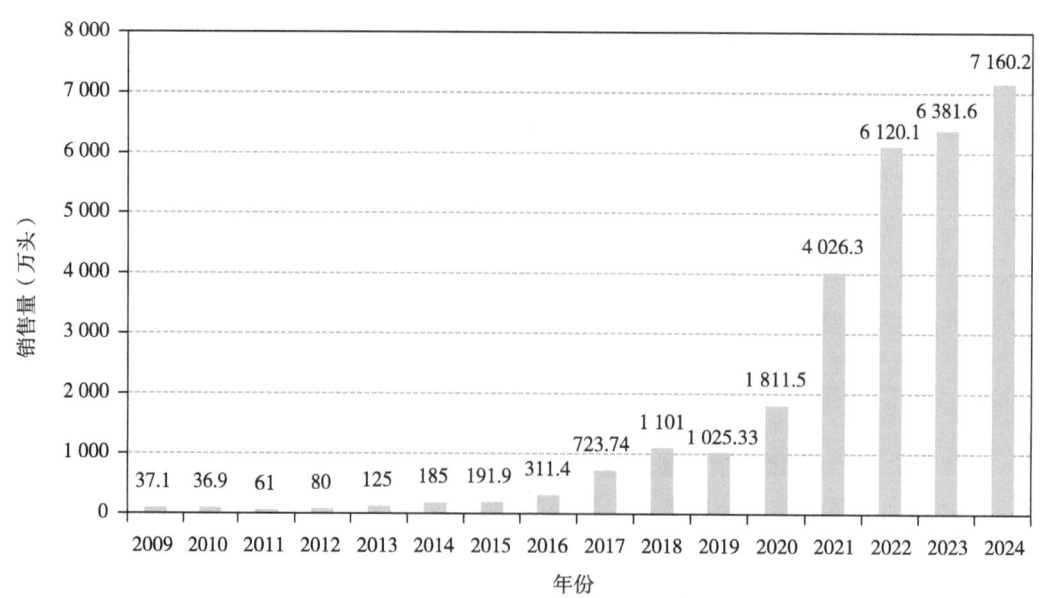

图 16　2009—2024 年河南牧原食品有限公司生猪销售量

（数据来源：公司网站和北京华豕农业研究院数据库）

2.1.8　规避波动风险开展套期保值和金融衍生品业务

牧原是集饲料加工、种猪育种、商品猪生产、生猪屠宰于一体的企业。为规避饲料原材料价格及生猪价格大幅度波动给公司经营带来的不利影响，公司及子公司拟以自有资金进行玉米、豆粕、生猪等商品期货的套期保值业务，来有效管理价格大幅波动的风险。涉及品种：期货套期保值业务品种仅限于与公司生产经营有直接关系的农产品期货品种，如玉米、豆粕、生猪等产品。资金额度：开展商品套期保值业务所需保证金最高占用额不超过人民币8亿元（不含期货标的实物交割款项），有效期内可循环使用。公司及控股子公司利用自有资金开展商品期货套期保值业务，不使用募集资金直接或者间接进行商品期货套期保值业务。2025年1月1日起至2025年12月31日，公司进行玉米、豆粕、生猪等商品期货的套期保值业务，可规避饲料原料价格、生猪价格大幅度波动给公司经营带来的不利影响，有效管理价格大幅波动的风险。

随着牧原公司采购、跨境融资等国际交易持续发展，公司在日常经营过程中会涉及外币业务；随着国内利率市场化改革，浮动利率贷款定价基准转换为LPR利率，未来公司本币贷款可能使用浮动利率计息。为防止因汇率和利率波动造成的对财务成本的影响，有必要通过金融衍生品来规避汇率和利率波动风险。公司及控股子公司拟开展金额不超过30亿元（2022年为20亿元、2023年为40亿元）的金融衍生品交易业务，预计动用的交易保证金和权利金上限（包括为交易而提供的担保物价值、预计占用的金融机构授信额度、为应急措施所预留的保证金等）不超过3亿元。本额度在有效期内（自2025年1月1日至2025年12月31日）可循环使用。受国际政治、经济环境等多重因素的影响，外汇、利率市场波动较为频繁，开展金融衍生品交易业务可更好地规避公司所面临的外汇汇率、利率波动风险。

2022年牧原股份向中国证监会提交了拟发行全球存托凭证（Global Depostitary Receipts, GDR）并在瑞士证券交易所递交申请材料，中国证监会对材料进行了审查，决定对该行政许可申请予以受理，本次发行上市事宜还需获得中国证监会、瑞士相关证券监管部门等境内外主管部门的批准、核准或备案后才可实施。

2.2 温氏食品集团股份有限公司

2.2.1 公司简介

温氏食品集团股份有限公司（简称"温氏股份"），创立于1983年，由七户农民集资8 000元起步，现已发展成一家以畜禽养殖为主、跨地区发展的现代农牧企业集团。2015年11月2日，温氏股份成功在深交所挂牌上市。

2017年，温氏股份已在全国23个省（自治区、直辖市）拥有262家控股公司。温氏股份现有合作家庭农场5.54万户、员工5万多人（其中，硕士学历531人、博士学历68人）。2017年上市肉猪1 904.17万头，肉鸡7.76亿只、肉鸭3 098万只，总销售收入556.57亿元。

2018年，温氏股份销售商品肉猪2 229.7万头，同比增长17.1%。拥有种猪140多万头，销售收入329.45亿元，预计归属于上市公司股东的净利润39.50亿～42.00亿元。

2019年，温氏股份销售肉猪同比下降16.95%。肉猪类营业收入为418.11亿元，毛利润为120.58亿元，受市场肉猪供给减少影响，公司肉猪销售均价同比上涨了46.57%，公司肉猪类营业收入及毛利同比分别增长23.83%和189.75%。截至2019年12月31日，温氏股份已在全国20多个省（区、市）拥有控股公司326家、合作家庭农场4.98万户、员工5万多名。2019年温氏股份上市肉猪1 851.66万头、肉鸡9.25亿只，实现营业收入

731.20亿元。有国家畜禽新品种9个。2019年鲜品鸡销售9 130.94万只，熟食鸡销售1 046.97万只；销售原奶8.69万吨，成品奶1.86万吨。

生鲜食品连锁经营业务是温氏发展食品业务配套的连锁经营渠道，主要在国内一、二线城市进行布局，定位在社区生鲜连锁、鲜肉批发业务，以"温氏鲜品"为连锁渠道品牌，是温氏食品品牌服务和产品的主要输出渠道。

2020年1月，温氏股份《高效瘦肉型种猪新配套系培育与应用》和《畜禽粪便污染监测核算和减排增效关键技术研究与应用》2项成果荣获国家科学技术进步奖二等奖。

2020年6月4日，温氏股份发布公告称拟购买江苏京海禽业集团有限公司80%股权，此次收购对温氏股份发展有着重大的战略意义，是温氏股份通过"资本驱动"构建产业链生态圈的标杆性事件。随后，温氏股份在食品加工、肉猪养殖等领域频频发力，资本驱动逐步增强。

截至2020年7月底，温氏股份养猪事业部管辖18家管理型单位分别为：华农温氏、云南养猪公司、秦晋养猪公司、东北养猪公司、华北养猪公司、贵州养猪公司、安徽养猪公司、江苏养猪公司、两湖养猪公司、江西养猪公司、山东养猪公司、粤海养猪公司、南方食品公司、北方食品公司、广西养猪公司、湖南养猪公司、四川养猪公司、重庆养猪公司。

2021年9月25日，温氏股份上榜"2021中国民营企业500强"，位列第119，这是温氏股份自2015年以来，连续7年进入"中国民营企业500强"榜单。11月25日，"2021广东乡村振兴优秀案例推介活动"评选结果正式出炉，温氏股份"发挥模式优势，产业助力乡村振兴"案例上榜。

截至2021年12月31日，温氏股份已在全国20多个省（自治区、直辖市）拥有控股公司402家、合作农户（家庭农场）约4.54万户、员工约4.4万名。2021年温氏股份上市肉猪1 321.74万头、肉鸡11.01亿只，实现营业收入649.54亿元。

截至2022年底，温氏股份及下属控股公司累计获得国家科技奖项8项，省部科技奖项78项，畜禽新品种10个（其中猪2个、鸡7个、鸭1个），新兽药证书49项，国家计算机软件著作权115项；拥有有效发明专利205项（其中美国发明专利5项）、实用新型专利365项。2022年公司实现营业总收入为837.25亿元，归属于上市公司股东的净利润为52.89亿元，归属于上市公司股东的净利润同比上升139.46%，销售肉猪（含毛猪和鲜品）1 790.86万头，同比增长35.49%，公司合作农户数量4.35万户。

截至2023年底，温氏股份已在全国20多个省（自治区、直辖市）拥有控股公司390家、合作农户（家庭农场）约4.59万户、员工约5.29万名。2023年温氏股份上市肉猪2 626.22万头、肉鸡11.83亿只，实现营业收入899.21亿元。温氏股份及下属控股公司累计获得国家科技奖项8项，省部科技奖项93项，畜禽新品种10个（其中猪2个、鸡7个、鸭1个），新兽药证书53项，国家计算机软件著作权130项，拥有有效发明专利276项（其中美国发明专利5项）、实用新型专利413项。

2.2.2 应对市场环境和发展格局变化，调整或终止募集资金投资项目实施进度

2021年生猪生产全面恢复，生猪供应能力充足，养猪行业市场环境和发展格局均发生了巨大变化，全国生猪价格持续走低，跌速快、跌幅大、持续时间长，生猪养殖企业普遍面临收入下降、利润亏损、现金流紧张等考验。猪价大幅反弹之前，公司实施保存实力度过困难期的策略，采取"三控一稳"措施，即控产能、控投资、控支出，稳定生产成绩;同时强化企业内控管理,全面推动"降本增效",储备资金度过行业寒冬,重新调整了建设规划和节奏,减少大规模资本开支,将放缓下面募投项目的建设进度(表13)。

表13 温氏股份2023年投资养猪项目调整进度情况

项目名称	调整后预计建成投产时间	投资产能规模（万头）	总投资（万元）	投资进度（%）
江永温氏畜牧有限公司大同养殖小区	2023年12月	9.36	9 500	4.84
吉安县温氏畜牧有限公司大冲养殖小区一期	2023年12月	10	10 000	16.91
桂林温氏畜牧有限公司下圩村温氏智慧生态养殖小区	2023年12月	4.8	5 000	9.04
滁州温氏畜牧有限公司方岗养殖小区	2023年12月	15	16 395	3.78
洪湖温氏畜牧有限公司大树养殖小区	2023年12月	3	3 000	6.94
洪湖温氏畜牧有限公司团丰小区	2023年12月	5	5 000	4.06
咸宁温氏畜牧有限公司黄祠养殖小区	2023年12月	5.04	5 000	2.57
松滋温氏畜牧有限公司牛长岭养殖小区	2023年12月	6	6 000	4.63
宿迁温氏畜牧有限公司黄岗养殖小区	2023年12月	9.4	8 500	0

资料来源:企业公告。

2023年3月22日和8月30日公司公告,公司将前期审议通过的生猪养殖项目根据当前募投项目的实施进度、实际建设情况及市场发展前景,调整部分募集资金投资项目的实施进度(表14)。

表14 温氏股份2023年整部分募集资金投资项目实施进度情况

序号	项目名称	调整后预计建成投产时间	调整后预计建成投产时间	产能（万头）
1	道县温氏畜牧有限公司蚣坝种猪场建设项目	2023年7月	2024年6月	20
2	吉安县温氏畜牧有限公司大冲养殖小区一期	2023年12月	2024年12月	10
3	桂林温氏畜牧有限公司下圩村温氏智慧生态养殖小区	2023年12月	2024年6月	4.8
4	洪湖温氏畜牧有限公司大树养殖小区	2023年12月	2024年12月	3
5	洪湖温氏畜牧有限公司团丰小区	2023年12月	2024年12月	5
6	咸宁温氏畜牧有限公司黄祠养殖小区	2023年12月	2024年12月	5.04
7	松滋温氏畜牧有限公司牛长岭养殖小区	2023年12月	2024年12月	6
8	云南温氏晶华食品有限公司100万头生猪屠宰项目	2023年12月	2024年6月	100
9	忻州温氏畜牧有限公司高城种猪场养殖项目	2023年7月	2024年12月	30
10	北票温氏康宝肉类食品有限公司年100万头生猪屠宰项目	2023年3月	2024年12月	100

资料来源:企业公告。

2023年4月25日,温氏食品集团股份有限公司第四届董事会第十七次会议审议通过了《关于变更部分募集资金使用计划的议案》,同意公司根据发展战略的调整变更部分募集资金使用计划,涉及项目如表15所示。

表 15　温氏股份 2023 年变更部分募集资金使用计划情况

序号	项目名称	投资总额（万元）	拟投入募集资金（万元）
1	南雄市温氏生态养殖有限公司鱼鲜种猪场改建工程项目	11 000	8 000
2	怀集广东温氏畜禽有限公司长安镇西山养殖场	5 000	3 500
3	蓝山温氏畜牧有限公司厚冲现代生猪养殖小区建设项目	11 000	7 000

资料来源：企业公告。

2024 年 2 月 1 日，温氏食品集团股份有限公司第四届董事会第二十四次会议审议通过了《关于终止部分募集资金投资项目的议案》，同意公司终止滁州温氏畜牧有限公司方岗养殖小区和洪湖温氏畜牧有限公司大树养殖小区的建设。滁州温氏畜牧有限公司方岗养殖小区总投资 16 395 万元，计划投入募集资金 13 000 万元，项目实施主体为滁州温氏畜牧有限公司，建设内容为年上市肉猪 15 万头的养殖小区，计划将于 2023 年 12 月建成投产。洪湖温氏畜牧有限公司大树养殖小区总投资 300 万元，计划投入募集资金 2 100 万元，项目实施主体为洪湖温氏畜牧有限公司，建设内容为年上市肉猪 3 万头的养殖小区，于 2024 年 12 月建成投产。

2024 年 4 月 26 日，温氏食品集团股份有限公司第四届董事会第二十五次会议审议通过了《关于部分募集资金投资项目调整实施进度的议案》，同意调整"桂林温氏畜牧有限公司下圩村温氏智慧生态养殖小区"等募集资金投资项目的实施进度。桂林温氏畜牧有限公司下圩村温氏智慧生态养殖小区总投资 5 000 万元，计划投入募集资金 3 800 万元，建设内容为年上市肉猪 4.80 万头的养殖小区，项目原预计 2024 年 6 月达到预定可使用状态。怀集广东温氏畜禽有限公司长安镇西山养殖场总投资 5 000 万元，计划投入募集资金 3 500 万元，建设内容为年上市肉猪 2.76 万头的养殖小区，项目原预计 2024 年 6 月达到预定可使用状态。蓝山温氏畜牧有限公司厚冲现代生猪养殖小区建设项目总投资 11 000 万元，计划投入募集资金 7 000 万元，建设内容为年上市肉猪 6.9 万头的养殖小区，项目原预计 2024 年 6 月达到预定可使用状态。滁州温氏晶宝食品有限公司生猪屠宰项目总投资 22 100 万元，计划投入募集资金 14 500 万元，建设内容为年屠宰 100 万头生猪屠宰场及加工配套设施，项目原预计 2024 年 6 月达到预定可使用状态。公司拟调整桂林温氏畜牧有限公司下圩村温氏智慧生态养殖小区的实施进度，主要是受市场行情影响，公司加强固定资产支出管理，经充分评估该项目建设的紧迫性后暂时放缓建设。公司拟调整怀集广东温氏畜禽有限公司长安镇西山养殖场、蓝山温氏畜牧有限公司、厚冲现代生猪养殖小区、滁州温氏晶宝食品有限公司生猪屠宰项目，主要是进度不及预期。

2024 年 11 月 22 日，温氏食品集团股份有限公司第四届董事会第三十一次会议审议通过了《关于部分募集资金投资项目调整实施进度的议案》，同意调整"北票温氏康宝肉类食品有限公司年 100 万头生猪屠宰项目"等募集资金投资项目的实施进度。北票温氏康宝肉类食品有限公司年 100 万头生猪屠宰项目总投资 30 000 万元，计划投入募集资金 22 000 万元，建设内容为年肉猪屠宰能力 100 万头的屠宰场，项目原预计 2024 年 12 月达到预定可使用状态。宾阳温氏畜牧有限公司高效养殖小区项目总投资 23 215.43 万元，计划投入募集资金 18 500 万元，建设内容为年出栏肉鸡 2 060 万只的养殖小区，项目原预计 2024 年 12 月达到预定可使用状态。宾阳温氏畜牧有限公司饲料厂项目总投资 6 661 万元，计划投入募集资金5 000万元，建设内容为年产24万吨饲料的饲料厂，项目原预计2024年12月达到预定可使用状态。旬邑温氏畜牧有限公司总部及饲料厂项目总投资7 760万元，计划投入募集资金5 200万元，建设内容为总部及时产40吨的饲料厂，项目原预计2024年12月达到预定可使用状态。以上项目调整主要原因是受市场行情影响，公司加强固定资产支出管理，经充分评估项目建设的紧迫性后暂时放缓建设及建设进度不及预期。

2024年11月22日公告，咸宁温氏畜牧有限公司黄祠养殖小区总投资5 000万元，计划投入募集资金3 500万元，项目实施主体为咸宁温氏畜牧有限公司，建设内容为年上市肉猪5.04万头的养殖小区，计划将于2024年12月建成投产。松滋温氏畜牧有限公司牛长岭养殖小区总投资6 000万元，计划投入募集资金4 500万元，项目实施主体为松滋温氏畜牧有限公司，建设内容为年上市肉猪6万头的养殖小区，计划将于2024年12月建成投产。终止咸宁温氏畜牧有限公司黄祠养殖小区的建设，主要是项目周边用地紧张，租赁污水处理用地较为困难，预计继续建设将存在较大的环保风险。终止松滋温氏畜牧有限公司牛长岭养殖小区的建设，主要是由于呼南高铁规划可能通过项目周边区域，根据铁路相关管理条例规定无法建设。

2.2.3　全资子公司引入战略投资者，发力种猪种业

2022年9月29日，温氏股份、中芯种业与广东省种业集团有限公司、现代种业发展基金有限公司分别签订了《关于广东中芯种业科技有限公司之增资扩股协议》，温氏股份、中芯种业、广东华农大资产经营有限公司、广东东成种猪科技有限公司签订了《关于广东中芯种业科技有限公司之增资扩股协议书》。其中，种业集团以200 000万元认缴，占增资后中芯种业19.82%的股权；现代种业发展基金以30 000万元认缴，占增资后中芯种业2.97%的股权；华农资产以其持有的评估价值为3 257.30万元的东成种猪15.00%的股权认缴，占增资后中芯种业0.32%的股权。本次增资完成后，中芯种业的注册资本将由120 000万元增至156 084.48万元。

完成增资后，温氏股份及中芯种业可能涉及做出以下承诺：

种猪销售量：温氏股份、中芯种业承诺，中芯种业在2022—2024年实现的种猪销售量合计不低于《资产评估报告》销售量预测中2022—2024年的80%（797 351头，含本数）；中芯种业2025—2027年实现的种猪销售量合计不低于《资产评估报告》销售量预测中2025—2027年的80%（1 080 595头）。

国产替代：①截至2027年12月31日，中芯种业曾祖代原种猪产能占全国同类产品流通市场需求量不低于30%，即核心群基础母猪存栏数量不低于0.33万头；且截至2030年12月31日，中芯种业曾祖代原种猪产能占全国同类产品流通市场需求量不低于50%，即核心群基础母猪存栏数量不低于0.56万头；②截至2030年12月31日，中芯种业的粤系曾祖代原种猪实现国产替代率达到15%以上。

20多年来，温氏（中芯种业）评定了5个品种、15个品系、185个血缘的基础母猪2.19万头，建立了大型瘦肉猪种质资源库。先后培育出10多个专门化品系和2个高效瘦肉型猪配套系（华农温氏1号猪配套系〔2006〕和华农温氏猪配套系501〔2015〕）。

2024年9月9日，在温氏股份总部，温氏中芯种业与托佩克种猪公司举行了合资合作框架签约仪式。双方将携手在云南省建立和运营一个先进的种猪核心场。新建的种猪核心场将容纳1 200头母猪，该农场计划于2025年第三季度全面投产，首批种猪将从托佩

克的核心场进口。

2024年9月12日，温氏食品集团股份有限公司与苏州拉索生物芯片科技有限公司开展战略合作，基于国产自主研发平台，共同开发出国产固相猪育种芯片〔PorcineWENS 100K〕，双方将携手推动国产固相猪育种芯片的产业化应用。〔PorcineWENS 100K〕芯片是在原PorcineWENS 55K芯片基础上创制，芯片基因组位点数由56 380个SNPs升级为95 812个SNPs，由常规的55K级扩容为100K级。

2.2.4 推动废弃物高效资源化，构建绿色发展新标杆

2024年3月16日，由温氏股份牵头联合九家单位共同参与的"十四五"国家重点研发计划"农业废弃物协同高效处理低碳资源化利用关键技术装备研发及集成示范"项目启动会在温氏股份总部召开，项目针对人畜粪污、秸秆、尾菜、餐厨垃圾等有机废弃物协同处理利用过程中生物转化不同步、产品质量不稳定、碳排放严重等问题，聚焦多元有机废弃物高效协同定向转化兼顾碳氮减排的关键技术研发和装备创制，并进行南方和北方规模化技术集成示范，为多元有机废弃物高效资源化利用同时兼顾低碳绿色环保提供指导和应用支撑。温氏股份将可持续发展作为公司战略核心，希望项目成果更多更快转化为生产力，赋能企业和行业发展，支撑绿色安全可持续发展。

2024年12月13日，温氏股份发布公告，拟使用160 974.52万元现金收购筠诚和瑞环境科技集团股份有限公司91.38%的股权。此次收购完成后，公司将合计持有筠诚和瑞100%股权，筠诚和瑞将成为温氏股份的全资子公司。此举标志着温氏股份在绿色农业发展领域布局取得新进展，将促进温氏构建循环经济新战略，为可持续发展注入新动力。此次收购，公司在畜禽养殖污染防治能力、养殖业废弃物资源化能力等养殖环保领域的核心技术能力将显著增强，实现降本增效，将环保打造为公司的核心竞争力之一。符合温氏股份的战略及未来发展规划，有利于整合资源，充分发挥协同效应，提升在农业环保领域的竞争力，提高产业链附加值，为公司高质量发展注入新动力。同时，本次交易完成后，也有利于减少公司的关联采购。

2.2.5 生猪养殖屠宰加工项目建设布局加快

因生猪养殖效益较好，2015年、2016年大举签订生猪养殖基地投资协议，其中2015年温氏集团加快区域布局，大力推动工厂化猪场建设，全年新增4个养猪一体化项目，新开工29个猪场项目，达产后可新增产能300多万头。

2016年10月10日凌海公司揭牌，10月18日东北养猪公司新办公大楼落成，10月21日元宝山公司总部饲料厂落成，10月22日北票公司总部办公楼落成，集团完成了在东北地区千万头生猪的布局；东北养猪公司已注册发展13个一体化公司，累计投资20亿元，发展合作家庭农场500多户。

2018年8月，温氏股份与安徽省六安市金安区签订30万头生猪养殖项目。项目计划在金安区租用土地1 200多亩建设3个猪苗生产基地。项目建成后将实现年上市商品肉猪30万头。2018年温氏股份养猪业投资力度明显放缓，但温氏股份仍表示按原规划投资养猪业，2019年计划上市生猪数量约2 500万头。

2019年，农牧设备业务完成公司内部养猪项目建设产能235.8万头，对外养猪项目建设产能122.9万头。与华统股份开展战略合作，开拓了浙江省生猪养殖业务；收购新大牧业，布局河南地区养猪业务。2019年温氏股份加快新场建设，计划新增1 500万头产能的猪场用地和年饲养能力超过2 000万头的养殖小区用地。新增猪场项目开工产能809万头、竣工产能688万头；自建养殖小区项目开工产能523万头，竣工产能316万头，2020年新增肉猪饲养能力500万头以上。

2020年4月27日，温氏股份犍为100万头生猪产业一体化项目开工仪式在四川省乐山市犍为县玉屏镇杨柳村举行，项目投资20亿元。2020年4月28日，贵州省铜仁市人民政府与温氏股份举行深化项目合作签约仪式。根据协议，铜仁市与温氏股份将围绕生猪饲养及其精深加工以及相关产业链进行升级合作。计划在与铜仁已签订的117万头生猪项目基础上，追加投资20多亿元，实现年生猪出栏总计200万头。2020年4月29日，温氏股份与天津市人民政府签订"双百万"生猪养殖及加工项目投资合作协议，该项目建成达产后，可实现年上市生猪100万头、年屠宰加工生猪100万头，年产值约30亿元。2020年5月11日，肥东温氏楼房式养猪项目开工，项目分两期建设，一期规划年上市生猪40万头，二期规划年上市生猪15万头。温氏现代农业循环经济产业园项目由信丰温氏畜牧有限公司投资建设，是江西赣州市信丰县现代农业重点项目之一，采用楼房式养殖模式，项目建成达产后，可实现年上市生猪30万头。2020年6月5日，温氏股份与山东滨州市无棣县政府签订100万头生猪一体化养殖项目。2020年6月23日，签约的崇左市温氏食品产业园项目，拟投资60亿元，将在江州区、宁明县两个片区建设年产值百亿元的产业群，主要包括肉猪、肉鸭的繁育、养殖基地和肉猪、肉鸭的屠宰、冷链、加工厂等产业项目，将为崇左市现代养殖产业链发展和现代农业水平带来积极的推动作用。2020年12月18日，滁州温氏晶宝食品有限公司项目被列入滁州市2020年重点建设项目。项目建成后将实现年屠宰生猪100万头，屠宰家禽2 000万羽，是涵盖畜禽食品加工、冷链物流、行政办公等一体化项目。2020年12月29日，温氏股份引进761头国外原种猪，落户云南，布局西南区域育种。

2021年9月10日，会泽温氏畜牧有限公司与云南省会泽县人民政府签订了《会泽县生猪屠宰加工及冷链物流项目合作框架协议》，根据协议，温氏股份将在会泽县建设年屠宰100万头的生猪屠宰生产线、肉制品加工车间、100万头生猪屠宰厂房及其他配套设施。在产能布局方面，温氏现有生猪屠宰产能150万头，两年拟新竣工产能约400万头。同时，为提高生猪屠宰产能，后续公司将围绕养殖优势区域布局屠宰加工项目，未来还将新增200万头。

2021年7月，成立广东温氏佳润肉食品有限公司，为独立经营单元，隶属集团公司管理。佳润肉食主要承接公司的生猪屠宰业务，在养殖业务之外，企业也从2017年开始布局肉鸡屠宰业务，在预制菜方向进行发力，自2004年开始探索熟食品和预制菜业务，目前已研发出整禽制品、菜肴制品、调理制品、腌腊制品、汤制品、休闲制品和蛋制品等七大优质产品品类，发展势头良好。现已建成华南、华东和华中三大生产基地，菜肴产品年产能约4万吨，营收超4亿元。2022年公司预制菜业务有所盈利。

按照规划云南温氏晶华食品有限公司100万头生猪屠宰项目2024年底投产建成，2023年12月，曲靖晶宝公司第一期项目成功投产，年可屠宰生猪100万头以及30万头白条分割产能。2024年曲靖晶宝公司建有2条国内先进的智能生猪屠宰线、3条智能分割线、500吨冻猪肉冷藏库。现阶段，公司共有4个屠宰项目投入运营，合计年屠宰产能达400万头左右。另外，2024年在建生猪屠宰项目共3个，设计年屠宰产能合计300万头。

2.2.6 科技研发投入不断加大，科研驱动产业发展趋势不断显现

华农温氏配套系猪Ⅰ号和温氏 WS501 猪配套系分别于 2006 年和 2015 年通过国家畜禽新品种（配套系）审定认证。

2016 年 10 月，温氏股份与华为技术有限公司签订战略合作协议，双方在云服务、农业云解决方案等方面进行深度合作，助力畜牧产业跨越式发展。2015 年，温氏股份启动了"互联网+"系统工程，在集团内推动实施"互联网+"纲要，计划以 3～5 年时间实现信息系统的全面升级，实现在生产、管理、营销等各个方面的信息化，进一步提升科技含量和企业竞争力。

2018 年 8 月，温氏股份大数据项目启动，与网易云正式签署战略合作协议。双方将在大数据、云计算等领域开展战略合作，面向畜禽养殖、电子商务等领域提供技术解决方案，助力温氏股份推进"互联网+"工作，进一步提升温氏股份的科技含量和企业竞争力。

温氏股份大数据项目命名为"慧眼平台"。项目基于网易猛犸大数据平台完成数据集成、存储、计算及数据开发，结合温氏业务实际设计数据分析体系，通过网易有数可视化分析平台进行可视化展现，为温氏日常运营管理提供数据监控、预警、决策支持。

2019 年温氏股份推进新温氏研究院项目建设工作，确保年内完成主体工程建设；积极推动华农温氏科创中心等研究平台建设；启动岭南现代农业科学与技术广东省实验室云浮分中心和高标准现代化动物实验基地建设；推动完成新兴县生猪产业园、广东省新兴县国家现代农业畜禽种业产业园、温氏新兴优质鸡产业园建设。研究应用畜禽基因组选择技术，进一步提高早期选留准确性；突破畜禽重大疾病防控关键技术，积极探索防控新技术，构建更为严密的生物安全体系；研究建立畜禽原料有效养分动态数据库，实现配方精准营养；探索研究楼房养猪等新型高效养殖模式，以及建设模式和配套设备等，并试点建设；加大畜禽废弃物处理及资源化利用研究，提升企业环保竞争力；组建畜禽屠宰加工研究实验室，启动生猪屠宰加工工艺研究，强化畜禽产品深加工研究；融合互联网技术，整合行业资源，探索打造智慧生态养殖场。

2021 年 2 月 28 日，华农温氏科技创新中心揭牌仪式上，温志芬向华南农业大学捐赠 2 000 万元，双方合作共建科创中心，打造华南农业大学和温氏股份"校企产学研合作升级版"。科创中心将紧密围绕国家发展战略，瞄准科技前沿，结合社会和产业发展需求，基于双方的优势和特色去谋划和开展各项合作。3 月 24 日，经国家畜禽遗传资源委员会审定、鉴定，温氏白羽番鸭 1 号成为国内首个通过国家审定的番鸭品种；4 月 3 日，"温氏股份与华为技术有限公司战略合作协议"签约，温氏股份立足企业降本增效和转型升级，结合养殖全产业链场景，在数字化应用道路上不断创新实践，成为领跑者。7 月 1 日，温氏股份研究院新园区落成，研究院要成为我国农业产业化领域研究开发的人才精英聚集基地，加大与科研院校合作，攻克"卡脖子"技术，并针对企业发展中的技术难题开展前瞻性技术研究，做好疾病、育种、食品、智慧养殖、动物营养、环保等领域高精尖技术的研发。2021 年 5 月 25 日，首例克隆粤东黑猪诞生于温氏。

2022 年 9 月 30 日，中芯种业通过增资扩股方式引入战略投资者，据测算中芯种业投后估值超过 100 亿元。2023 年 3 月 23 日，广东乡融智慧三农产业投资合伙企业对中芯种业再次增资 4 000 万元，占增资后中芯种业 0.47% 的股权。

2.2.7 生猪销售量保持国内第二位

温氏股份在当前的大型农牧集团中对养猪业先知先觉，从1999年就开始介入养猪业，从开始从事养猪业起，出栏量增加呈现指数级变化。2016年温氏生猪养殖发展情况较好，超过1 700万头，达到1 712.73万头。业务规模迅速扩大，商品猪出栏量快速增长，同时由于2016年生猪市场行情较好，生猪销售价格处于历史最好阶段，使得温氏养猪业的收入达到较高的水平，为362.36亿元，同比增长37.74%，净利达到117.7亿元。

2018年温氏股份生猪出栏量达到2 229.7万头，比上年增加325.5万头，增幅17.09%，占2018年全国生猪出栏总量的3.21%。受非洲猪瘟疫情影响，2019年温氏股份肉猪出栏量有所下降，全年销售肉猪1 851.66万头（含毛猪和鲜品），同比下降16.95%，占2019年全国生猪出栏总量的3.4%。2020年温氏股份肉猪出栏量为954.55万头，比上年减少897.11万头，降幅48.45%，出栏量排位降至全国第三位。2021年温氏食品股份公司销售肉猪1 321.74万头（含毛猪和鲜品），收入271.42亿元，毛猪销售均价17.39元/千克，同比变动分别为38.47%、−31.86%、−48.18%。出栏量增长主要是投苗增加和肉猪生产成绩提高。2022年温氏食品股份公司销售肉猪1 790.86（含毛猪和鲜品）万头，收入410.55亿元，毛猪销售均价19.05元/千克，同比变动分别为35.49%、51.26%、9.55%。销售肉猪同比上升主要是投苗增加和生产成绩提高所致；销售收入同比上升，主要是销量和销售均价同比上升所致。

2023年温氏食品股份公司销售肉猪2 626.22（含毛猪和鲜品）万头，收入462.56亿元，毛猪销售均价14.81元/千克，同比变动分别为46.65%、12.67%、−22.26%。销售肉猪同比上升主要是投苗增加。

2024年温氏食品股份公司销售肉猪3 018.27（含毛猪和鲜品）万头（图17），收入617.53亿元，毛猪销售均价16.71元/千克，同比变动分别为14.93%、33.50%、12.83%。销售收入同比上升，主要是肉猪销量与销售价格同比上升所致。

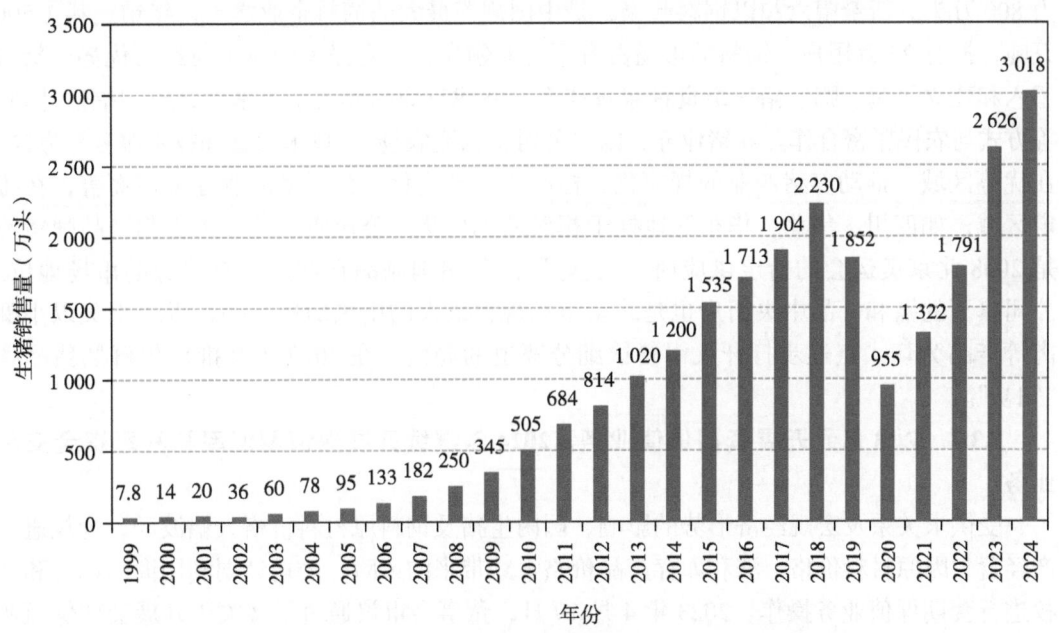

图17　1999—2024年广东温氏食品集团有限公司生猪销售量

（数据来源：公司年报，北京华夸农业研究院整理）

2.3 新希望集团有限公司

2.3.1 公司简介

新希望集团有限公司（简称"新希望"）是一家以现代农牧与食品产业为主营业务的民营企业集团，已拥有世界第二、中国第一的饲料产能，中国第一的禽肉加工处理能力，是中国最大的肉、蛋、奶综合供应商之一。在全球拥有分子公司超过 600 家，员工超 13.5 万人，集团资产规模超 3 000 亿元，2020 年销售收入超过 2 100 亿元，荣登 2021 年世界 500 强榜单第 390 位。2022 年销售收入超 2 800 亿元，荣登 2022 年《财富》世界 500 强榜单第 356 位。集团主体信用等级由"中诚信"评定为 AAA 级。荣登 2023 年《财富》世界 500 强榜单第 363 位，已连续三年入选该榜单。2023 年销售收入 1 417.03 亿元，同比增加 1.96 亿元，增幅为 0.14%；共销售各类饲料产品 2 876 万吨，同比增长 1%，外销饲料量为 2 113 万吨，同比持平，其中，猪料销量为 1 114 万吨。2023 年末窝均断奶数提高到 10.8 头；PSY 达到 23.5 头；断奶成本降至 340 元/头左右；育肥猪成活率达到 90%；料肉比降至 2.7；母猪转固成本降至 2 700 元/头左右。形成了"金字塔+回交"双种猪体系。

新希望六和股份有限公司是首批中国农业产业化国家级重点龙头企业之一，新希望六和股份有限公司前身是四川新希望农业股份有限公司，创立于 1998 年，并于 1998 年 3 月 11 日在深圳证券交易所发行上市，2005 年与成立于山东的六和集团强强联合，2011 年资产重组获中国证监会批准，公司更名为新希望六和股份有限公司。公司立足于食品和现代农业领域，注重稳健发展，业务涉及饲料、养殖、肉制品及金融投资等全产业链，业务遍布全国及越南、菲律宾、孟加拉国、印度尼西亚、柬埔寨、斯里兰卡、新加坡、埃及等近 20 个国家和地区。饲料年产能 2 000 万吨以上，家禽年加工能力 13 亿只，生猪年加工能力 800 万头。新希望六和以饲料起家，是中国规模最大的饲料企业之一，年销饲料 1 500 万吨，拥有 25 万用户，饲料的市场占有率行业领先，具有强大的技术与经营优势。新希望六和建立了鸡、鸭、猪三级良种繁育体系，并建有商品养殖示范基地，以"福达计划"等方式与农民紧密合作。养猪业务，以"公司+家庭农场""技术托管和技术服务"方式，在优势区域，推动养猪产业的规模化、标准化、现代化。公司食品业务总体而言，在特定区域，如四川、华北、华东等地处于相对领先梯队。公司旗下的"千喜鹤"品牌猪肉是 2008 北京奥运会的指定供应商，"美好"品牌猪肉制品在四川具有强势的市场地位。公司旗下的嘉和一品中央厨房也是北京市场规模最大的中央厨房之一，近年来又以小酥肉等产品为切入点逐步打开火锅餐饮细分赛道的局面，在 2022 年又推出生鲜黑猪品牌"知初"。

2.3.2 以 8 亿元开展套期保值业务，2024 年继续开展保值型汇率和利率资金交易业务

受供求关系及宏观经济形势的影响，国内生猪及饲料原材料价格大幅波动，为规避生产经营中因原材料价格上涨和库存产品价格下跌带来的风险，公司计划利用商品期货和期权进行套期保值业务操作。2023 年 4 月 19 日，董事会审议通过了《关于开展套期保值业务的议案》，同意公司及其子公司使用大豆、豆粕、豆油、棕榈油、玉米、小麦、淀粉、菜粕、生猪、鸡肉等与公司生产经营相关的产品或者所需的原材料对应的期货品种开展期

货套期保值业务，预计开展商品套期保值业务所需保证金最高占用额不超过人民币8亿元（不含期货标的实物交割款项），有效期内可循环使用。

伴随着2021年下半年各国经济从新冠疫情中复苏，全球农产品需求在逐步上升；但2022年2月末俄罗斯与乌克兰爆发战争并持续升级，俄乌作为能源与大宗农产品出口国，导致全球供应关系失衡，大宗商品价格快速上涨，全球经济体普遍面临高通货膨胀压力。为防范汇率及利率波动对公司利润和股东权益造成不利影响，公司需要开展保值型汇率和利率的资金交易业务，以减少外汇与利率险敞口。

2024年8月29日，公司通过了《关于开展保值型汇率和利率资金交易业务的议案》。公司及其全资子公司山东新希望六和集团有限公司、新希望新加坡私人有限公司、新希望国际控股私人有限公司、四川新希望动物营养科技有限公司、四川新和进出口有限公司以及广东嘉好农产品有限公司拟通过开展保值型汇率和利率资金交易业务，来降低汇率和利率波动对公司带来的不利影响。公司2024—2025年度拟进行的保值型资金交易对应标的（进出口额、外汇收支额或外币贷款额），在任意时点的余额不超过6亿美元（2022—2023年度在任意时点的余额不超过10亿美元），期限为董事会审议通过后12个月内。保值型资金交易业务主要场所为中国境内、境外新加坡或印尼等国家的银行双边场外渠道，不涉及交易所场内市场。外汇类业务主要涉及外汇远期、结构性远期，并辅之以外汇掉期和外汇期权等；利率类业务主要涉及利率掉期、结构性掉期，并辅之以利率期权等。

2.3.3 通过募集资金方式投资生猪项目，新增生猪养殖产能超过600万头

2016年2月17日公司宣布，未来公司拟投资88亿元，通过3～5年时间，以"公司＋家庭农场"等方式发展1 000万头生猪，通过"技术托管和技术服务"形式覆盖2 000万头生猪。目前已布局地区包括西部的四川、西藏，以及中部北部地区的河北、山东等农业大省。

新希望公司制定的《养猪业务战略规划》显示：现阶段公司将从饲料销售为主的商业模式转为以商品猪销售的商业模式，中长期公司将成为鲜肉和肉制品的提供商。公司在西藏成立"西藏新好科技有限公司"作为种猪养殖管理、服务、投资综合平台，注册资本拟为5亿元，投资18亿元；在山东片联、成都片联、华北片联和中原特区分别成立养猪产业公司，从事生猪放养业务。

2018年3月，唐山新好农牧有限公司50万头生猪养殖项目开工奠基典礼在王兰庄镇举行，唐山新好农牧有限公司50万头生猪养殖项目由新希望六和集团有限公司投资建设，该项目总投资7.1亿元，其中一期项目将军庄种猪场占地1 234亩，包括建设3 000头祖代母猪场、300头的种公猪站、21 000头父母代母猪繁育场。项目建成后年出栏50万头商品仔猪。2018年4月，四川特口甲谷现代生猪养殖基地竣工投产，该养殖基地是昭觉县乃至整个凉山州最现代化的养殖基地之一。项目现有5栋猪舍，年出栏约5 000头，该项目实施后将带动全村62户贫困户脱贫并帮助村集体增收。2018年4月，新希望六和投资的嘉祥猪场经171天建设后顺利交付，项目位于济宁市嘉祥县大张楼镇占地593亩，建筑面积约43 000平方米，生产区设计规模为7 500头母猪，项目于2017年10月1日开工，2018年4月10日胜利竣工。2018年8月，四川省天全县人民政府与四川新好养殖有限公司签订项目合作协议，根据协议，公司将投资近3亿元，在天全县建设新希望30

万头生猪养殖项目。该项目主要建设集育种、育肥、销售、技术服务为一体的生猪养殖项目。

新希望在山东夏津投资建设的100万头生猪生产项目采用高度的自动化、集约化生产方式，是目前全国最大的聚落式生猪繁育体系。2016年2月，公司通过了《养猪业务战略规划》，开始以夏津项目为模板，在全国更大范围市场，大力发展养猪业务。截至2019年底，已在全国实现与储备了约4 350万头的产能布局，全年生猪出栏数达到355万头，继续保持在全国上市公司的前4位。

2019年末，公司有肥猪投放存栏的合作放养农户为1 900多户，同比增加54%。从养殖存栏规模的角度看，养殖500头以下的农户数约占36%，同比提升了4个百分点；养殖501~1 000头的农户数约占36%，同比下降了7个百分点；养殖1 001头以上的农户数约占28%，同比提升了3个百分点。从农户区域分布的角度看，根据农业农村部非洲猪瘟防控的五大区划分，北部区农户数约占18%，同比提升了8个百分点；东部区农户数约占47%，同比提升了12个百分点；中南区农户数约占10%，同比下降了12个百分点；西南区农户数约占10%，同比下降了16个百分点；西北区农户数约占14%，同比提升了8个百分点。

2020年6月29日表决审议通过了《关于继续加大生猪养殖投资的议案》，公司决定继续加大在生猪养殖业务的投资力度，建设12个生猪养殖项目，项目总投资额为334 094.92万元，12个项目规划生猪出栏量为280万头。2020年7月30日，新希望表决通过了《关于继续加大生猪养殖投资的议案》，公司决定继续加大在生猪养殖业务的投资力度，建设17个生猪养殖项目，项目总投资额为537 131.58万元。17个项目规划生猪出栏量为400万头。

2021年1月19日，董事会审议通过，建设福建莆田年出栏30万头生猪养殖项目，总投资64 709.19万元。2021年3月12日，在浙江台州新建年出栏24万头生猪养殖项目，总投资54 060.04万元；收购长兴和平华统畜牧有限公司100%股权，年出栏26万头育肥。2021年通过收购和新建增加80万头生猪产能。

2023年2月24日以通信表决方式监事会通过了"关于使用部分闲置募集资金临时补充流动资金的议案"，公司向社会公开发行面值总额为40亿元的可转换公司债券，公司募集资金将用于投资项目。

截至2023年2月22日，募集资金累计投入381 553.02万元。

2023年9月6日监事会以通讯表决方式，通过了"关于使用部分闲置募集资金临时补充流动资金的议案"，截至2023年6月30日，公司募集资金投资项目情况（表16）。

表16　新希望集团2023年募集资金累计投入项目情况

序号	项目名称	拟投入募集资金额（万元）	累计使用募集资金额（万元）
1	山东德州宁津新建年出栏50万头商品聚落项目	50 000	49 074.15
2	黄骅新好科技有限公司李官庄年出栏70万头商品猪项目	70 000	68 899.05
3	禹城市新希望六和种猪繁育有限公司存栏6 000头标准化养殖场项目	10 000	10 000
4	阳原县30万头生猪聚落发展项目	20 000	20 000

续表

序号	项目名称	拟投入募集资金额（万元）	累计使用募集资金额（万元）
5	通辽新好农牧有限公司三义堂农场年出栏100万头生猪养殖项目	117 500	103 902.77
6	通辽新好农牧有限公司哲南农场年出栏100万头生猪养殖项目	117 500	114 677.05
7	乐山新希望农牧有限公司井研县金峰种猪场项目	5 000	5 000
8	河南灵宝年出栏15万头仔猪种养一体化生态产业园区	10 000	10 000
9	朔州年出栏70万头生猪养殖项目	92 000	88 212.85
10	甘肃新希望平岘村养殖一场项目	24 000	21 702.37
11	甘肃新希望平岘村养殖二场项目	24 000	23 179.14
12	兰州新区西岔镇新建年出栏70万头生猪项目	25 000	25 000
13	郴州市北湖区同和育肥场项目	20 000	19 527.59
14	汝州全生农牧科技有限公司年存栏13 500头种猪繁育养殖厂建设项目	16 000	15 110.95
15	莱州市程郭镇南相村年存栏13 500楼房式母猪种养一体化项目	10 000	10 000
16	定州新好农牧有限公司新建年出栏30万头商品猪养殖一期种猪场项目	20 000	20 000
17	定州新好农牧有限公司新建年出栏30万头商品猪养殖二期种猪场项目	12 000	12 000
18	清丰新六农牧科技有限公司年存栏13 500头种猪饲养项目	21 000	19 803.87
19	五河新希望六和牧业有限公司小溪镇霍家村13 500头母猪项目	20 000	19 927.16
20	广西来宾石陵镇陈流村年出栏18万头生猪（种养）项目	24 000	21 899.70
21	菏泽新好农牧有限公司梁堂年出栏10万头商品猪项目	6 000	5 834.83
22	年出栏72 000头生猪莱州育肥场建设项目	6 000	5 487.32
	补充流动资金	80 000	80 000
	合计	800 000	769 238.8

2023年11月8日，董事会以通讯表决方式，通过了"关于使用部分闲置募集资金临时补充流动资金的议案"，本次公开发行可转换公司债券募集资金总额扣除发行费用后将投资于生猪养殖项目、偿还银行贷款。

2024年11月7日，第九届董事会第三十八次会议审议通过了"关于使用部分闲置募集资金临时补充流动资金的议案"，公司向社会公开发行面值总额815 000万元可转换公司债券，期限6年，扣除发行费用后募集资金净额为813 309.64万元，投资于生猪养殖项目、偿还银行贷款。投资甘肃新六生猪养殖项目、彝良新六生猪养殖项目等18个及偿还银行贷款，截至2024年6月30日，募集资金累计投入726 751.50万元。随着公司业务规模不断扩大，对流动资金的需求量增加。根据募集资金投资项目的资金使用计划及项目的建设进度，公司在确保不影响募集资金投资项目建设进度的前提下，公司拟使用不超过人民币39 600万元闲置募集资金临时补充流动资金。

2.3.4 新希望与多家单位联合组建国家饲料粮技术创新中心

2024年8月12日公司第九届董事会第三十一次会议,审议通过了"关于对外投资成立合资公司的议案",为了响应国家加快推进国家技术创新中心建设的号召,组建饲料领域唯一一个"国家饲料粮技术创新中心",公司与中农前沿(深圳)生命科技有限公司、深圳市中农艾科企业管理合伙企业(有限合伙)、广西扬翔股份有限公司、铁骑力士食品有限责任公司、深圳铁塔投资集团有限公司共同组建合资公司中农饲料粮技术创新(深圳)有限公司作为该科技平台的运行主体。合资公司的注册资本为人民币1 000万元,中农前沿持股比例为10%,中农艾科持股比例为62%,扬翔股份持股9.8%,公司持股7%,铁骑力士持股7%,铁塔投资持股4.2%。其中,中农前沿以知识产权或技术作价入股方式认缴注册资本人民币100万元;中农艾科代表研发及管理团队以知识产权或技术作价或货币方式认缴注册资本人民币620万元;扬翔股份以货币方式出资700万元,其中98万元作为注册资本,602万元转入资本公积;新希望以货币形式出资500万元,其中70万元作为注册资本,430万元转入资本公积;铁骑力士以货币形式出资500万元,其中70万元作为注册资本,430万元转入资本公积;铁塔投资以货币形式出资300万元,其中42万元作为注册资本,258万元转入资本公积。项目将聚焦饲料领域,在具有国家战略意义的关键核心技术方向上开展攻关科研工作,推进成果转化与产业化,解决行业共性问题。

2.3.5 新希望完成签约或储备项目生猪养殖产能布局超过7 000万头。

截至2018年4月底,新希望公司养猪项目已经完成约2 000万头产能布局,距离2021年冲刺3 000万头的目标也走完了一大半。

针对养猪投资项目"两个180天"的挑战目标,公司全年有18个项目实现了180天内完成手续办理,8个项目实现了180天内完成工程建设的目标。截至2019年末,公司已投入运营项目产能达1 000万头,在建产能达650万头,公司固定资产和在建工程余额比上年末增加超200%,另有已完成土地签约或储备的项目产能超4 350万头,理论可达的最大产能已超过6 000万头。

2020年上半年末,公司投入运营的产能达到1 800万头,9月30日竣工产能1 200万头。

2021年3月17日竣工的产能1 000万头,意味所有竣工的产能可达到4 000万头。此外,已有超过3 000万头产能完成土地签约,即未来理论最大产能超过7 000万头。新希望六和有4 500多个养殖场点。2021年通过收购和新建增加80万头生猪产能。

2.3.6 2023年新希望各类深加工肉制品和预制菜销售同比增长10.05%,2024年将同比小幅增长

2019年公司销售猪肉产品23.3万吨,同比下降4.5万吨,降幅为16.1%(全国猪肉产量下降21.3%);销售各类深加工肉制品和预制菜17.7万吨,同比增加2.7万吨,增幅为18.3%;公司食品业务实现营业收入71.49亿元,同比增长17.14亿元,增幅为31.53%;实现毛利润9.63亿元,同比增加2.61亿元,增幅为37.18%。

2020年销售猪肉产品20.77万吨,同比下降2.49万吨,降幅为10.7%;销售各类深加工肉制品和预制菜21.68万吨,同比增加4.02万吨,增幅为22.8%,深加工类产品销量占比进一步提升；公司食品业务整体实现营业收入88.45亿元，同比增加16.96亿元，增幅为23.73%；实现毛利润9.60亿元，同比下降0.03亿元，降幅为0.35%。

2021年公司销售猪肉产品29.41万吨，同比增加8.64万吨，增幅为41.58%；销售各类深加工肉制品和预制菜25.35万吨，同比增加3.67万吨，增幅为16.93%；公司食品业务整体实现营业收入90.40亿元，同比增加1.96亿元，增幅为2.21%。

2022年公司销售猪肉产品40.11万吨，同比增加10.7万吨，增幅为36%；销售各类深加工肉制品和预制菜26.87万吨，同比增加1.52万吨，增幅为6%；公司食品业务整体实现营业收入108.51亿元，同比增加18.11亿元，增幅为20.03%。2023年公司销售各类深加工肉制品和预制菜26.87万吨，同比增长为6%；实现营业收入46.14亿元（调整了食品业务计算口径，按照之前口径营业收入合计为116.72亿元，同比增长7.57%），同比增长10.05%。2024年业务继续增长。

新希望不断以新品特品突破新渠道，已直接或间接地与"2020中国火锅影响力品牌Top100"上榜企业建立起了合作关系，同时拓展团餐业务，行业生猪供应量充足，企业自身生猪养殖产能增加，猪肉产品的销售量将继续增长。2023年12月，新希望拟对食品深加工业务引入关联方的优势产业资源，拟与海南晟宸投资有限公司签署《股权转让协议》，拟转让公司旗下食品深加工业务的运营主体，即北京新希望持有的德阳新希望六和食品有限公司67%的股权。

2.3.7 2024年新希望生猪销售量达到1 652.49万头，同比降增幅6.55%

2007年新希望与加拿大海波尔（Hypor B.V）育种公司合作，合资成立山东海波尔六和种猪育种有限公司，开始筹建自己的育种体系。2013年江油新希望海波尔种猪育种有限公司获得国家生猪核心育种场称号。2015年、2017年先后从加拿大海波尔核心场引种1 200头原种猪，并配套新建江油东兴种猪培育场，同时建设扩繁场和商品场，形成了完善的"核心育种群—扩繁群—商品猪生产"的种猪繁育体系。2014年与育种公司PIC合作，在山东区域建立起以夏津聚落祖代场为中心的PIC种猪生产繁育体系；2016年收购陕西杨凌本香集团。从2019年开始，新希望六和踏上了产能布局的快车道，甚至在当年提出4 000万头的产能建设规划。2019年新希望生猪销售量为354.99万头，比2018年的255.37万头增加99.62万头，增幅39.01%。2020年全年新希望生猪销售量达到829.25万头，比上年增加474.26万头，增幅133.6%。2019年以后新希望加大生猪生产的力度，出栏量连续大幅增长，也使得其稳占据国内生猪养殖四强的位置。2021年新希望生猪销售量达到997.81万头，比上年同期增长168.56万头，增幅20.33%，出栏量增幅有所放缓，但居国内生猪出栏量第四位。

2022年全年新希望生猪销售量达到1 461.39万头，比上年同期增长463.58万头，增幅46.46%，前期建设的产能不断释放，出栏量居国内生猪第三位。

2023年全年新希望生猪销售量达到1 768.24万头，比上年同期增长306.85万头，增幅20.99%，前期建设的产能不断释放，出栏量居国内生猪第三位。

2024年全年新希望生猪销售量达到1 652.49万头，比上年同期下降115.75万头（图18），连续10多年来增长后的首次下降，降幅6.55%，生猪销售量居国内第四位。

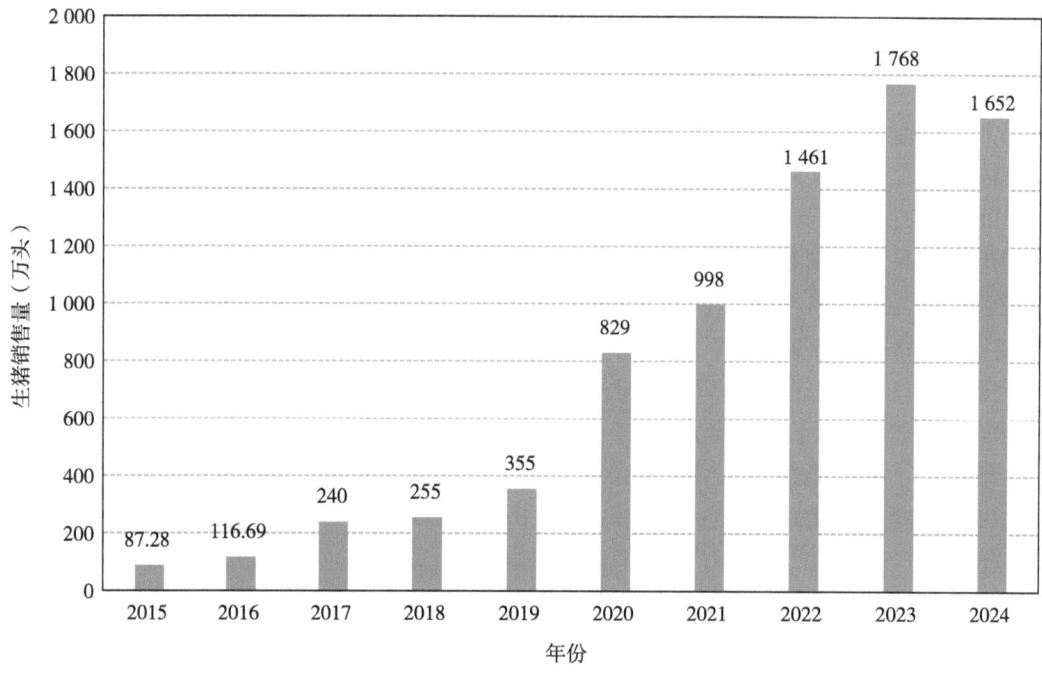

图18　2015—2024年新希望生猪销售量变化

（数据来源：公司年报，北京华豕农业研究院整理）

2.4　双胞胎（集团）股份有限公司

2.4.1　公司简介

双胞胎（集团）股份有限公司（简称"双胞胎"）成立于1998年，是一家专业从事生猪养殖、养猪服务、饲料销售、粮食种植与贸易、生猪屠宰与深加工为一体的全国性大型企业集团，集团下设分公司400余家，员工人数2万余人。2022年集团饲料产销量超1 180万吨，生猪上市近1 000万头，实现产值超840亿元，生猪存栏超过600万头，是中国企业500强，农业产业化国家重点龙头企业。2024年江西省工商业联合会举办的"2024江西民营企业100强"发布，双胞胎（集团）股份有限公司以868.42亿元的营业收入，荣登2024江西省民营企业百强榜第3位，江西省制造业民营企业第3位。2024年10月12日，全国工商联发布"2024中国民营企业500强"榜单，2023年双胞胎集团凭借营业收入868亿元，荣登中国民营企业500强第111位，2024中国制造业民营企业500强第72位。

双胞胎集团掌握核心科技，拥有大量的遗传育种、动物营养与饲喂、疾病防控与生物制药、健康养殖、屠宰及肉食品加工等核心技术。近年来，双胞胎集团积极响应国家"乡村振兴战略"，发挥龙头企业和专业合作经济组织带动作用，通过"公司＋农户"和自建现代化规模猪场等模式，过程中统一生产、统一销售、技术共享，大力发展生猪养殖，成为生猪稳产保供主力军，带动合作农户共同富裕；双胞胎集团通过"公司＋农户"合作养猪模式和"经销商＋农户"合伙养猪模式，围绕工厂周边50千米范围内进行聚落式布局，整合育肥生态圈资源，通过实操训战模式打造栏舍建设队、堡垒安装队、散装料运输队、赶猪队等专业化组织，为广大养户提供服务。目前集团拥有200多个服务部，通过高性价比的饲料产品和优质的养猪服务，切实提升养户自我发展能力，实现当地农业产业发展和农民增收。

双胞胎坚持以客户为中心，为客户创造价值，致力让家人吃上放心肉。通过从原料、饲料、养猪、屠宰、肉食品深加工闭环管理，让养猪更简单，让猪肉更安全，立志将安全、健康、美味的猪肉带给每个家庭、每张餐桌。

2.4.2 强大完善物流体系，保障业务高效运营

双胞胎集团拥有一支近千人、专业、高效、廉洁的饲料原料采购团队，在全球化采购、产区收储、原料贸易等方面有着丰富的采购经验和风险控制手段。双胞胎物流承担集团全国各地600家单位物资运输供应，从计划、运输到仓储的物流业务工作，设有六个部门：多式联运部、航运部、公路运输部、成品运输部、生猪运输部、冷链运输部，从业员工200人，2020年集团饲料原料运输1 200万吨，生猪运输1 000万头，饲料成品运输500万吨，物流金额达20亿元。

合作供应商覆盖船运公司、铁路公司、专业畜牧物流公司、大型港口公司、仓储公司电商物流公司等，随着物流量以倍数不断增长和数智化的变革，双胞胎物流正在朝着互联互通的数智化方向迈进，从而实现数字、AI、LOT、智能仓储等现代化的物流。

负责集团仔猪、种猪、公猪、兽药、疫苗、猪场物资等产品的采购，同时承接集团所有猪只及物资运输的招标。通过有效的招标方案和严格的供应商管理机制，在保证产品质量的同时降低采购成本。

2.4.3 兼并江西正邦科技，成为2023年国内畜牧行业的最大赢家

2022年10月25日，江西正邦科技股份有限公司收到江西省南昌市中级人民法院送达的《决定书》，南昌中院决定对公司启动预重整程序。

2023年8月，江西正邦科技股份有限公司发布关于与重整投资人签署《重整投资协议》的公告。根据《重整投资协议》安排，待*ST正邦重整完成后，江西双胞胎农业有限公司或其同一控制下的关联方将持有公司约15.36%的股权。2023年12月11日，正邦科技已向投资人江西双胞胎农业有限公司过户股数为14亿股，重整后双胞胎农业持有正邦科技股份占转增后总股本的15.06%，成为正邦科技第一大股东。

2025年，双胞胎集团已经正式接手正邦科技的业务，进入正常运营阶段。纵观双胞胎集团的发展路径可以发现，无论是饲料领域还是在养猪领域，双胞胎集团采取的都是进取策略。通过本次并购，双胞胎或许可以完成多年来上市的夙愿。

2.4.4 2024年江西双胞集团实现1 778万头生猪出栏量，同比增加426万头

2023年江西双胞胎（集团）股份实现1 352万头生猪出栏，比2022年增加419万头，增幅44.91%，比2017年增加了66.6倍，增长速度惊人。

2024年全年江西双胞胎（集团）股份实现1 778万头生猪出栏，比2023年增加426万头，增幅31.51%（图19）。近年双胞胎借助饲料和管理、资金等方面的优势，在生猪养殖生产量上有较大的增长。

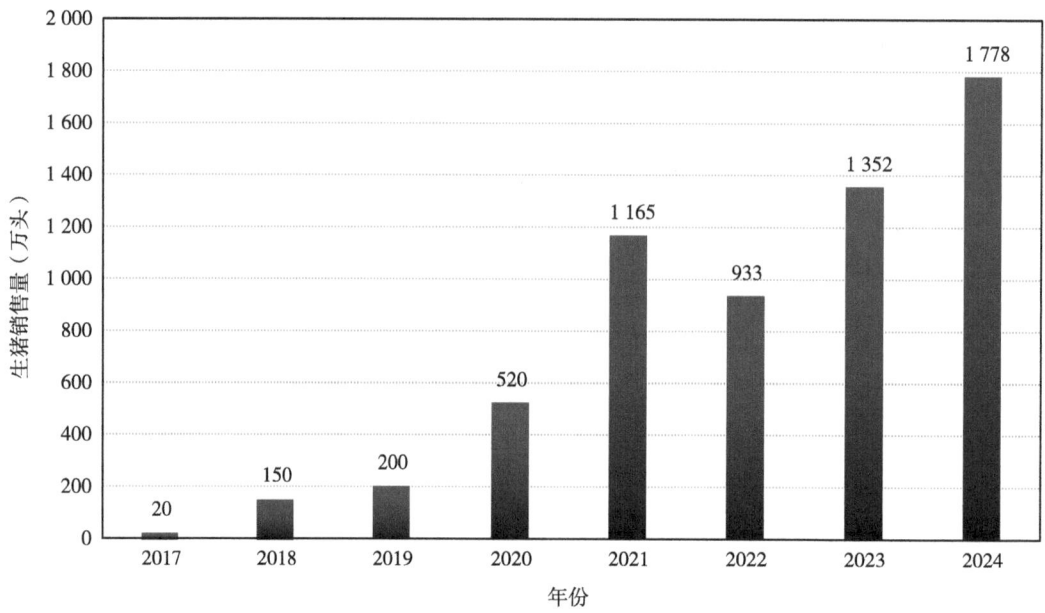

图 19　2017—2024 年江西双胞胎（集团）股份生猪销售量变化

（数据来源：网络收集，北京华豕农业研究院整理）

2.5　江西正邦科技股份有限公司

2.5.1　公司简介

江西正邦科技股份有限公司（简称"正邦科技"）其前身是 1996 年 10 月成立的江西正邦实业有限公司，2003 年 10 月正邦科技公司吸收合并江西正邦科技有限公司、南昌广联实业有限公司。2004 年 3 月 25 日经中华人民共和国商务部商资批〔2004〕374 号文《商务部关于同意江西正邦实业有限公司转制为江西正邦科技股份有限公司的批复》同意，江西正邦实业有限公司转制为外商投资股份公司，转制后名称为江西正邦科技股份有限公司。集团当前饲料生产、生猪繁育与养殖、农药生产、兽药生产、种鸭繁育均居全国前 10 强。集团分设畜牧、植保、食品、金控四大产业，在全国 29 个省（区、市）拥有 700 家分子公司、70 000 名员工，在"一带一路" 10 个国家拥有 20 家企业。2019 年实现总产值 880 亿元，主发起设立的江西省首家民营银行裕民银行于 2019 年 9 月 28 日开业。2020 年总产值 1 037 亿元，2022 年挺进世界 500 强。

远景规划生猪年出栏 5 000 万头，年生产饲料 2 000 万吨，年发展鸭苗 2 亿羽，年产种猪 10 万头，年产生态肉食品 100 万吨。拥有 3 家国家核心育种场。

正邦科技于 2007 年 8 月 17 日在深圳证券交易所挂牌上市。

2022 年开始陷入债务危机，2023 年由南昌中院下达重整程序，开始企业的重整。因 2022 年度经审计的期末净资产为负值，触及《上市规则》第 9.3.1 条第一款第（二）项的规定，公司股票交易仍存在被实施退市风险警示的情形，公司股票将继续被深交所实施退市风险警示。2023 年 12 月 25 日，公司收到深交所通知，深交所经审核同意公司撤销因重整而被实施退市风险警示的申请。

2023年12月15日,江西正邦科技股份有限公司收到江西省南昌市中级人民法院送达的(2023)赣01破16号之四《民事裁定书》,裁定确认江西正邦科技股份有限公司重整计划执行完毕并终结公司重整程序。

2024年2月29日,*ST正邦发布《关于仲裁事项暨担保进展的公告》,江西正农通及其子公司在协议履行期间未按期还款,造成逾期。2023年7月20日公司进入破产重整程序,公司作为担保义务人代为履行上述担保的清偿义务,代为支付本金及利息共计91 111万元;截至2023年4月29日,公司及控股子公司累计涉及诉讼、仲裁事项的相关金额合计人民币699 939.06万元,其中,公司及控股子公司作为原告涉及的诉讼金额为人民币87 069.92万元;公司及控股子公司作为被告或共同被告涉及的诉讼、仲裁事项合计金额为人民币612 869.14万元。

2024年4月10日,*ST正邦发布《关于股票交易异常波动的公告》,公司股票(证券简称:*ST正邦,证券代码:002157)于2024年4月3日、2024年4月8日、2024年4月9日连续3个交易日收盘价格涨幅偏离值累计超过12.00%,根据《深圳证券交易所交易规则》的相关规定,属于股票交易异常波动的情况。

2024年4月16日,*ST正邦发布《关于公司股票可能被终止上市的风险提示性公告》,公司股票交易已于2023年5月5日被实施退市风险警示,若公司2023年度经审计的财务会计报告出现相关财务指标触及《股票上市规则》第9.3.11条的相关规定,公司股票将面临被终止上市的风险,公告为公司第六次终止上市的风险提示性公告。

2.5.2 部分募集资金投资项目终止结余资金永久补充流动资金

2022年5月20日,正邦科技通过了《关于部分募集资金投资项目终止并将结余募集资金永久补充流动资金的议案》,拟终止部分区域新建产能,包括2019年公开发行可转换公司债券8个募集资金投资项目(表17)、2020年非公开发行股票14个募集资金投资项目(表18),拟终止上述项目,并将该募投项目结余资金361 802.58万元,永久补充流动资金。

表17 正邦科技2019年募集资金投资的8个项目

序号	项目名称	拟使用募集资金(万元)	实际使用募集资金(万元)	投资进度(%)	结余募集资金(含补流)(万元)
1	潘集正邦存栏16 000头母猪的繁殖场"种养结合"基地建设项目	22 431.31	7 690.92	34.29	14 744.08
2	广西正邦隆安县振义生态养殖繁育基地项目	26 327.50	4 021.85	15.28	22 311.03
3	广安前锋龙滩许家7PS种养结合产业园(一期)	10 169.23	2 471.99	24.31	7 700.06
4	上思正邦思阳镇母猪养殖场"种养结合"基地建设项目	10 421.97	1 385.36	13.29	9 044.68
5	南华正邦循环农业生态园项目	22 245.20	2 079.06	9.35	20 171.42
6	武定正邦循环农业生态园建设项目(一期)	101 215.31	2 606.23	25.51	7 616.48
7	正邦高老庄(河南)现代农业有限公司年繁育70年万头仔猪基地建设项目(一期)	19 788.16	2 991.18	15.12	16 800.00

续表

序号	项目名称	拟使用募集资金（万元）	实际使用募集资金（万元）	投资进度（%）	结余募集资金（含补流）（万元）
8	达州大竹文星龙门 7PS 繁殖场项目	19 861.79	5 866.72	29.54	14 000.11
9	偿还银行贷款	18 539.53	16 561.53	89.33	48.74
合计		160 000.00	45 674.84	28.55	112 436.58

资料来源：企业公告。

表 18　正邦科技 2020 年募集资金投资的 14 个项目

序号	项目名称	拟使用募集资金额（万元）	实际使用募集资金（万元）	投资进度（%）	结余募集资金（含补流）（万元）
1	沾化正邦存栏 10 万头生猪的育肥场"种养结合"基地建设项目	17 633.97	0	0	17 647.22
2	生猪养殖项目（涟水正邦育肥二场）	15 592.44	2 729.72	17.51	12 863.94
3	生猪养殖项目（涟水正邦育肥一场）	13 861.90	2 996.51	21.62	110 874.53
4	陈庄育肥场"种养结合"基地	52 901.91	0	0	52 930.17
5	西刘育肥场"种养结合"基地建设项目	17 433.97	0	0	17 446.61
6	宁晋县正邦畜牧发展有限公司畜牧养殖循环农业综合项目	17 633.97	0	0	17 826.58
7	喀喇沁旗正邦畜牧发展有限公司畜牧养殖循环农业综合项目	25 128.45	0	0	25 140.57
8	内江正邦乐至分公司能繁母猪种养循环养殖项目	26 450.96	5 458.06	20.63	21 010.55
9	射洪双庙 8 000 头繁殖场中草药种养循环项目	16 030.88	3 341.12	20.84	12 699.21
10	恭城县龙虎乡 8 800 头母猪存栏"种养结合"基地建设项目	10 420.07	0	0	10 430.31
11	来宾正邦良塘镇存栏 12 000 头母猪繁殖场"种养结合"基地建设项目	16 036.24	7 043.84	43.92	9 000.02
12	崇左正邦大新县雷平镇怀仁村种养结合生态养殖项目	22 282.93	5 231.40	23.48	17 053.93
13	永善正邦福猪工程茂林镇繁殖示范园区项目	14 427.79	2 997.21	20.77	11 442.31
14	正邦东新生态种养殖产业园	16 030.88	3 040.93	18.97	13 000.04
15	补充流动资金	468 133.64	465 853.94	99.51	
合计		750 000.00	498 692.73	66.49	249 366.00

资料来源：企业公告。

2.5.3　正邦科技是国外种猪引种最多的企业，仅 2020 年就接近 7 000 头

非洲猪瘟发生后，国内种猪种源严重缺乏，2019 年正邦科技开始启动万头国外种猪引种计划。

2020年3月8日，正邦科技从法国引种的首批1020头GGP种猪顺利抵达云南昆明。

2020年7月9—10日，第二批次1500头GGP种猪搭乘两架包机落地昆明长水国际机场。

2020年9月1日和9月4日，正邦科技从国外引进的第三批2200头原种猪顺利抵蓉（9月1日"飞"抵成都的1040头丹麦原种猪）。

2020年11月8日、9日，正邦科技引进的2000头法国原种猪先后安全抵达云南昆明长水国际机场。至此，正邦科技2020年以来已经从国外引进到位四批共6720头原种猪，也是云南正邦引进到位的第三批种猪。

2019年四季度至2021年4月，已完成法系、丹系、美系引种9120头。后续正邦科技又有两批约3000头国外原种猪到位，至2021年上半年已完成累计引种11120头的种群重构工作，10000头国外引种计划全面完成，跻身世界种猪资源最多的育种公司行列。正邦科技该次万头引种计划是全国迄今为止最大的引种工程。

2.5.4　与大北农达成和解协议

2024年7月29日，正邦科技发布关于签署《和解协议》暨诉讼进展的公告，公司于2022年2月27日分别召开第六届董事会第十五次临时会议和第六届监事会第八次临时会议，审议通过了《关于向大北农出售部分饲料控股子公司股权的议案》，公司拟出售直接或间接持有的控股子公司德阳正邦农牧科技有限公司、丹棱正邦饲料有限公司、重庆广联农牧科技有限公司全部股权及云南广联畜禽有限公司、昆明新好农科技有限公司、云南大鲸科技有限公司、贵阳正邦畜牧有限公司、云南广德饲料有限公司以上5家公司51%的股权。于2022年3月1日收到了大北农的股权转让预付款5亿元。2022年10月1日，大北农发布了《关于解除江西正邦科技股份有限公司旗下部分控股子公司股权转让协议暨终止收购的公告》，2023年1月31日，公司收到了北京市第一中级人民法院发来的《应诉通知书》，经北京市第一中级人民法院受理后，该债权公司与大北农的诉讼案件未结被列为暂缓认定债权。2024年7月，各相关方就申报破产债权所涉《股权转让协议》项下5亿元预付款及相应利息、违约金、其他损失金额等，经确认的大北农对正邦科技的破产债权金额为5.77亿元，该金额作为各方最终协商一致的和解金额。

2.5.5　曾与河南双汇、厦门建发、湖北粮食公司签署合作协议，意加强合作

2022年1月14日，江西正邦科技股份有限公司与河南双汇投资发展股份有限公司签订了《双汇正邦战略合作框架协议》，合作主要内容：生猪点对点直供。双汇开辟绿色通道，实行全天24小时优先收购正邦直供生猪；双方约定供应量、价格、运输方式等，实现点对点直供。正邦应设定与双汇屠宰匹配的养殖场作为基地，优先供应双汇，并保障供应生猪的质量、品质，猪只体重在80～140千克/头，保证生猪质量安全符合国家和行业标准要求，符合双汇采购标准要求。首期合作期限为3年，有效期自2022年1月1日起至2024年12月31日止。

2022年5月27日，江西正邦科技股份有限公司与厦门建发股份有限公司签订了《战略合作协议》，双方共同开展农产品供应链服务、饲料加工、养殖等领域相关产业研究，围绕产业发展前景、发展规划与合作共赢，共同探讨双方在供应链业务合作、项目合作与股权合作机会，以推动双方主业发展，合作金额不超过60亿元。

2022年9月14日，江西正邦科技股份有限公司与湖北省粮食有限公司在湖北省武汉市签订了《合作框架协议》，通过本次合作，能充分发挥湖北粮食公司在饲料供应上的优势，将产业链向下游养殖行业延伸，同时正邦科技在湖北及周边可获得稳定的饲料供应来源，正邦科技拟将其下属的部分生猪养殖产业相关资产转让给湖北粮食公司，湖北粮食公司进入生猪养殖行业，湖北粮食公司上述生猪养殖产业相关资产优先租赁给正邦科技或其指定的主体经营。并向承租的正邦科技或其指定主体提供生产经营所需饲料原料，且条件比同行业更有竞争力。

2.5.6 曾进入资产重整程序，投资方进入经营管理，逐渐改善

经历了2020年、2021年的疯狂扩张阶段，在猪价断崖式下降后，正邦科技的扩张缺少了后市猪价支撑和资金支持。经营出现问题，2022年10月28日收到江西省南昌市中级人民法院送达的《民事裁定书》〔2022〕赣01破申50号，《民事裁定书》裁定受理文杰对正邦养殖的重整申请。正邦科技持有正邦养殖100%股权，正邦养殖进入重整程序，法院裁定的类型为重整。10月28日南昌市中级人民法院指定上海市锦天城律师事务所以及上海市锦天城（南昌）律师事务所联合担任江西正邦养殖有限公司管理人。12月9日，江西正邦养殖有限公司管理人向江西省南昌市中级人民法院提出对正邦养殖与公司下属子公司红安正邦养殖有限公司、大悟正邦养殖有限公司、广西正邦畜牧发展有限公司、四川正邦养殖有限公司、崇左正邦畜牧发展有限公司、乐山正邦养殖有限公司、江油正邦养殖有限公司、江西正邦畜牧发展有限公司、内江正邦养殖有限公司实质合并重整的申请，南昌中院决定召开听证会。

12月20日，根据江西正邦养殖有限公司管理人的申请，裁定对江西正邦养殖有限公司、江西正邦畜牧发展有限公司、广西正邦畜牧发展有限公司、崇左正邦畜牧发展有限公司、红安正邦养殖有限公司、大悟正邦养殖有限公司、四川正邦养殖有限公司、内江正邦养殖有限公司、乐山正邦养殖有限公司及江油正邦养殖有限公司实质合并重整。

2022年8月21日，正邦科技通过了《关于出售子公司100%股权暨关联交易及交易后形成关联担保的议案》。公司拟以转让价1元人民币向正邦集团转让江西正农通网络科技有限公司100%股权。截至2022年3月31日，未经审计，总资产为4 948 241.83万元，负债总额4 772 948.69万元，净资产为175 293.14万元；2022年1—3月实现营业收入670 162.34万元，净利润为-261 850.81万元。

根据评估机构出具的《江西正邦养殖有限公司系列公司实质合并破产重整涉及的资产清算价值项目资产评估报告》（中企华评报字〔2023〕第3871号），在评估基准日2022年10月31日，正邦养殖系列公司总资产账面价值为2 396 149.24万元，清算价值为697 950.93万元。

公司于2023年7月24日披露了《关于公开招募和遴选重整投资人的进展公告》，正邦重整投资人遴选评审委员会根据《正邦系企业重整投资人遴选评审规则及评分细则》依法评审表决，经江西省南昌市新建公证处进行现场监督公证，确认双胞胎信达联合体（牵头投资人：江西双胞胎农业有限公司）为中选投资人。包括：江西双胞胎农业有限公司、芜湖千鲤信双投资合伙企业（有限合伙）、南昌金牧纾困企业管理中心（有限合伙）、宁波泓洋投资合伙企业（有限合伙）、芜湖信叔财达股权投资合伙企业（有限合伙）、宁波鼎一惠嘉股权投资合伙企业（有限合伙）、厦门国贸产业发展股权投资基金合伙企业（有限合伙）、深圳市云图资产管理服务有限公司、南昌流重贸易有限公司、深圳市高新投集团有限公司、深圳市招平锦绣二号投资中心（有限合伙）、江西省国有资本运营控股集团有限公司、佛山市德舟景航企业管理合伙企业（有限合伙）、共青城吉富创盈另类投资合伙企业（有限合伙）、重庆康信泓企业管理咨询合伙企业（有限合伙）、深圳市前海宏丰私募证券基金管理有限公司、广东粤乾创新投资合伙企业（有限合伙）。

2024年4月13日，*ST正邦发布《关于与关联方共同投资暨关联交易的公告》，2024年1—4月，江西正邦科技股份有限公司设立全资子公司南昌双正农牧科技有限公司、江西双正农业投资有限公司及江西双正养殖有限公司，据2023年12月15日，江西省南昌市中级人民法院裁定公司重整计划执行完毕并终结公司重整程序。公司与双胞胎（集团）股份有限公司对双正农牧进行增资，双正农牧注册资本由30万元增加至1亿元，其中公司增资5 970万元，双胞胎股份增资4 000万元，双胞胎股份持股40%。公司拟与双胞胎畜牧集团有限公司对双正农业及双正养殖进行增资，其中公司对双正农业及双正养殖均增资11 700万元，双胞胎畜牧对双正农业及双正养殖均增资8 000万元，增资后双正农业及双正养殖注册资本均由300万元增加至2亿元，持股比例均为公司持股60%，双胞胎畜牧持股40%。此次与关联方共同投资，将有助于公司快速盘活闲置资产，迅速恢复业务运营，改善经营质量，缓解资金压力，进行智能化升级，提高盈利能力，符合公司发展及战略，相关交易具有必要性。

2024年公司扣除非经常性损益后的归属于上市公司股东的净利润较上年同期大幅提升，增长92.22%～93.45%。控股股东双胞胎集团将成本管控流程、资源优势全面复制导入上市公司，公司生产成绩稳步提升，综合成本逐步下降。公司生猪养殖业务毛利润同比大幅上升，实现扭亏为盈。公司重整成功，产能加速恢复，有息负债基本清偿完毕。

2.5.7　2024年正邦科技生猪销售量414.66万头，同比下降24.31%

2012年正邦科技共出栏生猪84.9万头。2013年正邦科技继续加强对生猪一体化养殖基地的投资力度，设计出栏生猪1 000万头的目标。2013年全年正邦科技将出栏生猪120万头左右，同比增幅超过40%。2015年生猪出栏量达到157.9万头，2016年的出栏量继续增长至226.5万头，同比增幅43.38%。2016年年中正邦科技宣布发展1 000万头生猪。未来的2～5年内计划投资60亿元，新增600万头生猪产能。

2018年正邦科技生猪出栏量553.99万头，同比增长61.87%，累计销售收入76.26亿元，同比增长38.33%。

2019年公司经受国内非洲猪瘟疫情的严峻考验，生物安全防控体系得到较大完善，并加大资源及资金投入力度，不断增加母猪资源，通过新建和租赁方式扩大猪场数量，并着力于引进和储备养殖人才，为公司生猪产能的持续稳健扩张打好基础。2019年正邦科技生猪出栏量578.4万头，同比增长4.40%，市场占有率仅为1.06%；生猪养殖业务实现营业收入113.82亿元，同比增幅49.25%。

2020年正邦科技生猪出栏量达到955.97万头，同比增加377.57万头，增幅65.28%；生猪销售累计收入348.34亿元，同比增长234.52亿元，增幅2.06倍。2020年生猪出栏量居全国第二位。2021年正邦科技生猪出栏量仍保持第二位，为1 492.67万头，同比增长536.7万头，增幅56.14%。生猪销售累计收入297.13亿元，同比下降51.21亿元，增幅14.70%。2022年正邦科技生猪出栏量降至第四位，为844.65万头，同比减少648.02万头，降幅43.41%；生猪销售累计收入89.54亿元，同比下降207.59亿元，降幅69.87%。

2023年正邦科技生猪出栏量降至第十位，为547.85万头，同比减少296.3万头，降幅35.14%；生猪销售累计收入47.64亿元，同比下降41.9亿元，降幅46.79%。

2024年正邦科技生猪出栏量降至第十四位，为414.66万头，同比减少133.19万头，降幅24.31%（图20）；生猪销售累计收入53.21亿元，同比增加5.57亿元，增幅11.69%。

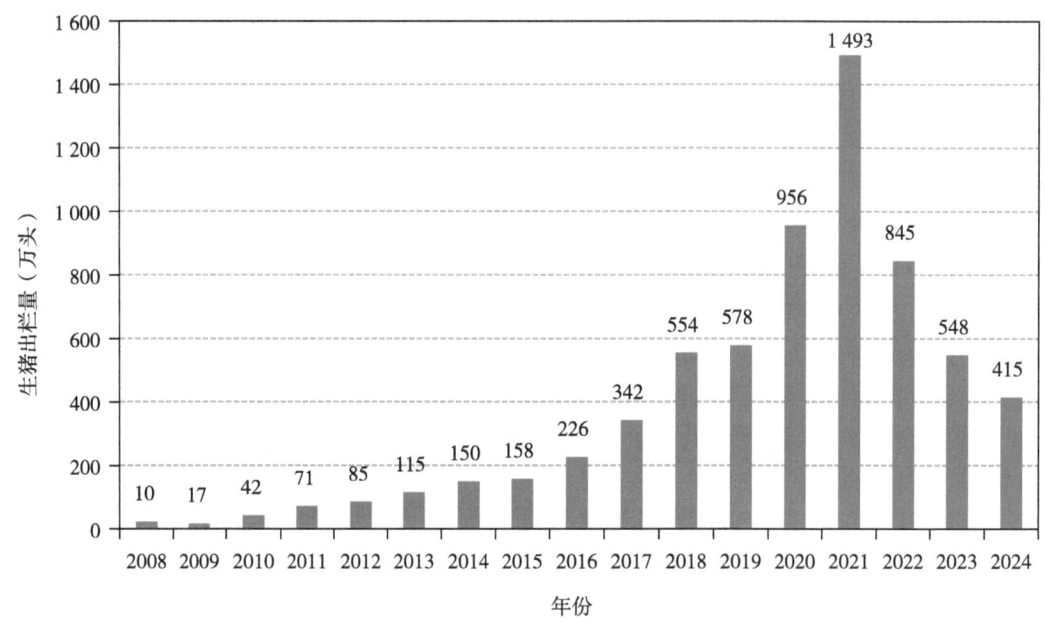

图20　2008—2024年正邦科技生猪出栏量

（数据来源：公司年报，北京华豕农业研究院数据库）

2.6　中粮家佳康食品有限公司

2.6.1　公司简介

中粮家佳康食品有限公司（曾用名：中粮肉食投资有限公司，简称"中粮家佳康"）承担中粮集团生猪养殖、屠宰加工及肉制品生产、销售等业务，成立于2009年，作为中国猪肉市场最重要的运营商之一，2016年在中国香港上市。在全国布建100余个高标准生态养殖基地，配套建设多个屠宰加工厂和肉制品加工厂。

在吉林、内蒙古、天津、河北、河南、江苏、湖北等省市建有现代化生猪养殖基地及配套饲料厂，计划进一步扩张生猪养殖产能。

2009年，中粮家佳康收购万威客食品有限公司100%股权，在华南开展肉制品业务，全产业链业务进一步拓展；中粮肉食（北京）有限公司正式成立，承接中粮集团肉类贸易业务。

2011年，中粮家佳康食品有限公司引入日本三菱系（MIY）作为战略投资者，正式开始了借助国际资本壮大企业的发展阶段；天津20万头生猪养殖项目投产。

2012年，江苏东台50万头生猪养殖项目，150万头生猪屠宰项目相继投产，江苏基地生猪全产业链建设初具规模。

2013年，吉林一期20万头生猪养殖项目投产，公司生猪出栏量超过100万头。

2014年，中粮家佳康引入KKR、霸菱、厚朴（2015年替换为淡马锡）、博裕作为战略投资者，国际化战略部署拉开序幕，实力大大增强；内蒙古赤峰一期20万头生猪养殖项目投产；江苏东台10万头生猪养殖项目投产。与KKR、霸菱亚洲、厚朴基金和博裕资本联合实现战略合作，通过合作为中粮集团在建及拟建的养殖屠宰加工项目提供资金保障，并将共同建设并管理生猪养殖场及肉食品加工厂。

2015年，河北张北一期20万头生猪养殖项目投产；内蒙古赤峰二期30万头生猪养殖项目投产；江苏响水20万头生猪养殖项目投产；公司生猪养殖产能超过200万头；公司营业收入超过50亿元。

根据弗若斯特沙利文的行业数据，按照2015年的育肥猪产量，中粮集团生猪养殖量全国养殖市场排名第四。

2016年以来，中粮家佳康因环保、盈利能力及管理方面的问题，使得生猪养殖的投资力度有所放缓。据估算，2018年中粮集团生猪出栏量约为255万头。

2018年中粮家佳康贯彻落实集团战略，开展"公司+养殖户"的合作养殖模式，自繁自养与合作养殖双轮驱动，曾计划至2022年总养殖规模超过1 000万头，其中合作养殖规模超过500万头。

中粮家佳康食品有限公司是国内全产业链肉类企业。从养殖源头开始，在全国布建90余个高标准生态养殖基地，3个屠宰加工厂，3个肉制品加工厂。2014—2019年，生猪养殖产能由159万头稳步提升至502万头，五年间实现了超过200%的产能扩张，养殖规模跻身行业前列。

2020年9月3日，中粮肉食投资有限公司正式更名为中粮家佳康食品有限公司，2020年中粮家佳康食品有限公司营业收入189.2亿元，归属净利润28.8亿元。

2021年1月8日，中国证监会正式批准大连商品交易所开展生猪期货交易，中粮家佳康成为大商所首批六家交割库之一。9月5日，大连商品交易所第一车生猪期货的交割在江苏东台圆满完成，中粮家佳康（江苏）有限公司作为仓单提供方全程参与，本次现货交割合约为9月1日成功配对的交割申请，中粮家佳康仓单持有者为广期资本，买方客户有永安资本，实际接货客户为苏州华统。10月18日，中粮家佳康（吉林）有限公司、中粮家佳康（赤峰）有限公司二期64万吨饲料项目结束试运行，正式转入生产。至此，养殖部共有6座饲料厂，总设计年产能154万吨。

2021年全年中粮家佳康实现营业收入132.28亿元，同比下降30.09%，归属母公司净亏损4.60亿元，同比止盈转亏，去年同期净利39.95亿元。

2022年上半年中粮家佳康实现营收53.45亿元，较上年同期下降28.8%；全年实现营收129.01亿元，同比下降2.47%，全年亏损3.19亿元。主要原因为原料价格上涨，终端消费低迷，生猪销售均价同比下降明显，同时进口业务严控行情波动风险，主动缩量。

2023年上半年中粮家佳康实现营收58.18亿元，较上年同期增加8.85%，净利润为1.68亿元；全年实现营收115.68亿元，同比降幅10.33%。主要原因为公司产能释放，全国生猪供应充足，需求不及预期，生猪价格持续低迷，虽整体营收，是由于产能增加所致。

2024年全年实现营收163.26亿元，同比下降5.3%（按照2024年年报中粮家佳康公布的2023年营收为172.38亿元）。主要原因为生猪出栏量同比下降，肉类进口业务主动萎缩。

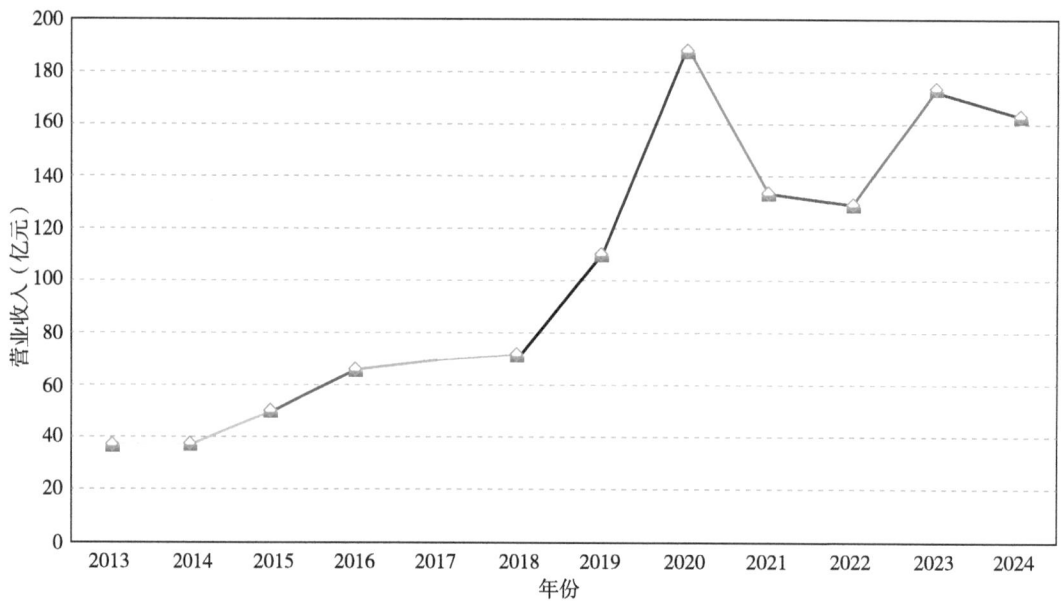

图 21　2013—2024 年中粮家佳康营业收入变化

2.6.2　中粮集团不断加码投资生猪养殖项目，生猪养殖设计出栏能力已超过 2 000 万头

近年来，以经营收益为目的的企业，基本上摒弃了完全自建的模式，而采用公司＋农户的模式。"公司＋农户"模式可以充分利用农户的养殖场地和时间，显著节约建设时间，降低土地成本、建设成本和经营成本，经营风险也低于完全一体化。

中粮集团在湖北广水的项目中也从原来完全自建一体化养殖基地，向"公司＋农户"模式转变。2015 年 11 月 26 日，中粮集团与湖北随州广水签订投资协议，中粮将投资 12 亿元在广水建立 50 万头生猪养殖基地，通过向农户提供产、供、销一条龙服务，来提高生猪养殖量。中粮将投资重点放在饲料、有机肥、观光农业、新农村建设等方向。

2018 年 3 月，中粮集团调研了内蒙古突泉县拟投资 40 亿元，在突泉县建设产量 70 万吨饲料厂 1 家、建设 10 万头生猪饲养场 20 家，发展带动农户的生猪自繁自养规模达 100 万头。中粮集团负责全方位服务，集饲料、仔猪、养殖、加工、销售为一体，农户负责生猪饲养，每年出栏两批，纯利润 200 元／头，以此带动农户增收致富，产生效益。

项目拟建立"中粮＋金融＋改造＋新建"模式，改造利用闲置养殖小区，新建标准化养殖场。针对环保问题，中粮集团将建立沼气发电站、运用废物进行发电，剩余废料可以还田做肥料。2018 年 4 月，中粮肉食投资有限公司与中国农业银行吉林省分行、吉林省松原市长岭县人民政府签订《产业扶贫合作框架协议》，计划采用"公司＋合作社"的养殖模式，在长岭县投资建设年出栏 50 万头的生猪合作养殖产业扶贫项目。

2019 年 6 月中粮肉食吉林公司三期项目一阶段正式运营，三期项目计划新建自繁自养生产线、合作养殖配套繁殖场以及核心种猪场，形成年出栏 83 万头生猪及 1.2 万头优质种猪场生产能力。一阶段投产运营后吉林公司总养殖产能超过 90 万头。中粮肉食赤峰公司三期 32.84 万头养殖项目正式引种投产。项目建设内容包括自繁自养生产线一条及合作养殖配套繁殖场两座，投产运营后赤峰公司养殖产能超过 80 万头。2019 年 12 月，中粮肉食与松原市正式建成投产10万头生猪养殖扩建项目，该项目可连续20年为该区域每年创造1 000万元，可实现长岭县232个行政村扶贫产业收益权覆盖。

2020年5月中粮家佳康（赤峰）有限公司四期生猪养殖项目进入养殖设备供货安装招标阶段，该项目预计出栏生猪55.2万头。2020年6月，赤峰公司四期55.2万头生猪养殖项目正式开工建设。2020年底，中粮家佳康（河南）有限公司30.36万头生猪养殖项目土建、钢构工程进行招标。2020年末，中粮家佳康养猪产能为546.9万头，较2019年末的502.4万头增加不足50万头。

2021年6月底，生猪产能达到602.1万头，能繁和后备种猪（含种公猪）33万头。2021年4月引进1 500余头丹系纯种猪，为产能扩张提供优质种源保障。中粮家佳康2021年底生猪产能超过650万头，2023年底生猪产能达到1 600万头（图22）。

2024年1月16日，洮南市与中粮集团中粮家佳康食品有限公司签订《洮南市人民政府与中粮肉食投资有限公司绿色生态养殖全产业链项目投资合作协议》。按约定中粮家佳康食品有限公司在洮南投资约100亿元，按照年出栏700万头生猪产能进行规划。洮南中粮家佳康年出栏700万头绿色生态生猪养殖全产业链项目一期规划建设年出栏66.24万头生猪养殖场及饲料厂，配套建设养殖服务中心等设施，于2024年建成投产。一期项目投产后，推进后续养殖场建设，项目实现年出栏150万头生猪后，启动生猪屠宰项目。年出栏生猪规模达到300万头时，启动后续年出栏400万头绿色生态生猪养殖全产业链项目。

中粮家佳康目前在河南、湖北、江苏、天津、吉林、内蒙古、湖北等省（区、市）规划生猪养殖产能超过2 000万头；同时拥有700万头生猪屠宰产能，集中在湖北、江苏、吉林、内蒙古4个省份。中粮集团建设及签约的生猪养殖项目已经在东北、华北、华东、华中、西南、华南等区域全面布局，符合中粮集团增加规模的要求。

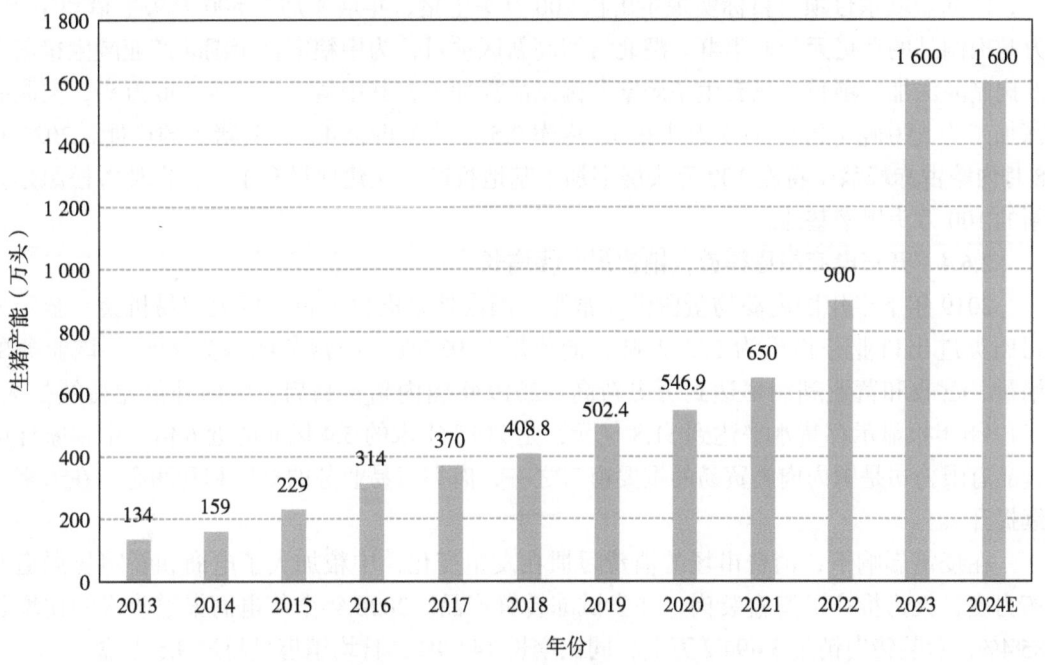

图22　2013—2024年中粮家佳康生猪产能情况

（数据来源：公司年报，北京华豕农业研究院数据库及预估，E表示估计值）

2.6.3 投资建设大型肉品加工企业，生猪屠宰产能将超过 700 万头

中粮集团拥有定位高端的"家佳康""富瑞""万威客"品牌冷鲜猪肉及肉制品，但品牌知名度不高，销售渠道窄。中粮家佳康食品有限公司在中国香港上市成功，一定程度以弥补中粮下游肉品品牌知名度和销售网络拓展方面的不足。

中粮家佳康投资建设生猪屠宰及制品深加工项目。2018 年 6 月 2 日，中粮家佳康湖北产业园 150 万头生猪屠宰及 5 万吨肉制品深加工项目签约仪式在湖北黄冈市举行。加上江苏东台、湖北武汉的屠宰项目，中粮集团的生猪屠宰能力超过 350 万头。

2018 年 12 月 23 日，中粮家佳康与遵化市政府举行了项目签约仪式，总投资 8 亿元的生猪屠宰及肉制品深加工项目正式落地遵化。

2019 年 9 月中粮家佳康湖北黄岗产业集团项目一期项目主体竣工。黄岗产业园项目建成后，屠宰和肉制品加工规模进一步扩大。

2020 年 9 月 28 日，中粮家佳康（湖北）有限公司 150 万头生猪屠宰加工项目顺利投产。该项目是 2018 年中粮家佳康与黄冈市高新区管委会签订的《中粮肉食湖北产业园生猪屠宰及肉制品深加工项目投资合同》第一期屠宰加工项目，包括 150 万头生猪屠宰加工车间、分割车间，5 000 吨冷库及与之配套的辅助工程、公用工程，总投资 5.4 亿元。黄冈项目于 2019 年 3 月开工建设，2020 年 8 月竣工并通过验收，9 月 28 日顺利投产。此前，中粮家佳康在湖北武汉及江苏东台分别拥有 50 万头和 150 万头的屠宰加工基地，2020 年 9 月湖北黄冈 100 万头屠宰加工项目建成投产。同年 6 月和 9 月，中粮家佳康分别在吉林长岭和内蒙古赤峰开工建设 100 万头屠宰项目，2021 年和 2022 年建成投产。届时，中粮家佳康将拥有 500 万头生猪屠宰产能。

截至 2024 年底，中粮家佳康共有 4 个屠宰场，其中 3 个已经建好投运，1 个还在建设，江苏盐城东台项目目标实现年出栏 200 万头生猪、年屠宰加工 500 万头生猪和年产 5 万吨肉制品的百亿元产业集群。湖北黄冈高新区项目，为中粮家佳康湖北产业园生猪屠宰及肉制品深加工项目，只有生猪屠宰和肉制品深加工，其中屠宰产能为 150 万头，肉制品深加工为 5 万吨（折合 41.7 万头猪），冷库 0.5 万吨（折合 4.2 万头猪）的产能，2022 年 8 月内蒙古赤峰翁牛特旗 100 万头屠宰加工基地投产。在建项目有 1 个，吉林省松原建设新的 100 万头屠宰基地。

2.6.4 开拓电商销售渠道，销售量大幅增长

2019 年下半年国内动物蛋白供应紧张，国内外猪肉价差带来巨大贸易机会，全年公司肉类进出口业务销量为 17.9 万吨，同比增长 93.3%，经营利润率为 2.0%，该业务的销量、营收和营业利润率达到历史新高。2019 年国内猪价高启，国内外价差持续扩大。2019 年年报显示存货水平达到 31.8 亿元，是 2018 年末的 5.4 亿元的近 6 倍。中粮家佳康食品有限公司是国内肉类贸易的重要窗口之一，肉类贸易业务的规模和利润有望在未来持续提升。

在疫情影响下，消费市场的消费习惯在发生变化，中粮加大了电商和新零售渠道开拓力度，大力推广品牌盒装肉，并尝试冻转鲜产品。2020 年全年电商渠道收入同比增长 85.4%，盒装猪肉销量 3 494.2 万盒，同比增长 143.9%，日均销售量超过 9.5 万盒。

2021年全年，中粮生鲜猪肉销量16.6万吨，同比增长52.3%；品牌生鲜收入占比超过30.0%，全年盒装猪肉销量突破5 016.7万盒。2022年全年，中粮小包装猪肉销量同比增长11.3%，达到5 583.3万盒，日均销量15.3万盒，其中亚麻籽猪肉产品销量同比增长138%。2023年上半年，中粮小包装猪肉销量同比下降23.09%，达到2 094.2万盒。全年盒装猪肉销量3 854万盒，生鲜猪肉销量24.5万吨（图23）。

2024年上半年，生鲜猪肉销量12.01万吨，其中亚麻籽猪肉销量增幅100%。估算全年盒装猪肉销量4 232万盒，生鲜猪肉销量25万吨。

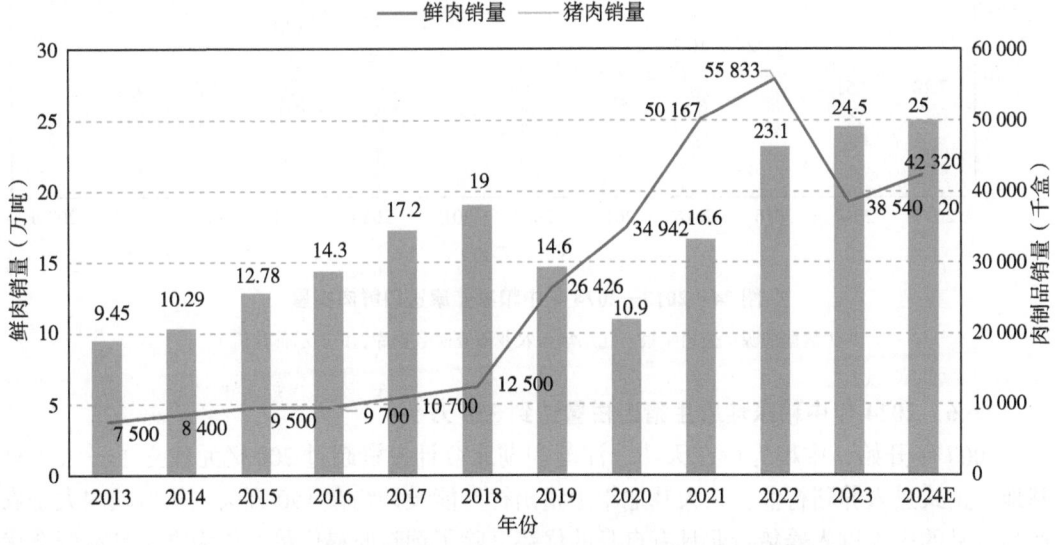

图23 2013—2024年中粮家佳康鲜肉销量和肉制品销量

2.6.5 进口肉销量业务成为营收的有益补充，根据市场情况调整进口量及销量规模

整体看，2020年以前中粮家佳康肉类进口销量呈现增加的趋势。2013年进口肉销量为7.28万吨，至2015年增加至10.72万吨，2017年、2018年进口肉销量规模略有下降，2019年在国内肉类短缺的情况下，中粮家佳康进口肉销量规模达到17.9万吨。

在国内肉类供应偏紧的趋势下，2020年全年中粮肉类进口业务销量35.6万吨，同比增长99.1%，收入92.52亿元，同比增长78.8%。2021年全年肉类进口销量12.4万吨，同比减少63.48%。2022年上半年肉类进口分销量2.9万吨，同比减少61.3%，终端客户（企业客户、餐饮客户和零售客户）收入占比66%，实现盈利9 220万元。牛肉进口受2022年下半年多地新冠病毒疫情影响，餐饮需求大幅下降，叠加港口运转逐步恢复，市场进口牛肉货源充裕，进口牛肉销售价格快速下降。

2023年肉类进口销量为6.8万吨，比上年减少0.3万吨（图24），由于进口猪肉冻品价格继续倒挂，中粮家佳康主动减少猪肉进口量，以猪副产品经营为主，全面实行锁单采购。

2024年国内牛肉价格下跌，中粮家佳康预判采购行情不佳，加快了库存周转，上半年肉类进口盈利2 821万元，肉制品盈利2 168万元。

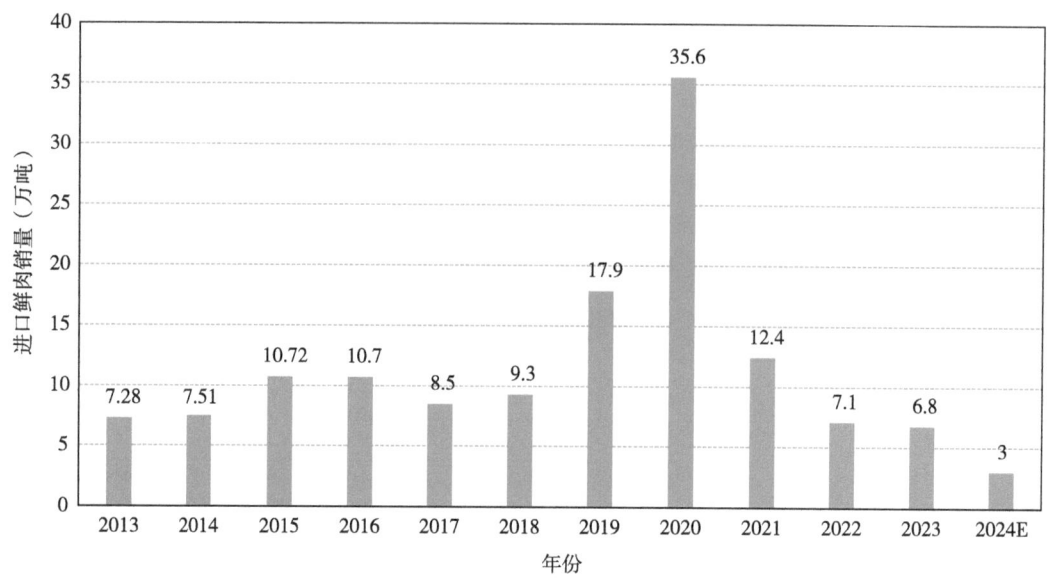

图 24　2013—2024 年中粮家佳康进口鲜肉销量

（数据来源：公司年报，北京华夯农业研究院数据库，E 表示估计值）

2.6.6　2024 年中粮家佳康生猪出栏量达到 356 万头

2007 年开始，中粮先后在天津、江苏和湖北合计投资超过 200 亿元建立了三大生猪基地，正式进入养猪行业，三大基地年生猪出栏产能设计约在 150 万头。从事国内大型农产品贸易的中粮进入养猪行业具有自身的优势，除了饲料原料优势，作为国企具有资金优势。2013 年中粮家佳康生猪出栏量达到 93.58 万头，此后至 2018 年出栏量连年稳步增长，2017 年出栏量首次突破 200 万头，达到 222.6 万头。

受非洲猪瘟疫情影响，2019 年中粮家佳康生猪出栏量为 198.5 万头，比上年下降 56.5 万头，同比下降 22.16%。2020 年中粮家佳康生猪出栏量为 204.6 万头，比 2019 年增加 6.1 万头，增幅 3.07%。在自身具备原料优势，资金优势的情况下，结合国家政策的支持，中粮家佳康生猪出栏量迅速恢复增长，2021 年全年中粮家佳康生猪出栏量为 343.7 万头，比 2020 年增加 139 万头，增幅 67.94%。2022 年全年中粮家佳康生猪出栏量为 410.3 万头，比 2021 年增加 66.6 万头，增幅 19.38%。2022 年中粮家佳康（吉林）有限公司、中粮家佳康（赤峰）有限公司年出栏生猪均超过 100 万头。

2023 年全年中粮家佳康生猪出栏量为 520 万头，比 2022 年增加 109.7 万头，增幅 26.74%。

2024 年全年中粮家佳康生猪出栏量为 356 万头（图 25），比 2023 年下降 164 万头，降幅 31.54%。

2023 年中粮家佳康商品猪销售均价为 14.82 元/千克，比上年下降 3.3 元/千克，降幅 18.21%；2023 年生鲜猪肉销量达到 24.45 万吨，比上年增加 1.41 万吨，增幅 6.12%。2024 年中粮家佳康商品猪销售均价为 16.73 元/千克，比上年上涨 1.91 元/千克，涨幅 12.89%；2024 年生鲜猪肉销量达到 26.19 万吨，比上年增加 1.74 万吨，增幅 7.12%。

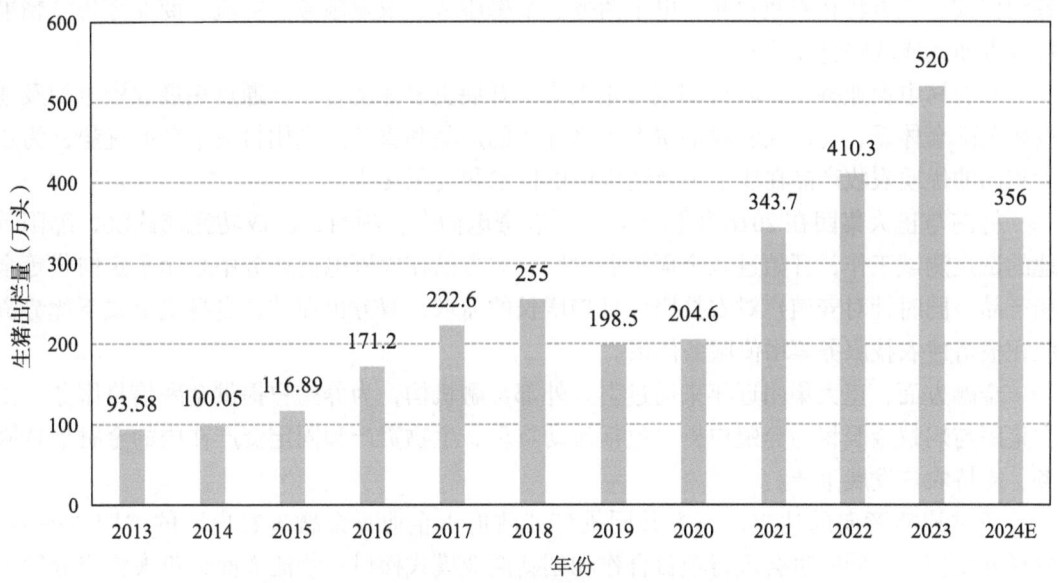

图 25　2013—2024 年中粮家佳康生猪出栏量

（数据来源：公司年报，北京华夸农业研究院数据库，E 表示估计值）

2.7　正大投资股份有限公司

正大投资股份有限公司（简称"正大集团"）是国内规模最大的饲料生产商和生猪养殖企业之一，是中国饲料工业化、畜牧养殖现代化的开创者和引领者。在湖北襄阳、河南洛阳、江苏徐州等地已经建成的集饲料生产、生猪养殖、生猪屠宰及生鲜猪肉销售等业务为一体的 100 万头生猪产业基地。截至 2022 年 6 月末，公司在全国 29 个省（区、市）拥有现代化饲料公司 87 家，其中包括预混合饲料公司 6 家。公司拥有 3 个曾祖代种猪场，分别为兰州正大食品景泰种猪场、襄阳正大食品肖刘种猪场和湛江正大猪业雷州东坑种猪场；拥 30 个祖代种猪场，主要分布在甘肃、内蒙古、四川、湖北、湖南、云南、安徽、江苏和广东等省份地区；拥有 179 个父母代种猪场，分布在全国各地；拥有 2 403 个商品猪育肥场，曾祖代核心群接近 1 万头，祖代扩繁群超过 19 万头，形成了深度覆盖全国各地的生产经营网络。公司采取"集中式管理，区域化经营，业务间协同"的经营模式。截至 2022 年 6 月末，公司在全国范围内共设立 3 条业务线、多个经营管理区域以及 167 家专业化子公司，建立了完整的"总部—大区—子公司"三级管理体系。2023 年公司在全国范围内拥有 192 个种猪场，其中包括 5 个曾祖代种猪养殖基地、31 个祖代种猪场、156 个父母代种猪场，曾祖代核心群接近 1 万头，祖代扩繁群超过 19 万头。2023 年 3 月 2 日，正大股份向上交所递交首次公开发行股票并在主板上市招股说明书（申报稿），计划公开发行不超过 5.67 亿股，募资 150 亿元，建设广东湛江生猪产业链项目、湖北咸宁生猪产业链项目等 18 个项目。但 2023 年 10 月 8 日，上交所官网显示，正大投资股份有限公司沪市主板 IPO 已终止。

2.7.1　与阿里巴巴集团、蚂蚁金服集团建立合作，拓展电商渠道

2016 年 12 月 28 日，正大集团与阿里巴巴集团、蚂蚁金服集团在武汉举行战略合作

签约仪式。三方将在农牧食品、电子商务、金融服务、农业服务、物流、商业零售及精准扶贫方面达成战略合作关系。

在农村电商业务上，农村淘宝与正大集团开展更多深度合作，通过拓展农资电商及建设相关配套体系，为广大农村消费者带来优质的产品和服务。利用村淘平台的优势，为正大集团的优质农牧产品在线上平台销售提供技术和资源支持。

村淘与正大集团在2016年初就启动了农资电商合作项目，已成功完成武汉、绵阳等地的试点测试工作，开始进入全面拓展阶段，双方已在农资电商业务中采用了定向贷等金融产品，同时针对养殖户对农技服务日趋增长的需求，双方也在结合自身线上线下优势资源积极搭建农技服务等增值服务体系。

金融方面，正大集团近年来通过引入外部金融机构，为养殖户提供金融信贷服务，正大集团与蚂蚁金服将为养殖户提供包括流动贷款、生物资产和固定资产在内的金融信贷服务，支持农户发展生产。

通过战略意向的达成，三方共同推广"政府+企业+金融+农户"的"四位一体"农村开发模式。同时也会进行项目合作和创新商业模式探讨；物流方面，正大将充分发挥自身在农牧板块全产业链的独特优势，同时阿里巴巴牵头协调菜鸟物流，充分发挥菜鸟物流平台优势，共同探讨符合各方业务需要的包括但不限于冷链物流、活畜物流等特色物流合作模式。

2.7.2 推进生猪产业持续发展，多个生猪项目签约落地，2024年稳步推进为主

2018年3月，正大集团与四川宜宾对接，达成初步合作意向，拟投资100万头生猪产业链项目，该项目总投资约40亿元，包括种猪场、屠宰加工厂和饲料厂等。2018年9月，湖南石门县与正大集团对接，正大集团石门50万头生猪产业链项目正式落户。石门县要求项目环保必须达标，要按照"生态、绿色、环保"的新发展理念，高标准规划，将观光农业、旅游农业理念融合在一起；要按照分期分批分类的原则，妥善解决好项目用地；要合理规划布局，优化项目建设顺序；要主动靠前服务，优化经济环境。2018年12月，位于甘肃省庆阳市西峰区彭原镇草滩村的正大集团庆阳18万头生猪项目——6 000头种猪场正式投产。

2019年4月，庆阳市新农业暨产业扶贫综合示范项目签约。包括：正大集团50万头生猪全产业链项目，绿色种植项目，屠宰加工项目，在庆阳市建立100家正大优鲜、正大生鲜新零售项目。2019年6月正大集团与正信银行、海尔融资租赁股份有限公司、正缘农牧业有限责任公司、正谷现代农牧业有限责任公司、正业农牧业发展有限责任公司共同签署了战略合作协议，全面深化"四位一体"合作模式，进一步强化了金融企业为农业发展提供更好的便利服务，多方共赢，更好的助力内蒙古百万头生猪项目的持续发展。

2020年3月，由泰国正大集团徐州隆宇忠农业发展有限公司投资建设的集生猪养殖、农业种植、农旅观光为一体的大型高效农业项目正在鹿楼镇推进当中，生猪的养殖场2020年8月建成使用，该项目养殖占地221亩，配套现代循环农业项目用地1 000余亩，固定资产投资7 500万元，计划流动资金投入9 000万元，养殖场设计规模年出栏生猪75 000头。2020年8月，江苏农水集团牵手正大集团签约10万头生猪养殖项目，双方将共同投资2.5亿元，建设标准化、规模化、现代化的年出栏10万头生猪养殖基地。

2021年5月27日，正大集团农牧食品企业拟投资约31.93亿元在亳州市利辛县建设

100万头生猪全产业链项目达成意向签约，100万头生猪全产业链项目，包括100万头生猪养殖、20万亩的现代化绿色循环种植、36万吨的饲料加工厂、100万头的屠宰生产线及10万吨的熟食加工和若干家正大生鲜超市连锁项目等。2021年4月14日，总投资约34亿元的正大集团100万头生猪全产业链项目正式落户开封市祥符区，包括100万头生猪养殖、100万头生猪屠宰及食品加工、正大食品连锁专卖项目、标准化生态循环种植基地项目等。2021年12月，正大集团与当阳市政府签订了《关于建设宜昌市100万头生猪全产业链项目的合作协议书》，正大（当阳）百万头生猪全产业链项目总投资50亿元，主要包括饲料、养殖、屠宰、熟食品加工、冷链物流、终端食品店和餐饮店等，总投资13.5亿元，新建3个6 000头种猪场、2个15 400头育肥场；年产36万吨生猪饲料厂投资2.16亿元，年屠宰100万头生猪及深加工2万吨食品厂投资6.5亿元。

2023年7月29日，正大集团在内蒙古武川县的百万头生猪养殖项目完成首次引种工作，该百万头生猪养殖项目中的首个种猪场总占地面积400亩，建筑面积达32 000平方米，总投资额为1.17亿元。全面投产后，年存栏种猪规模可达6 000头，每年可提供优质仔猪18万头，年总产值约3.5亿元。正大集团宁乡市百万头生猪屠宰及食品深加工项目位于宁乡市，于2023年12月29日项目环境评价审批前公示获得通过，项目总占地面积为122 198.56平方米，建设1栋生产厂房（包括待宰车间、屠宰加工综合车间、冷却车间、分割车间、冷冻冷藏车间、猪血车间、调理及熟食车间）、配套办公区以及其他配套设施，建筑面积57 093.65平方米，项目建成正式投产后，可年屠宰100万头生猪，年产生鲜肉类11万吨、猪血5 000吨、调理产品1万吨、熟食产品1.2万吨。项目总投资约53 550万元。

2024年5月28日，正大集团重庆綦江区100万头生猪全产业链项目开工建设。该项目总投资约40亿元，包含生猪养殖、生猪屠宰及肉食品精深加工3个子项目，打造饲料、育种、养殖、屠宰加工、食品、餐饮零售全产业链。

2.7.3 计划在中国实现出栏千万头生猪的目标，采用自建与"公司＋农户"两种模式

2013年正大集团积极在西北和西南地区建设生猪养殖基地。计划在甘肃嘉峪关市建设种猪繁育和生猪养殖基地，项目完成后，年可提供父母代种猪1.2万头，育肥猪6万头；在贵州省毕节市建设18个生猪养殖场，出栏生猪10万头，总投资6.5亿元；在广西来宾市武宣县建设100万头生猪养殖项目。并计划在四川省实现250万头的生猪出栏目标。

2014年1月22日，正大集团与四川省绵阳市梓潼县达成投资协议，正大集团将投资50亿元，在梓潼县新建年出栏生猪50万头的一体化项目，包含总存栏2.5万头的种猪场、年产18万吨的饲料厂、养殖设备厂及肉品深加工企业。12月，正大集团又与陕西省榆林市榆林区签订投资协议，正大集团将投资40亿元，建设100万头生猪养殖及屠宰加工、50万吨饲料生产，以及农作物种植和生态农业休闲园项目，项目一期将建设30万头生猪养殖园区、36万吨饲料加工厂及100万头生猪屠宰加工厂。2014年正大集团在中国生猪养殖总量已经达到300万头，正大在襄阳投资15亿元兴建的100万头生猪产业链已经投入运营。

在生猪养殖这块，正大实行的是公司自建与"公司＋农户"两种模式共同进行。其中"公司＋农户"模式于2014年开始尝试，最先是四川绵阳梓潼县。养殖场分为550头/

栋、1 100头/栋，由农民来建设猪场，正大提出建设标准，同时提供猪苗、饲料、兽药等服务，并且正大回收出栏的生猪。

2020年11月8日，正大集团雷州百万头生猪产业链项目签约暨种猪养殖基地项目开工仪式在雷州市北和镇举行。正大集团投资40亿元在雷州建设"种养加销配"的全产业链项目，正大集团雷州百万头生猪产业链项目将按"种养加销配"的全产业链模式，总投资约40亿元，建设100万头规模生猪养殖基地、36万吨规模饲料厂1座、年产4万吨的食品厂1座，配套DC仓（大型仓库配送中心）、物流集群以及种植基地20万亩。

2021年6月由正大集团与常德市政府签约湘西北100万头生猪产业链项目经过4年的推进，在石门县已完成2个6 000头种猪场及40万吨饲料厂的建设，2024年出栏生猪35万头，项目已完成工程投资11亿元，占总投资额的27.5%，预计2027年底项目全部完工。

2.7.4 自建种猪场+农户合同养殖模式协议内容及项目推进

正大集团新投资建设的生猪养殖基地都是首先建设原种猪场和祖代种猪场，生猪养殖环节采用"公司+政府+银行+农户（合作社）"的合同养殖模式；父母代种猪养殖也与农户开展合同养殖。

合作养殖费=基础养殖报酬+各项养殖补贴/扣款。

基础养殖报酬：生猪回收入减去仔猪猪苗成本、饲料成本、兽药疫苗成本，各项成本按照各类物料领用量及公司内部制定单价计算。

各项补贴：各项补贴包括价格补贴、建栏补贴、生物安全补贴、数据及时性补贴、燃料补贴、标杆客户奖励等。

料肉比扣款：料肉比扣款系合作农户出栏生猪料肉比高于或低于公司规定范围时，对超过范围部分的饲料按规定标准进行扣款。

存活率扣款：存活率扣款系合作农户出栏生猪存活率高于或低于公司规定范围时，对存活率低于标准范围的部分进行扣款。

市场价格奖励：商品猪出栏时若市场价格高于合同中约定的预期市场价格，则合作农户根据事项约定比例获取一部分差价作为当批次养殖分红。

2019年3月庆阳正欣元18万头生猪养殖项目温泉育肥场暨西峰区百个"331+"合作社产业发展示范项目顺利开工。该项目采用"政府+企业+合作社"的组织模式，2019年底在西峰区共建设60个550头育肥猪舍，生猪存栏规模达到3万头，年出栏肥猪规模达到6万头，年产值可达1亿元。项目建成后通过正大育肥猪"三定"养殖模式，由正大公司统一提供仔猪及饲料、统一提供技术服务、统一管理，统一提供出栏肥猪保价回收，平均每头出栏肥猪可获利100元。

2020年正大集团积极参与扶贫项目：8月，正大集团现代农牧食品生猪养殖全产业链一期30万头扶贫项目投产活动在永寿县举行。

2020年合作养殖模式下的商品猪出栏数量267.92万头，2021年合作养殖模式下的商品猪出栏数量439.17万头，2022年合作养殖模式下的商品猪出栏数量573.89万头，估算2024年合作养殖模式下的商品猪出栏数量860万头左右。

2.7.5 2024年正大投资股份生猪出栏量达到1 107万头，同比增长38.3%

正大集团在中国成立的43家养猪公司中最早的可追溯至1996年，其余则大多成立于2010年前后，且多为其全资子公司。6家非全资子公司中主要为与地方政府的合资企业，如广西正大畜禽有限公司、重庆正大农牧食品有限公司等。43家养猪公司分布在国内的22个省份，年产能为720万头。正大股份养猪产能主要分布在中东南区，其中最大产能在湖北省，2022年末在该省拥有能繁母猪8万头。2022年上半年，正大股份共计出栏生猪427万头，其中超过一半的量来自中东南区（正大集团规划的业务区域）。

在生产模式上，正大股份采用自繁自养和"公司＋农户"合作养殖相结合，以后者为主，2022年上半年，正大股份69%的商品猪出栏来自合作养殖模式。

从图26可以看出，正大投资股份生猪出栏量稳步增长。2017年正大投资股份生猪出栏量为317万头，2018年生猪出栏量为429万头，同比增长35.33%。2022年其生猪出栏量达到850万头，增幅达到38.3%。

2023年正大投资有限公司生猪销售量达到1 043万头，比上年增加193万头，增幅22.71%，首次迈进销售量千万头的行列。估算2024年全年生猪销售量达到1 107万头，比上年增加64万头。

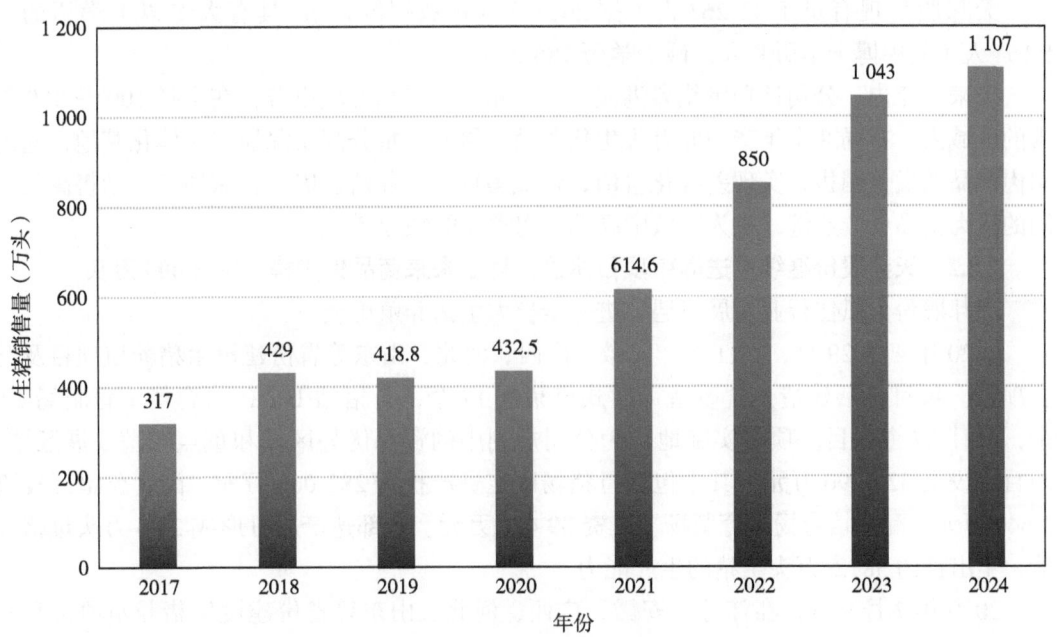

图26　2017—2024年正大投资有限公司生猪销售量

（数据来源：公司网站和北京华养农业研究院数据库）

2.8　天邦食品股份有限公司

2.8.1　公司简介

天邦食品股份有限公司（简称"天邦股份"）创始于1996年，2007年挂牌上市，目前已拥有水产饲料、生物技术（史记生物）、生猪养殖（汉世伟）、生鲜食品（拾分味道）、工程建设（天邦开物）五个业务板块。

2013 年 8 月，购买美国 GSI、HogSlat 的猪场建设服务。2013 年 12 月，并购美国 Agfeed 公司中国资产，成功收购艾格菲农牧中国境内生猪养殖类资产，标志着公司生猪养殖业务的正式开启，全面承接美国 M2P2 生产技术。截至 2019 年底，母猪存栏规模居世界第 9 位，生猪出栏在全国排名前 5 位。天邦股份生猪养殖的最大特点是引进全美式生产工艺和管理模式。在种猪育种领域，2014 年汉世伟食品集团战略投资国际知名育种公司 Choice Genetics。拥有全基因组选择、CT 测定、大数据判断等育种技术及冷冻精液等繁殖技术，种猪数字化精准饲喂、数字化繁殖育种的智能化猪场；核心场已被评选为国家级生猪核心育种场。

在生猪养殖领域，强化生产管理，严控生物安全，推进远程监控和智能化信息系统，安全、高效运营，母猪 PSY、肥猪料肉比等指标取得进展。大力推广公司＋家庭农场模式，实现农户致富和公司发展的双赢局面。建设美式猪场，1 人可以管理 200 头母猪或 8 000 头肥猪。实现在江苏、安徽、广西、江西、湖南、湖北、河北、山西、山东、福建和黑龙江等全国十多个省份的战略布局。阜阳一体化，是天邦首个一体化基地，年可屠宰 500 万头生猪及深加工项目，包括屠宰加工、冷却、分割、鲜品加工、精加工、肝素钠提取。项目于 2020 年在安徽阜阳隆重开工，项目于 2021 年下半年投产，总投资 13.5 亿元。

天邦股份现有员工 11 263 人（据 2022 年 4 月数据统计），具有大专以上学历的有 5 164 人（其中博士学历 9 人，硕士学历 186 人）。

未来 5 年内，公司计划围绕粤港澳、长三角、京津冀等城市群，在半径 100～300 千米的区域内，布局 8 个年产 500 万头生猪养殖、屠宰、精分割及深加工一体化基地，通过猪肉产品的溢价销售，实现差异化价值，形成集饲料、养殖、屠宰、深加工、销售高效协同的猪肉食品全产业链，成为区域中高端猪肉食品的领导者。

2.8.2 天邦股份继续推进养殖项目建设，计划未来商品猪规模产能 3 000 万头

天邦股份为抓住行业发展机遇、进一步扩大生猪养殖规模。

2020 年 4 月 29 日，在江苏、安徽、广西、河北、山东等省份建设生猪养殖项目及配套项目。项目包括建造（含改造）西式母猪场 17 个，公猪站 1 个，培育场（育肥场）9 个，合计 27 个项目。项目实施地均为公司规划中的资源优势区域和重点养殖发展区域，项目总投资 324 090 万元，其中包含母猪场固定资产投资 282 000 万元，配套公猪站投资 2 640 万元、配套培育场（育肥场）投资 39 450 万元。全部达产后可形成 23.5 万头母猪产能，年出栏约 587.5 万头生猪的生产能力。

2020 年 7 月 9 日，在江苏、安徽、广西、河北、山东等省份建设生猪养殖项目及配套项目。项目包括建造（含改造）西式母猪场 12 个，公猪站 2 个，育肥场（培育场）12 个，合计 26 个项目。项目实施地均为公司规划中的资源优势区域和重点养殖发展区域，项目总投资 238 542 万元，其中包含母猪场固定资产投资 159 480 万元，配套公猪站投资 2 640 万元、配套育肥场（培育场）投资 76 422 万元。全部达产后预计可形成 12.42 万头母猪产能，年出栏约 310.5 万头生猪的生产能力。

2020 年 10 月 16 日，在安徽、广西建设生猪养殖项目及配套项目。项目包括建造（含改造）西式母猪场 4 个。项目总投资 79 040 万元。全部达产后可形成 5.48 万头母猪产能，年出栏约 137 万头生猪的生产能力。

2021 年 4 月 2 日，淮南大通现代化生猪养殖项目开工建设，项目建设地址位于安徽省淮南市大通区，项目建设占地400亩的标准化规模化母猪场，同时建设配套生产区设施包括：母猪舍，项目配套环保、给排水、道路绿化、围墙等基础设施。年存栏能繁母猪1.6万头，年出栏商品仔猪40万头。

截至2022年6月，募集资金承诺投资及在建的养殖项目包括：黄花塘循环农业产业园建设项目（已完工）、黄徐庄现代化生猪养殖产业化项目（已完工）、中套现代化生猪养殖产业化项目（已完工）、安徽省芜湖市无为县现代化生猪养殖产业化项目（已变更）、广西壮族自治区岑溪市现代化生猪养殖产业化项目（已完工）、安徽省芜湖市繁昌县现代化生猪养殖产业化项目（已完工）、广西壮族自治区全州县现代化生猪养殖产业化项目（已变更）、山西寿阳县古城存栏6 200头父母代猪项目（已完工）、江苏省扬州市黄塍循环农业园项目（已完工）、贵港市覃塘区汉世伟现代化生猪生态养殖农业产业化项目（已完工）、宁津县大柳镇前魏村现代化生猪养殖产业化项目、东营市垦利区永安镇现代化生猪养殖产业化项目（已变更）、蚌埠市怀远县杨集现代化生猪养殖产业化项目（已变更）、旧县乡王古店现代化生猪养殖产业化项目（已变更）、淮北市濉溪县燕头现代化生猪养殖产业化项目（已完工）、淮北市濉溪县和谐现代化生猪产业化项目（已完工）、蚌埠市怀远县池庙现代化生猪养殖产业化项目（已完工）、蚌埠市怀远县钟杨湖现代化生猪养殖产业化项目（已完工）、东早科年存栏11 000头父母代猪场项目（未完工）、豆宝殿年存栏5 600头父母代猪场项目（未完工）、牛卧庄年存栏11 000头父母代猪场项目（已完工）、南贾村年存栏5 000头父母代猪场项目（未完工）、郓城县潘渡镇杨庙村现代化生猪养殖产业化项目（未完工）、郓城县程屯镇肖南村现代化生猪养殖产业化项目（已完工）、安徽阜阳500万头生猪屠宰及肉制品加工基地建设项目（未全部完工）、年产100万吨猪饲料与20万吨水产饲料建设项目（已变更）。

截至2022年9月末，天邦股份全部育肥存栏产能达400万～500万头。而自收购兴农发牧业后，其已成为浙江生猪出栏头数最多的上市猪企。天邦股份所有的养猪业务由汉世伟集团负责运营。后者作为天邦股份的生猪养殖事业部，围绕长三角、珠三角、环渤海经济发达区布局生猪产能，目标最终达到年出栏商品猪规模3 000万头。

2024年1月5日，天邦股份公告"向特定对象发行股票上市公告书"，向特定对象发行股票已经完成，扣除发行费用后，募集资金净额约为11.87亿元，将于天邦股份数智化猪场升级项目和补充流动资金，其中天邦股份数智化猪场升级项目拟投资8.72亿元，用于已经建成投产的26个自有母猪场进行生物安全、舒适度和智能化升级改造，包括阜阳市阜南县公桥现代化生猪养殖产业化项目等。

2.8.3 加快推进向养殖业纵深发展的步伐

宁波天邦股份有限公司以饲料生产为主营业务，2007年在深交所上市。从2012年起，天邦股份开始拓展产业链，进入生猪养殖业，在2013—2015年的3年间投资约11.4亿元，新建3个种猪场及4个育肥猪场，新增原种及祖代种猪存栏能力8 400头，新增育肥猪存栏能力6.3万头。天邦股份正加快推进向养殖业纵深发展的步伐。

2013年天邦实现了对艾格菲实业的收购。艾格菲公司已在中国拥有5个饲料生产基地，年产能近30万吨；在江西、上海、福建、广西、海南等地拥有18家规模猪场，母猪存栏能力3万头，生猪出栏能力达到30万头。

2016年11月2日，公司与龙江森工集团签订了合作框架协议，计划在龙江森工集团所属林区建设年产千万头生猪养殖项目。项目期限 2016—2047 年。2016 年 12 月公司在阜南县实施现代化生猪养殖暨精准扶贫项目。项目总投资额约 20 亿元，建设规模年出栏 150 万头商品猪。包括 10 个存栏规模 6 200 头的标准化母猪场，每个母猪场配套建设 30 个致富农场，共配套建设 300 个致富农场，建设公猪站 1 座，存栏规模 600 头，占地 50 亩。投资建设一座年产量 10 万吨有机肥厂，占地 100 亩。

2018 年 3 月 6 日公告，拟投资 8.7 亿元新增 4 个生猪募投项目，可增加母猪场存栏规模 64 000 头生产母猪及 3 000 头核心育种场母猪，达产后预计年可出栏 160 万头生猪，具体如表 19 所示。

表 19　天邦股份 2018 年募集资金投资项目情况

项目名称	实施主体	实施地点	投资总额（万元）
江苏省扬州市黄塍循环农业园项目	扬州汉世伟食品有限公司	扬州市宝应经济开发区（黄塍镇）徐甸村	19 200
贵港市覃塘区汉世伟现代生猪生态养殖产业化项目	贵港市汉世伟食品科技有限公司	广西壮族自治区贵港市覃塘区樟木镇中周村中刘屯覃山坳	12 359
宁津县大柳镇前魏村现代化生猪养殖产业化项目	宁津汉世伟食品有限公司	山东省德州市宁津县大柳镇前魏村	14 400
东营市垦利区永安镇现代化生猪养殖产业化项目	东营汉世伟食品有限公司	山东省东营市垦利区永安镇十六村、十九村、新十五村	41 400

数据来源：北京华宕农业研究院数据库。

2018 年 4 月，安徽阜阳市政府与天邦食品股份有限公司举行 500 万头生猪养殖及深加工项目战略合作框架协议签约仪式。计划利用 5 年时间投资 75 亿元，通过在阜南、颖东等地发展 500 万头美味猪养殖，并延伸到"拾分味道"深加工项目，在阜阳打造企业的区域总部。

2019 年天邦股份生猪销售收入占总销售收入的比例从上年的 62% 进一步提升到 74%。公司在风险可控情况下，稳步推进产能建设，新建成现代化商品母猪场 8 个，新建成现代化培育场 2 个。截至 2019 年底，与公司签约的合作家庭农场为 561 户，同比下降 55%。家庭农场的平均存栏规模超过 1 000 头。从农户区域分布的角度看，根据农业农村部非洲猪瘟防控的五大区划分，北部区农户数约占 17%；东部区农户数约占 54%；中南区农户数约占 29%。

同时公司重点发展"租养"模式，与地方政府扶贫基金、社会资金等合作，根据非洲猪瘟防控新要求建设高标准育肥场，由公司租赁使用，自己育肥，以降低生物安全风险、提高生产效率。截至 2019 年底，租赁育肥合作户数为 32 户，单户平均存栏规模超过 1 万头，其他仍有部分租赁育肥场处于建设期。2019 年末公司生产性生物资产生猪存栏 32.7 万头，账面净值为 9.52 亿元；公司消耗性生物资产生猪存栏数量为 55 万头，账面余额为 7.58 亿元，其中外购数量为 10.4 万头，占比 19%，账面余额为 2.94 亿元，占比 39%。

2020 年 3 月 6 日，天邦食品股份有限公司与滁州市人民政府签订《年出栏 500 万头现代化生猪养殖暨食品产业园项目建设战略合作协议》，内容包括：

（1）育肥场：建设育肥场，年出栏达到500万头，投资额约30亿元；

（2）母猪场：建设标准化母猪场，存栏规模达20万头，投资额约25亿元；

（3）饲料厂：建设配套饲料厂项目，投资额约2亿元；

（4）有机肥厂、洗消中心：建设配套有机肥厂、洗消中心项目，投资额约1亿元；

（5）食品产业园：建设天邦食品产业园，投资额约12亿元，分两期建设，逐步形成以屠宰、分割及深加工、生鲜配送、中央厨房餐食配送、冷链物流和"菜篮子"供应为主的现代化食品产业园区。其中肉品主要为：分割肉品、调理肉制品、干肉制品、休闲肉制品、快捷肉食中央厨房产品、家庭小包装肉制品、灌肠类产品、酱卤制品、西式培根等产品。

本项目固定资产总投资额约70亿元。

2021年底，阜阳一体化项目投产。500万头生猪屠宰及深加工一体化基地项目，总投资13.5亿元，占地360亩，一期屠宰项目于2020年9月正式开工，2021年11月降温并试生产，2021年12月底竣工验收，二期肉制品加工项目计划在2022年启动建设。

2022年11月，天邦股份通过了《关于收购兴农发牧业61%股权的议案》，同意公司以公开摘牌方式收购浙江省农村发展集团有限公司持有的浙江兴农发牧业股份有限公司36%股权，交易总额18 360万元。兴农发牧业是一家生猪供应商，兴农发牧业主要任务为保障浙江省乃至全国生猪供应，是承担省政府"菜篮子"任务的大型生猪养殖平台。公司拥有浙江、黑龙江、吉林、云南、重庆、福建、江西、安徽、四川、重庆、河南等大量的养殖业资源，兴农发牧业计划3年内达到200万头生猪养殖规模，5年实现500万头的规模目标。

2023年9月13日，天邦食品向特定对象发行股票拟募集资金不超过272 000万元，对公司生猪养殖场进行环境舒适度、生物安全、数字化和智能化升级，拟对公司部分母猪场进行智能化、舒适度和生物安全改造升级，涉及安徽、江苏、山东、浙江、广西5个省份共计26个自有母猪场，养殖总规模37.79万头，占发行人母猪场总产能64.20万头的58.86%，占发行人母猪场总数量102个的25.49%。

2.8.4 加大研发投入，寻求屠宰与肉制品加工业有所突破

2019年，天邦继续培育生猪屠宰加工业务作为公司产业链延伸及新的利润增长点。不过规模偏小，商业模式仍处于探索过程，营运效率和差异化营销能力仍有待提升。2019年猪肉制品加工业务实现对外销售收入2.2亿元，同比略降3%。食品加工业务亏损2 944.28万元。同比减亏1 445.61万元。2021年天邦股份1—12月累计生猪屠宰头数133.13万头。

2021年根据天邦食品股份规划，天邦研究院按照产业发展分别设置了2035创新中心、猪产业研究院、水产研究院、食品产业研究院。2021年3月20日，天邦食品产业研究院揭牌，将围绕生鲜猪肉、猪肉制品业务开展产屠宰与肉制品加工工艺研究和调理品、酱卤、休闲产品的开发，建立产品检测、小试和中试体系，在南京、上海等大城市设立体验中心与中央厨房支撑食品业务拓展。

2022年6月6日，拾分味道（临泉）食品有限公司正式开业，其拥有亚洲单体最大、工艺和设备最先进、智能化程度最高的屠宰加工厂。主要产品为生鲜类产品和方便速食类产品。公司通过生鲜肉品标准化精分割、3R产品（即烹、即热、即食）的生产服务的建设，为消费者带来高品质的生鲜猪肉及猪肉加工产品。

销售渠道由传统肉铺拓展到线上生鲜平台、线下精品超市、特色餐饮、社区团购渠道，食品加工产品的销售额逐步提升。

2.8.5 多位高级管理人员相继离职，公司进入预重整阶段

2021年7月31日，天邦股份董事长邓成申请辞去公司董事长、董事、战略发展委员会委员职务，副总裁兼财务总监王述华、副总裁王维勇因个人原因请求辞去公司职务。

2022年1月27日，天邦股份副总裁朱爱民提交书面辞职报告，因个人身体原因请求辞去公司副总裁职务。

2022年2月6日，天邦股份副总裁严小明提交书面辞职报告，因个人原因请求辞去公司副总裁职务。

2022年8月26日，天邦股份副总裁朱永胜提交书面辞职报告，因个人原因请求辞去公司副总裁职务。

一年内多位高管的离职表明，天邦股份业绩增长压力的增大。2022年前三季度，公司营业收入下滑18.91%，为68.34亿元，通过转让子公司史记生物技术（南京）有限公司51%股权，产生投资收益14.20亿元，不过扣除非经常性损益后的公司净利润仍然为负数。2020年天邦股份营收为107.64亿元，同比增幅79.20%，净利润为33.12亿元。同比增长1 069.2倍；而2021年天邦股份营收为105.07亿元，同比减少2.39%，净利润亏损44.62亿元，同比大幅下降。

对于公司而言，要想保持向上的业绩，除了受大行业背景情况的影响，系统性的发展规划、团结向心的团队、正确的方法等也是不可或缺的，依靠单一个人的力量很难取得突破。

不过，2023年9月21日召开第八届董事会第十八次会议，会议审议通过《关于聘任公司副总裁的议案》。根据《公司章程》有关规定，由公司总裁提名，经提名委员会审议通过，董事会同意聘请严小明为公司副总裁，任期至公司第八届董事会届满为止。

截至2024年3月26日，ST天邦公司及控股子公司连续12个月内累计发生的诉讼、仲裁事项的涉案金额合计为人民币140 384.10万元，占公司最近一期经审计净资产绝对值的35.86%。2024年6月18日，安徽国元基金管理有限公司请求法院判令被告天邦食品股份有限公司、汉世伟食品集团有限公司向原告支付股权回购款约12.14亿元（股权回购款金额暂计算至2024年4月29日，此后以10亿元为基数按年8%利率计算至实际支付款清之日），并承担原告实现权利律师费9万元。2024年7月12日ST天邦收到杭州仲裁委员会裁决书，公司及控股子公司为被申请人，需向浙江省建设投资集团股份有限公司支付涉案金额：工程款项约11.51亿元及资金占用费、违约金、仲裁费、律师费等。2024年9月4日，公司收到《执行通知书》及《执行裁定书》的公告，需执行涉案金额：案款人民币约11.93亿元、债务利息或延迟履行金、执行申请费153.05万元，涉案执行人浙江省建设投资集团股份有限公司。截至2024年12月25日，除已披露过的诉讼、仲裁案件外，公司及控股子公司收到的新增诉讼、仲裁事项涉及的金额共计约为人民币2.26亿元，占公司最近一期（2023年12月31日）经审计的净资产绝对值的10.17%。

2024年3月18日及2024年4月8日召开第八届董事会第二十九次（临时）会议审

议通过了《关于拟向法院申请重整及预重整的议案》；2024年8月9日，公司收到浙江省宁波市中级人民法院（2024）浙02民诉前调59号《决定书》，《决定书》主要内容如下：2024年8月6日，债务人天邦食品以不能清偿到期债务且明显缺乏清偿能力，但具备重整价值为由，向本院递交预重整申请，并提交了天邦食品具备挽救价值及挽救可行性的证明材料等相关文件。本院审查后认为，天邦食品无法清偿到期债务且明显缺乏清偿能力，已经具备重整原因且具有挽救价值，有能力且已经与主要债权人开展自主谈判，形成初步方案。2024年10月22日公司披露了《关于公开招募重整投资人的进展公告》，共收到5家产业投资人，两家财务投资人提交的正式报名材料。

2.8.6　剥离动物疫苗和水产饲料业务，出售猪料子公司，拟专注生猪产业

2021年3月15日，董事会审议通过《关于转让子公司股权的议案》，拟将成都天邦生物制品有限公司100%股权和南京史纪生物科技有限公司100%股权出售给贤丰控股股份有限公司和深圳市宏屹投资发展有限公司。交易完成后，天邦疫苗生产业务将全部剥离。

2021年5月19日天邦股份公告，公司以公开摘牌方式收购浙江省农村发展集团有限公司持有的浙江兴农发牧业股份有限公司36%股权。公司还将收购宁波市雷兹投资合伙企业（有限合伙）持有的兴农发牧业25%股权。兴农发主要经营生猪养殖、生猪屠宰业务。

2021年7月3日董事会审议通过《关于筹划资产出售暨签署战略框架协议的议案》，在水产饲料方面，公司拟向通威股份转让旗下水产饲料全部资产及业务；在猪饲料方面，双方将形成战略合作伙伴关系，公司向通威股份转让旗下猪饲料全部资产及业务51%股权（其中生产核心料的安徽天邦饲料科技有限公司和生产发酵料的安徽天邦生物技术有限公司转让49%股权）。2021年8月29日董事会审议通过《关于出售水产饲料业务的议案》。公司拟向通威股份转让宁波天邦饲料科技有限公司100%股权、青岛七好生物科技有限公司100%股权、宁波天邦生物技术有限公司100%股权、越南天邦饲料有限公司65%股权，交易总额为10.8亿元。交易完成后，天邦股份水产饲料业务将全部剥离。

2021年9月20日董事会审议通过了《关于向通威股份出售猪料子公司部分股权并开展战略合作的议案》。公司拟向通威股份转让安徽天邦饲料科技有限公司49%股权、安徽天邦生物技术有限公司49%股权、盐城天邦饲料科技有限公司51%股权、南宁艾格菲饲料有限公司51%股权、蚌埠天邦饲料科技有限公司51%股权、湖北天邦饲料科技有限公司51%股权、东营天邦饲料科技有限公司51%股权，交易总额为19 100万元。

公司正沿着养殖＋屠宰＋食品一体化发展方向蜕变。

天邦食品在2022年提出，展望未来，天邦食品要做卓越成本的践行者，未来挑战育肥全成本低于10元/千克，断奶仔猪成本则低于200元/头。通过智能化设备、物联网手段对猪场进行管理，实现全程监管和精细化管理，可以减少猪场规模扩大对人才数量的依赖，有利于猪场取得更加优异的经营效益，数智化是实现卓越成本的一大重要手段。2022年11月，天邦食品计划募集资金总额（含发行费用）不超过27.62亿元，其中有20亿元打算投入到数智化猪场升级项目上。

2022年6月21日披露的《关于出售子公司51%股权暨关联交易的公告》同意出售主要从事种猪业务的史记生物技术（南京）有限公司51%股权。交易对手方为史记生物管理层和员工为主导的三亚史记生物科技有限公司，交易总额为10.2亿元。其后三亚史记出于后续融资及业务发展的考虑，将其持有的史记生物51%的股权转让给了其全资子公司合肥史记生物科技有限公司，截至2023年3月31日，公司已经收到合肥史记的第三笔转让款5亿元，股权转让款已全部支付完毕。

2.8.7 断臂求生，不断出售旗下史记生物股份

2024年2月24日第八届董事会第二十六次会议审议通过了《关于签订＜股权转让协议＞暨出售参股公司部分股权的议案》，同意与通威农业发展有限公司签署《股权转让协议》。依据评估结果，按照史记生物100%股权55亿元的估值，以16.5亿元的价格向通威农业转让持有的史记生物技术有限公司30%股权。2024年3月7日，已收到全部股权转让款项共计16.5亿元。

2024年3月1日第八届董事会第二十七次（临时）会议审议通过了《关于签订＜股权转让协议＞暨出售参股公司部分股权的议案》，同意与金宇保灵生物药品有限公司、扬州优邦生物药品有限公司两家公司分别签署《股权转让协议》。依据评估结果，按照史记生物100%股权55亿元的估值，以7 425万元的价格向金宇保灵转让持有的史记生物1.35%股权；以6 325万元的价格向扬州优邦转让持有的史记生物1.15%股权。变更完成后，天邦食品持有史记生物股权比例由19%降低至16.5%。

2024年3月9日召开的第八届董事会第二十八次（临时）会议、第八届监事会第二十六次（临时）会议审议通过了《关于签订＜股权转让协议＞暨出售参股公司部分股权的议案》，同意与成都新亨药业有限公司、合肥派宠特生物科技有限公司分别签署了《股权转让协议》，约定按照史记生物100%股权55亿元的估值，以1 540万元的价格向成都新亨转让持有的史记生物0.28%股权；以715万元的价格向合肥派宠特转让持有的史记生物0.13%股权。变更完成后，天邦食品持有史记生物股权比例由16.5%降低至16.09%。

2.8.8 2024年天邦股份生猪出栏量约599万头，同比降幅15.85%

天邦股份以饲料起家，在2010年后逐渐开始涉入养猪业。2014年天邦股份生猪出栏量为46万头，2015年出栏量41万头。从图31看，天邦股份生猪养殖事业也是呈现直线上升的趋势，七八年间生猪出栏量已经增量已经达到八九倍，速度确实很快。

2016年天邦股份高调大举实施养猪战略布局，在安徽皖南成立汉世伟猪业公司，致力种猪育种推广销售相关的工作，拟在规划区域内发展150个年出栏5 000头商品猪的家庭农场。2018年天邦股份先后计划在江苏、广西、山东、安徽等地规划投资生猪出栏超过200万头。2018年全年天邦股份的生猪出栏规模在216.97万头，同比增长113.94%。

2019年天邦股份原计划生猪出栏300万头，但由于非洲猪瘟疫情影响，实际实现生猪出栏243.94万头，同比增长12.43%；生猪对外销售收入44.44亿元，同比增长58.6%，销售收入增幅大于出栏量增幅，主要是由于2019年全年猪价整体较2018年全年大幅上涨，同比增长53.31%。2020年天邦股份1—12月生猪出栏量为307.78万头，比2019年增加63.84万头，增幅26.17%。2021年天邦股份全年生猪出栏量为428万头（其中仔猪

销售 59.89 万头），比 2020 年增加 120.22 万头，增幅 39.06%；销售收入 85.74 亿元，同比下降 5.02%。2022 年天邦股份全年生猪出栏量为 442.15 万头（其中仔猪销售 64.16 万头），比上年增幅 3.31%；销售收入 87.31 亿元，同比增幅 1.84%。

2023 年天邦股份生猪出栏量大幅增长，前期布局的产能释放，比 2022 年增加出栏 269.84 万头，为近几年来增长最大的年份，全年出栏量 711.99 万头，同比增幅 61.03%。

2024 年天邦股份生猪出栏量大幅下降，养殖产能释放过快，经营资金遭遇巨大压力，比 2023 年减少出栏 112.83 万头，为近十多年来首次出现下降，全年出栏量 599.16 万头（图 27），同比降幅 15.85%。

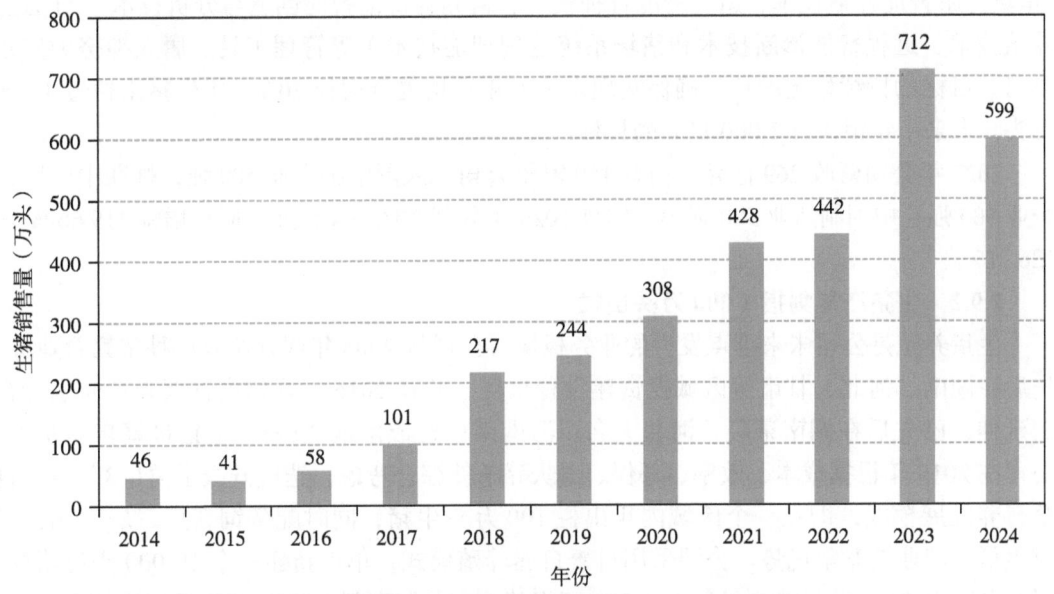

图 27　2014—2024 年天邦股份有限公司生猪销售量

（数据来源：公司网站和北京华畜农业研究院数据库）

2.9　湖南唐人神集团有限公司

2.9.1　公司简介

唐人神集团有限公司（以下简称"唐人神"）成立于 1988 年，是首批农业产业化国家重点龙头企业。在全国拥有 154 家子公司，2021 年收入超过 200 亿元。2011 年 3 月，在深交所上市，被称成为中国生猪全产业链经营第一股。培育出"骆驼""唐人神"和"美神"等多个品牌，打造"生猪育种、饲料营养、健康养殖、生猪屠宰、肉品加工、品牌连锁、小凤唐餐饮"的生猪全产业链核心竞争力。

公司主营业务包括饲料生产与销售、种猪育种与生猪养殖、肉制品加工与销售三大板块，是国内较早布局生猪产业链一体化经营的农牧企业。公司的产品主要包括饲料（猪料、禽料和水产料）、种猪与商品猪、生鲜肉及各类肉制品、动物保健品等。通过内涵增长和外延并购双管齐下的发展模式，公司饲料销量从 2008 年的 92 万吨增长至 2019 年的 468 万吨，年均增速 15.93%，市场份额从 2008 年的 0.81% 提升至 2019 年的

2.04%。截至 2019 年，在已有商业饲料业务的 10 多家农业上市公司中，唐人神销量规模排在第四位，仅次于新希望、海大集团和通威股份。拥有 160 家子公司、年收入超过 200 亿元。

美神在姚家坝、淦田、群丰、茶陵、岳阳、醴陵、浏阳、益阳、永州、湘西、荆州、衡水、邯郸、甘肃、辽宁、河南等地建设了 20 多个种猪和商品猪养殖基地。并与云南禄丰、四川雅安、湖南攸县、醴陵、渌口等签约多个 100 万头生猪绿色养殖项目。养殖事业部形成了独特的"1+3"全产业链模式，"1+3"生猪自繁自养发展模式和"1+3"轻资产租赁发展模式，并沉淀了"四化管理、日清日结、阿米巴经营"和六大智能养殖技术（猪场健康智能评估技术、遗传智能育种技术、营养与价值智能创造与分析技术、AI 智能养殖技术、远程智能诊断技术和猪场系统管理智能技术）等管理工具。唐人神努力实现"3+1"目标的持续稳定增长，确保实现未来五年平均复合增长 20%、年生猪出栏过 1 000 万头，未来十年销售过 1 000 亿元的目标。

2023 年公司营收 269 亿元，拥有 160 家子公司，入围中国企业 500 强，蝉联中国民营企业 500 强、中国制造业 500 强等。估算 2024 年盈利 3 亿～4 亿元，同比增幅 119.66% ～ 126.21%。

2.9.2　生猪产能剑指 1 000 万头出栏

生猪养殖是公司未来重点发力的业务板块。公司从 2008 年起开始开展种猪繁育业务，先后在湖南、河北、甘肃等区域投资建设种猪场，并在 2016 年开始由种猪繁育向生猪育肥延伸，已先后在湖南茶陵、河北大名、河南南乐建成落地"1+3"生猪自繁自养基地。公司在 2019 年根据成本、效率、环保、团队等条件综合考虑，迭代升级了"1+3"生猪自繁自养发展模式，即在一个区域内年出栏 100 万头生猪，同时配备饲料厂、屠宰场，形成生猪全产业链竞争优势。公司采用自繁自养养殖模式，单点新建一个 10 000 头母猪场，同时在周边 30 千米范围内配套 3～5 个育肥基地，分散育肥。2019 年公司加快甘肃天水、云南禄丰、湘西花垣县，以及湖南茶陵等猪场的建设进度，部分猪场已经投产。公司 30 年的猪饲料营养技术经验、"美神"的种猪繁育经验，以及龙华农牧的自繁自养经验，是公司未来大力拓展生猪养殖版图的重要技术支撑。

2017 年，唐人神以 4.9 亿元并购了龙华 90% 的股权。湖南龙华农牧发展有限公司是一家集原种猪扩繁、优良商品猪养殖、饲料加工销售于一体的省级农业产业化龙头企业，拥有四个现代化养殖基地和一个大型饲料厂，年出栏生猪达到 50 万头，是我国港、澳地区生猪供应基地。

2020 年 3 月 19 日，位于甘肃武山县洛门镇西梁邓家湾村的唐人神集团武山年产 100 万头生猪全产业链绿色养殖项目正式开工建设。一期工程包括 4 个良种种苗繁殖场，母猪总存栏量为 2.65 万头，另外有三个育肥场，生猪年存栏量 9.12 万头。此次开工的洛门镇邓湾项目属于一期项目，设计总规模 10 000 头的 PS+600 头 GP，总投资 1 亿元，总占地 710 亩，11 月建成投产。项目建成后年出栏猪苗 25 万～30 万头。2020 年 4 月 30 日董事会审议通过了《关于签署 < 年出栏 100 万头生猪绿色养殖项目投资协议书 > 的议案》。①项目名称：雅安市名山区年出栏 100 万头生猪绿色养殖项目。②投资规模：养殖项目计划总投资 19.7 亿元。③建设期限：项目建设期 12 个月，自土地移交乙方完成各项手续办理之日算起（楼房养殖项目建设期限 18 个月）。2020 年 10 月 17 日，唐人神集团与昌江县政府深化合作座谈会暨二期项目签约仪式举行，签订了《年出栏30万头生猪生态产业链项目》合作协议。2020年9月2日，年产10万头猪苗的益阳美神二场投产，益阳美神二场是益阳区域第二期项目，位于益阳市资阳区，占地100余亩，存栏能繁母猪4 200头，全年提供上市猪苗100 000头。

2021年2月1日董事会审议通过了《关于签署投资协议的议案》，同意公司与秀山土家族苗族自治县人民政府签署《年出栏50万头生猪绿色养殖项目投资协议书》，同意公司子公司澧县美神农牧有限责任公司与澧南镇人民政府、火连坡镇人民政府分别签署《澧南镇彭坪村年出栏9万头商品猪项目投资协议》和《火连坡镇新桥村年出栏12万头商品猪项目投资协议》。4月1日董事会审议通过了《关于签署投资协议书的议案》，同意公司与浦北县人民政府（浦北县隶属于广西壮族自治区钦州市）签署《年出栏50万头生猪生态养殖项目投资协议书》。以上项目共新增生猪产能121万头（表20）。

力争五年内实现"生猪出栏量、饲料销量、营业收入均过千万的目标（1 000万头、1 000万吨、1 000亿元），肉品收入300亿元，净利润30亿元"的中长期发展目标，实现销售收入年复合快速增长，抓住猪价高位运行的行业机遇，公司将在湖南、广东、广西、海南等区域加大生猪养殖建设力度。

表20　2021年唐人神新投资生猪养殖项目情况

项目名称	年出栏量（万头）	投资额（亿元）	地址	项目情况
秀山县生猪绿色养殖项目	50	5	秀山土家族苗族自治县	项目建设周期为24个月，建设常年存栏2万头种猪繁育场，用地约400亩，建设年出栏50万头商品猪育肥场，用地约450～600亩
澧南镇彭坪村商品猪项目	9	1.1	常德市澧南镇彭坪村	项目建设周期为12个月，建设年出栏9万头的保育育肥一体化的猪舍及配套
火连坡镇新桥村商品猪项目	12	1.28	常德市澧县火连坡镇新桥村	项目建设周期为12个月，建设年出栏12万头的保育育肥一体化的猪舍及配套
浦北县生猪生态养殖项目	50	10	浦北县石埇镇八东村	项目建设周期为12个月，第一期建设存栏1万头基础母猪的繁育场，第二、三期建设50万头育肥场项目

数据来源：公司公告。

2022年公司聚焦在猪肉消费区域新建猪场，在建养殖项目建设按计划进度完工，将进一步扩大公司生猪产能，其中子公司湖南龙华农牧发展有限公司新增生猪产能15万头、广东区域新增生猪产能70万头。

2022年8月20日，唐人神通过了《关于二次调整2022年度非公开发行A股股票方案的议案》，方案将原先发行规模12.2亿元调减为11.39亿元。募集资金用于投资以下项目（表21）。

表 21 唐人神 2022 年调整募集资金投入项目情况

序号	项目名称	项目总投资（亿元）	拟投入募集资金（亿元）
1	东冲三期生猪养殖项目基地建设项目	1.96	1.52
2	云浮市云安温氏生态养殖有限公司猪苗养殖生产建设项目（云浮美神养殖有限公司）	1.80	1.05
3	融水县和睦镇芙蓉村唐人神集团养殖扶贫项目	2.00	1.24
4	浦北美神养殖有限公司养殖	3.00	2.19
5	海南昌江大安一体化 15 万头养殖项目	3.00	2.19

数据来源：企业公告。

2.9.3 拟出资共 6 亿元保证金用于商品期货套期保值和外汇套期保值业务

唐人神集团股份有限公司于 2024 年 12 月 9 日董事会审议通过了《关于开展 2025 年度商品期货套期保值业务的议案》，公司套期保值期货品种为与公司生产经营有直接关系的农产品期货品种及生猪，其中农产品期货品种包括大连商品期货交易所挂牌交易的玉米、豆粕、豆油、大豆等期货品种，郑州商品期货交易所挂牌交易的硬麦、菜油、菜粕等产品。2025 年 1 月 1 日起至 2025 年 12 月 31 日，公司开展商品套期保值业务所需保证金最高占用额不超过人民币 5 亿元（不含期货标的实物交割款项），有效期内可循环使用。

公司开展的外汇套期保值业务与进口采购等日常经营紧密相关，为防范利率及汇率波动风险，降低利率波动对公司利润的影响，减少汇兑损失，增强财务稳健性。将结合日常经营需求和资金管理要求开展外汇套期保值业务，交易方式仅限于远期结售汇业务。公司及控股子公司拟开展不超过人民币 1 亿元（或等值外币）的外汇套期保值业务，有效期内可循环使用，期限内任一时点的交易金额（含前述投资的收益进行再投资的相关金额）不超过该预计额度。交易期限：2025 年 1 月 1 日起至 2025 年 12 月 31 日。

2.9.4 探索楼房养猪，签约人工智能赋能猪场智能健康评估项目

唐人神在湖南、河北、河南、甘肃、内蒙古、广西、广东、云南、四川、山东等区域加快布局步伐，同时配套建设 10 个配套饲料厂、屠宰加工厂等，打造 10 个年出栏 100 万头养殖示范县。其中大部分产能主要布局在湖南，在湖南新增年出栏生猪 300 万头的产能。截至 2020 年 6 月底唐人神存栏母猪 9.8 万头，考虑到土地和环保的问题，唐人神将全面采用高楼模式养猪。2020 年建设的果园项目采用现代化楼房养殖技术，建设 5 层一体化楼房养殖基地，存栏母猪 1.12 万头，2021 年 1 月底正式投产。

2020 年 11 月 18 日，唐人神集团与中国农业大学动物医学院签订了猪场智能健康评估技术项目合作协议。将借助人工智能打造猪场智能健康评估体系，实现三大目标：建立一套猪场健康智能评估体系，为猪场健康评估的数据收集提供技术支持；建立一套猪场健康智能监测系统标准，用于指导猪场健康评估和建设；建立猪场健康智能预警系统，提前为猪场健康提供预警。三大指标体系，猪的表观指标、理化指标和猪场的环境指标。其中，表观指标包括行为状态、皮肤颜色、体温和临床症状等；理化指标包括抗原、抗体、毒素、药敏实验和血常规等；环境指标包括温度、湿度、昼夜温差、氨气浓度和饲养密度等。三种颜色等级，即绿色、黄色和红色分别表示猪场正常、亚健康、风险大。是借助物

联网和 AI 智能设备等对上述三大指标进行动态数据采集和分析，构建风险评估模型，运算得出猪场的健康分值，将分值划分不同区间，分别用绿色、黄色和红色表示猪场的健康等级，用于指导猪场生产管理。三个阶段推进，鉴于项目处于世界技术前沿，需要结合经验分析，科学研究和探索，也基于猪场软、硬件的实际现状，整个项目将分 1.0、2.0 和 3.0 三个阶段推进，不断迭代更新。

十里冲 100 万头生猪养殖项目是湖南省 2021 年重点项目—唐人神集团株洲 300 万头生猪产业链项目的子项目，2021 年 12 月底验收投产，12 月底整个龙华十里冲 100 万头生猪项目将全部建成投产，是龙华"养猪城"项目的一部分。

2022 年 6 月 17 日，茂名美神楼房智能猪场顺利引种投产，茂名美神母猪场设计规模 11 050 头 PS+850 头 GP 的全新楼房式养猪场，占地面积 285.5 亩，是茂名地区乃至粤西单场最大规模楼房母猪场。

2022 年 9 月 16 日，佛山美神正式投产，佛山美神项目采用现代化楼房养猪模式，繁殖楼设计存栏母猪 5 100 头，育肥设计存栏 44 000 头，占地面近 200 亩，总建设面积近十万平方米，该项目投资 2.3 亿元，主要用于育肥楼（7F）、繁殖楼（6F）、公猪站、公猪隔离舍、母猪隔离舍、出猪中转房及平台、宿舍楼、综合用房、环保区和饲料中转以及道路管网等单体建设，是集团的重点项目之一。

2023 年唐人神股份第一次临时股东大会、第九届董事会第十五次会议审议通过以简易程序向特定对象发行股票相关事项，拟募集不超过 3 亿元，用于《唐人神集团生猪全产业链数字智能化升级项目》，项目总投资 3.365 亿元，其中，集团化云平台建设与升级项目投资 8 100 万元，数字智能化养殖体系建设与升级项目投资 25 550 万元。项目建成后公司可以利用数字智能化系统和智能化设备设施提升猪场数字智能化水平，改善养殖业务生产经营指标，强化营运管理和人才培养，减少养猪业务快速发展过程中所带来的试错成本，降低对养猪生产人员的技能依赖，打造健康、高效的低成本养殖体系，充分发挥规模化、标准化、智能化养猪优势，提升公司养猪业务核心竞争力。

2.9.5 肉品加工终端布局经验生猪养殖企业中处于领先，寄望"小凤唐"

唐人神肉制品业务立足长株潭地区，在株洲设立了湖南肉制品公司，建立了生猪屠宰和肉品深加工基地，专注于湖南特色中式肉品的研究、开发与加工。此外，还新建了西式肉制品生产线，主要面向湖南本省及周边市场。肉制品业务主要有"中式香肠、休闲肉品、品牌生鲜肉"三大产品，销售模式主要有直销和经销两种形式。直销包括月台销售和大客户销售。月台销售模式中，销售平台设在生产单位库房，由客户自行提货，主要客户是当地猪肉经营户和餐饮企业。大客户销售模式中，与开发的长期大客户直接签订购销合同，价格随行就市。经销包括商超、经销商与品牌连锁，在省内主要城市建立办事处，直接面向当地的大型超市和农贸市场，通过步步高、新一佳、沃尔玛、家乐福等大型超市及各地商业百货直接销售香肠、腌腊、酱卤等中式肉制品。公司的肉制品销量从 2015 年的 2.45 万吨持续增长至 2019 年的 4.83 万吨，年均增速 18.5%。截至 2019 年，肉制品销售年收入 9.76 亿元，毛利润 1.18 亿元。与其他养殖上市公司相比，唐人神早在 1995 年就通过兼并株洲肉联厂布局下游肉品深加工和终端销售，通过多年的经营积累了较为丰富的产业链运营经验，是较为突出的竞争优势之一。

唐人神集团股份有限公司 2020 年 4 月 30 日董事会审议通过了《关于签署＜生鲜屠宰

项目投资协议书>的议案》，①项目名称：雅安市名山区生鲜屠宰（100万头/年生猪）项目；②投资规模：计划投资总额3亿元人民币；③项目建设期：从签订《国有建设用地使用权出让合同》之日起算，建设期为18个月。④项目内容：主要为屠宰、分割、冷藏、冷鲜加工、冷冻储存、冷链物流等，新建厂房2栋，办公及辅助用房1.2万平方米，冷库1座，新上屠宰生产线2条。

肉品业务也是唐人神的战略发展业务。唐人神除了株洲，还在河南南乐、甘肃天水、云南禄丰、四川雅安等地布局生猪屠宰及肉制品加工项目，并培育新兴产业，发展"小风唐"休闲餐饮连锁，"小风唐"是唐人神集团旗下的快餐品牌。2020年6月"小风唐"已经开业6家自营店，已实现盈亏平衡，略有盈利，预计将开设5 000家直营和加盟店。

2022年1月1日，唐人神集团省外第一家全资生猪屠宰厂，位于河南省濮阳市南乐县的河南唐人神肉类有限公司顺利投产运行。南乐生鲜于2020年3月份开工建设，占地面积约8万平方米，年屠宰生猪设计规模150万头，投产后可实现年猪肉类产量13.2万吨，年产值25亿元。公司主要的生鲜产品有冷鲜肉、冷冻肉、猪分割品和猪副产品，主要的销售渠道以公司直营店、加盟代理、农贸市场批发、商超渠道、肉食加工厂直供为主。南乐是集团"3+1"产业链战略的首个试验区，南乐生鲜屠宰项目的顺利投产是集团"3+1"产业链战略落地的一个重要里程碑。"3+1"产业链战略，即一个100万头生猪养殖基地，一个100万头的生猪屠宰基地，一个30万吨的饲料生产基地，加一个高价值的产品加工中心。

2.9.6　2024年募投项目或终止，或补充流动资金，或变更用途，或暂缓实施

2024年8月30日召开第九届董事会第二十六次会议、第九届监事会第二十一次会议，审议通过了《关于终止部分募投项目并将剩余募集资金永久补充流动资金的议案》，同意终止"浦北美神养殖有限公司养殖场""海南昌江大安一体化15万头养殖项目"，并将剩余募集资金43 853.27万元（含累计收到的银行存款利息及扣除银行手续费等的净额，最终以资金转出当日银行结息余额为准）永久补充流动资金。同时审议通过了《关于增加募投项目实施方式的议案》，同意[《关于同意唐人神集团股份有限公司向特定对象发行股票注册的批复》（证监许可〔2023〕1924号）]以简易程序向特定对象发行股票募集资金总额约3.0亿元，扣减承销、保荐、律师、审计等相关发行费用后，实际募集资金净额约为2.93亿元，用于对"集团化云平台建设与升级项目""数字智能化养殖体系建设与升级项目"的实施方式进行调整，增加由公司购置软件、硬件设施设备后，按照公允价格租赁给项目子公司，以及将软件部署于项目子公司，以新增"集团化云平台建设与升级项目""数字智能化养殖体系建设与升级项目"的实施方式。

2024年10月28日召开第九届董事会第二十七次会议、第九届监事会第二十二次会议，审议通过了《关于终止部分募投项目并将剩余募集资金永久补充流动资金的议案》，同意终止"融水县和睦镇芙蓉村唐人神集团养殖扶贫项目"的募集资金投入，并将剩余募集资金11 514.15万元（含累计收到的银行存款利息及扣除银行手续费等的净额，最终以资金转出当日银行结息余额为准）永久补充流动资金。

2024年12月9日召开第九届董事会第三十一次会议、第九届监事会第二十三次会议，审议通过了《关于变更部分募集资金用途的议案》，同意公司变更部分募集资金用途，

将原计划用于"东冲三期生猪养殖基地建设项目"的剩余未使用的募集资金 5 800 万元用于实施新项目"雅安美神养殖有限公司红岩 9 600 头基础母猪苗猪场项目",差额部分公司将以自有资金或自筹资金补足。同时审议通过了《关于部分募集资金投资项目重新论证并继续暂缓实施的议案》,公司经过谨慎研究,决定继续暂缓实施募集资金投资项目"东冲三期生猪养殖基地建设项目"。

2.9.7 2024 年生猪销售量同比增幅 16.8%,达到 433.26 万头

2015 年唐人神集团共销售生猪 10.72 万头;2016 年全年唐人神销售生猪 24.53 万头,同比增长 128.82%。通过新建、并购、改扩建原有猪场等方式,快速增加生猪养殖规模,2017 年的销售量在 54.44 万头,同比增长 286.85%。2018 年唐人神销售生猪 68.07 万头,同比增长 25.04%。2019 年唐人神销售生猪 83.93 万头,同比增长 23.31%;2019 年生猪销售收入为 8.03 亿元,毛利率 36.45%,同比增加 33.58%。

2020 年唐人神销售生猪 102.44 万头,同比增长 18.51 万头,增幅 22.1%;2020 年生猪销售收入为 25.64 亿元,同比增加 114.7%。2021 年唐人神 1—12 月累计商品猪销量 154.23 万头,同比增长 50.56%;销售收入 25.70 亿元,同比增长 0.22%。2022 年唐人神 1—12 月累计商品猪销量 215.79 万头,同比增长 39.93%;销售收入 42.59 亿元,同比增长 65.73%。

2023 年 1—12 月唐人神累计生猪销量 371.26 万头(其中商品猪 338.65 万头,仔猪 32.61 万头),同比增长 72.05%;销售收入 589 603 万元,同比增长 38.42%。

2024 年 1—12 月唐人神累计生猪销量 433.26 万头(其中商品猪 391.06 万头,仔猪 42.56 万头)(图 28),同比增长 16.80%;销售收入 785 127 万元,同比增长 33.16%。

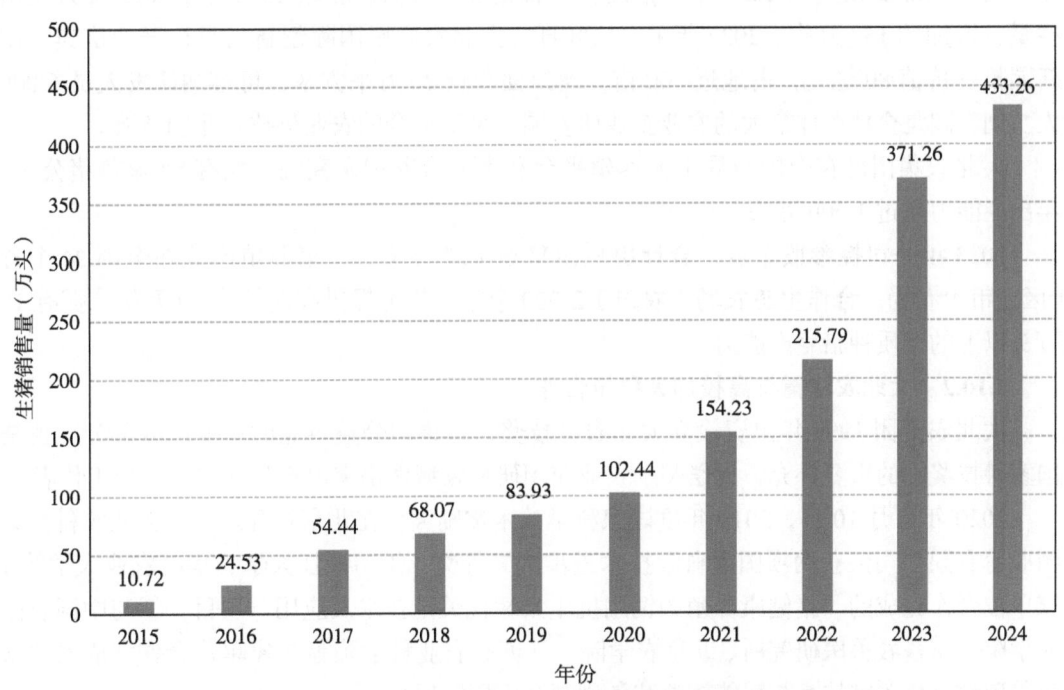

图 28　2015—2024 年唐人神集团有限公司生猪销售量

(数据来源:公司年报和北京华豕农业研究院数据库)

2.10 北京大北农科技集团股份有限公司

2.10.1 公司简介

北京大北农科技集团股份有限公司（简称"大北农"）是农业高科技企业，1993年创建，2010年在深圳证券交易所挂牌上市，成功登陆资本市场。主营业务有饲料、养猪、水产、疫苗、作物、农业互联网六大产业，拥有近20 000名员工、1 500多人的核心研发团队、300多家生产基地和300多家分子公司，在全国建有10 000多个基层科技推广服务网点；拥有5个国家级科研平台，6家国家农业产业化重点龙头企业，30家国家级高新技术企业，建有北京市首家民营企业院士专家工作站，中关村科技园海淀园博士后工作站分站。

2013年大北农开始布局养猪，2016年提出"养猪大创业战略"，并探索"公司+员工"的共建共赢之路。

2019年大北农已陆续在全国，包括黑龙江、湖北、广西、安徽、江西、陕西、福建、河南等省份建立八大养猪平台，84家养猪公司，储备近3 000万头生猪出栏土地。已经投产猪场具备18.7万头母猪的存栏能力，在建猪场具备5.3万头母猪存栏能力。开工建设的猪场具备10.5万头母猪存栏能力。

在全国建有260多家饲料生产基地，近300家分子公司，年产能达1 000万吨；养猪科技产业在全国建有数个养猪平台及种猪事业部，拥有三家国家级核心育种猪场。

2022年7月16日，大北农启动"十年联合发展2亿头猪工程"，十年大目标：实现2万头原种猪，40万头祖代猪，1 000万头母猪，打造5万个农场主，实现2亿头商品猪出栏。彼时大北农设定的2023年生猪出栏目标是600万头，相较2022年的443.12万头出栏量，增加约157万头。2022年12月28日，大北农凤凰国际创新园举行开业庆典。创新园投资价值80亿元，占地近100亩，建筑面积近20万平方米，可容纳研发人员6 000人。创新园是全球单体最大的农业企业研发园，是最综合的农业科技企业创新园。

大北农集团已在全国布局十大养殖平台和大佑吉养猪研究院，拥有84家养猪公司，年出栏能力超过1 000万头。

2023年公司控参股企业，合计出栏生猪604.87万头，生猪养殖产业在全国24个省（区、市）布局，合作生态农场（农户）2 000余家，年可提供高端精液80万份，拥有10万头以上的优质种猪生产能力。

2.10.2 大北农注重与高校加大科技合作

大北农集团1999年出资设立大北农科技奖，是集团公益事业的重要组成部分，也是国家科技奖励的重要补充，无偿奖励农业应用研究领域做出突出贡献的农业科技工作者。

2020年1月10日，2019年度国家科学技术奖励大会在北京召开。北京大北农科技集团股份有限公司荣获两项国家科学技术进步奖二等奖：①与浙江大学、华南农业大学等7家单位合作完成的"猪健康养殖的饲用抗生素替代关键技术及应用"项目。②与中国农业科学院北京畜牧兽医研究所、北京农学院、江苏省农业科学院等7家单位合作完成的"家畜养殖数字化关键技术与智能饲喂装备创制及应用"项目。

2021年1月19日，中国农业科学院与大北农集团战略合作框架协议正式签署，双方未来将聚焦国家现代农业高质量发展科技瓶颈问题，积极探索创新院企合作机制，通过重大课题联合攻关、技术成果转化应用、积极争取外部资源、创新人才联合培养等方式，在建设生猪科学试验中心、现代种业提升重大任务、纳米农药成果转化项目等重点领域和方向，建立全面、深入、务实的合作关系，实现院企双赢，引领国内农业相关产业发展。

2.10.3 开展商品期货套期保值业务

2024年4月24日第六届董事会第十三次会议，审议通过了《关于继续开展商品期货套期保值业务的议案》，公司开展商品套期保值业务所需保证金最高占用额不超过3.0亿元（不含期货标的实物交割款项），有效期内可循环使用。拟投资的品种：公司的期货套期保值业务只限于在境内期货交易所挂牌交易的与公司生产经营相关的农产品期货品种，例如生猪、玉米、小麦、大豆、豆粕、豆油、菜粕、油脂等产品。交易期限：2024年5月16日至2025年5月15日。

2.10.4 持续投资生猪养殖业和饲料产业

2020年9月11日，北京大北农科技集团股份有限公司审议通过了《关于投资太谷县年出栏20万头商品仔猪暨种养循环生态农业项目的议案》《云南省砚山县年出栏50万头生猪暨种养循环生态农业项目一期建设调整投资额的议案》《关于控股子公司投资增加江西泰和县存栏1万头母猪场暨生态循环养殖小区项目的议案》和《关于控股子公司投资江西铜锣坪1万头母猪项目的议案》。

（1）山西省晋中市太谷县投资建设年出栏生猪20万头商品仔猪暨种养循环生态农业项目，该项目为一期项目工程，存栏10 000头的二元母猪场及相关配套设施。整个项目满负荷生产后可实现年出栏生猪20万头。

（2）云南昌农农牧食品有限公司于2017年9月10日与云南省文山州砚山县人民政府签订《砚山县年出栏50万头优质肉猪暨种养循环生态农业项目》投资协议，投资规模为存栏5 000头母猪场。

（3）全资子公司江西泰和绿色巨农农牧食品有限公司已在江西省吉安市泰和县建设存栏1万头母猪场暨生态循环养殖小区项目。根据大北农集团生猪养殖战略规划及大北农中南养猪平台的规划，决定在原有1万头的基础上再新增1万头母猪场的投资建设（二期），建成后公司在泰和县存栏母猪能力可达2万头。

2021年3月19日，董事会通过公司拟在察哈尔右翼前旗建设24万吨智能化高端饲料加工车间决议。该项目拟投资总额11 000万元，占地面积66亩，项目地址位于右翼前旗京蒙合作产业园。3月29日董事会审议通过了《关于广西农牧建设年出栏25万头生猪生态农业产业链项目的议案》，广西大北农农牧食品有限公司与广东封开县人民政府签订投资协议，拟在广东封开县建设年出栏生猪25万头养殖项目，本项目投资规模为存栏母猪10 000头，存栏肉猪70 000头，投资金额约为37 500万元。

2022年1月10日，公司通过了《关于收购湖南九鼎科技（集团）有限公司部分股权的议案》，决定以13.2亿元收购杨林先生持有的湖南九鼎科技（集团）有限公司30%的股权，但后期双方在九鼎科技2020年和2021年净利润与净资产的财务数据方面产生分歧，致双方对簿公堂。8月30日，公司通过《关于解除收购湖南九鼎科技（集团）有限公司股权协议暨终止收购的议案》。2022年2月27日，公司通过了《关于收购江西正邦科技股份有限公司旗下部分控股子公司股权的议案》，拟收购江西正邦科技股份有限公司持有的控股子公司德阳正邦农牧科技有限公司、丹棱正邦饲料有限公司、重庆广联农牧科技有限公司的全部股权；以及收购其持有的云南广联畜禽有限公司、昆明新好农科技有限公司、云南大鲸科技有限公司、贵阳正邦畜牧有限公司、云南广德饲料有限公司等5家公司51%的股权，交易价格合计为20亿~25亿元。9月29日，公司通过了《关于解除江西正邦科技股份有限公司旗下部分控股子公司股权转让协议暨终止收购的议案》，并于9月29日向北京市第一中级人民法院提起诉讼，起诉要求交易对方偿还公司支付的5亿元预付款及利息，并承担相应的违约责任。

2023年11月29日，大北农集团收到湖南省高级人民法院送达的（2023）湘民终186号民事判决书。判决主要结果如下：①限公司自判决生效后十日内向杨林支付第二期股权转让款3.96亿元及逾期付款违约金（以3.96亿元为基数按每日0.5‰的标准自2022年7月2日计算至上述股权转让款支付之日止）。②限公司于判决生效后十日内向杨林支付律师代理费419.76万元。③一审本诉案件受理费206.75万元、反诉案件受理费332.09万元，均由公司负担。

2023年12月8日，大北农集团收到九鼎科技股权变更办理完成的通知，并取得换发的《营业执照》，股权变更办理完成。2023年12月13日公告，北京大北农科技集团股份有限公司与厦门傲农投资有限公司签署了《投资合作意向协议》，并与福建傲农生物科技集团股份有限公司签署了《战略合作意向协议》。公司拟通过增资扩股的方式取得傲农投资不少于51%的股权；与傲农生物签署的《战略合作意向协议》包括拟通过现金的方式投资或收购傲农生物下属优质资产，拟投资金额不超过6亿元，同时双方拟在供应链共享、联合采购、业务资源整合、资产整合、股权合作等层面展开多层面的战略合作，使双方互惠互利，实现农业产业的整合和发展。2023年12月27日，大北农认为自意向协议签署后，根据傲农生物的相关公告内容显示，傲农投资出现了意向协议约定的一些包括股权冻结等较大变化的情形，增加了交易的不确定性。基于各方的利益和股东投资人利益考虑，经各方友好协商达成一致，终止各方于2023年12月13日公告的意向协议。

2024年7月5日，北京大北农科技集团股份有限公司第六届董事会第十七次（临时）会议审议通过《关于调整公司向特定对象发行A股股票募集资金金额及募集资金投资项目的议案》。调整后：本次发行募集资金总额不超过128 498.39万元（含本数）。调整的项目为：减少了表中"大北农生物农业创新园项目"，并将补充流动资金调减为38 549.52万元，其他项目没有变化（表22）。2024年7月10日北京大北农科技集团股份有限公司第六届董事会第十八次（临时）会议审议通过《关于调整公司向特定对象发行A股股票募集资金金额及募集资金投资项目的议案》。主要在2024年7月5日调整方案的基础上取消募投项目"年产45万吨高端饲料项目"、调减"大北农（玉田）生猪科学试验中心项目"拟使用募集资金金额、调减补充流动资金金额并相应调减本次募集资金总额及募投项目投资总额。调整后：本次发行募集资金总额不超过100 000万元（含本数）。并将补充流动资金调减为30 000万元，其他项目没有变化。2024年10月21日召开第六届董事会第二十三次（临时）会议、第六届监事会第十三次（临时）会议，审议通过《关于使用部分闲置募集资金临时补充流动资金的议案》，同意公司使用不超过20 000万元的闲置募集资金临时补充流动资金，使用期限自董事会审议通过之日起不超过12个月，到期或募集资金投资项目需要使用时及时归还至募集资金专用账户。

表 22　大北农 2023 年募集资金投资项目情况

序号	项目名称	实施地点	投资总额（万元）	拟使用募集资金金额（万元）
1	年产 24 万吨猪饲料生产线项目	广西钦州	12 000	11 439.7
2	年产 12 万吨猪饲料加工厂建设项目	新疆吉木萨尔	6 000	5 476.82
3	辽宁盛得大北农生产反刍饲料基地项目	辽宁沈阳	10 000	7 400
4	大北农辽宁区核心科技园建设项目	辽宁沈阳	35 000	20 008.05
5	年产 18 万吨微生态功能性生物饲料	云南保山	10 480	10 110
6	年产 24 万吨饲料生产加工项目	湖北襄阳	10 000	8 600
7	年产 45 万吨高端饲料项目	河北衡水	18 000	1 800
8	武平闽台农牧合作创业园（二期）	福建梁野山	14 907.3	13 814
9	大北农（玉田）生猪科学试验中心项目	河北唐山	10 000	9 843
10	大北农生物农业创新园项目	北京	186 969	46 058.45
11	信息化系统升级改造项目	北京	7 671.3	7 671.3

数据来源：企业公告。

2.10.5　增资动物疫苗投入，扩大生产能力，2024 年转让浙江惠嘉生物股份

2020 年 10 月 23 日，公司董事会审议通过了《关于控股子公司［兆丰华生物科技（南京）有限公司］投资新型兽用生物制品生产车间改扩建项目的议案》，同意公司投资建设新型兽用生物制品生产车间改扩建项目，拟投资总额约为 13 300 万元。现在因新版 GMP 验收要求，车间生产工艺设计调整，项目需增加预算 2 260 万元，增加后的预算为 15 560 万元。建设周期：2020 年 11 月至 2022 年 5 月，兆丰华生物科技（南京）有限公司自筹资 8 560 万元，项目贷款 7 000 万元。同日，公司董事会审议通过了《关于控股子公司［兆丰华生物科技（福州）有限公司］投资新型兽用生物制品生产车间改扩建项目的议案》，同意公司投资建设新型兽用生物制品生产车间改扩建项目，拟投资总额约为 12 635 万元。现因新版 GMP 验收要求，车间生产工艺设计调整，需要增加预算 5 165 万元，增加后的预算为 17 800 万元。建设周期：2020 年 11 月至 2022 年 5 月，兆丰华生物科技（福州）有限公司自筹资金 7 800 万元，项目贷款 10 000 万元。

2024 年 8 月 21 日召开第六届董事会第二十一次会议，审议通过了《关于转让浙江惠嘉生物科技股份有限公司股权的议案》。北京大北农科技集团股份有限公司下属的合伙企业北京大北农科创股权投资合伙企业（有限合伙）于 2022 年 3 月以增资入股方式取得浙江惠嘉生物科技股份有限公司 6.15% 的股权（经稀释后目前持股比例为 5.994 1%），增资金额 4 000 万元；现科创基金拟与杭州百惠生物科技有限公司、惠嘉股份实际控制人签署《关于浙江惠嘉生物科技股份有限公司之股份转让协议》，《转让协议》约定百惠生物以 48 102 515.47 元受让科创基金持有的惠嘉股份 5.994 1% 的股权。交易完成后，科创基金不再持有惠嘉股份的股权。

2.10.6 联合自贸港基金、崖州湾创投发起设立南繁科创基金

为强化公司农业科技创新战略布局,加快公司在农业生物技术方向的业务进展。2023年2月16日第五届董事会第四十八次会议,审议通过《关于与专业投资机构共同投资设立股权投资基金的议案》,同意公司及公司全资子公司北京大北农科创私募基金管理有限公司与海南自由贸易港建设投资基金有限公司及三亚崖州湾创业投资有限公司四方共同发起设立总规模不超过10亿元的"海南崖州湾南繁国际科技创新股权投资基金合伙企业(有限合伙)"(以工商管理部门最终核准登记的名称为准)股权投资基金。其中,大北农认缴出资不超过59 000万元,出资比例59%;大北农科创认缴出资不超过1 000万元,出资比例1%;自贸港基金认缴出资不超过30 000万元,出资比例30%;崖州湾创投认缴出资不超过10 000万元,出资比例10%。南繁科创基金主要投资于现代农业科技、可应用于农业场景的生物技术和新一代信息技术,以海南省、崖州湾科技城为核心重点围绕生物技术、现代农业、现代种业等方向进行项目开发。

2.10.7 2024年大北农生猪销售量达到604.87万头,同比增幅36.51%

大北农是饲料行业企业中较早关注养猪业的企业,其在推进养猪业的过程中从整体进度看,大北农相较于其他几家头部养猪企业,养猪整体进度偏慢。

2012年7月2日大北农召开第二届董事会第十七次会议审议通过了《关于收购福建梁野山农牧股份有限公司控股权的议案》,梁野山农牧是标准的绿色环保和高效智能养殖模式的现代规模农场,年可出栏GGP纯种猪8 000头以上。2012年该猪场对接全球排名前列的加拿大吉博克育种公司育种数据库,进行国际同步育种。2012年8月2日大北农公告,基于公司对种猪事业发展的战略规划,公司拟收购威海赛博迪公司的全部股权。赛博迪旗下拥有一家全资子公司—烟台吉博克种猪有限公司,建有标准化猪舍65栋,总建筑面积2.9万多平方米,总投资4 300万元,占地面积180亩。存养各类生产、生长猪13 000多头,2012年10月授予国家生猪核心育种场。在随后的一、二年国内的生猪养殖行业陷入亏损状态,同时养猪固定资产投入需要的资金量较大,大北农放缓了在养猪行业投资和扩张的节奏。对于饲料起家的大北农而言,在2015年以后饲料行业生产加工毛利变薄,寻找新的利润增长点成为其关注的重点,期间不断有收购和投资畜牧相关产业的消息,整体成绩可圈可点。在2018年非洲猪瘟发生后,生猪养殖行业超高的利润再次拽回了大北农的目光,大北农养猪的决心更加的坚定,投资力度更大,在组织架构、资金、商业模式等方面都做了较为具体和落地的规划。

2019年大北农生猪销售量约为164.18万头,同比增加51.05万头,增幅31.09%。2020年大北农生猪销售量达到185.04万头,同比增加20.86万头,增幅12.71%。2021年全年大北农生猪销售量到达430.78万头,同比增长132.8%;累计销售收入87.06亿元,同比增长23.89%。2022年全年大北农生猪销售量到达443.12万头,同比增加12.34万头,同比增长2.86%;累计销售收入93.86亿元,同比增长7.81%。

2023年全年大北农生猪销售量到达604.87万头,同比增加161.75万头,同比增长36.51%;累计销售收入96.60亿元,同比增长2.29%。

2024年全年大北农生猪销售量到达640.13万头(图29),同比增加35.26万头,同比增长5.83%;累计销售收入118.37亿元,同比增长22.54%。

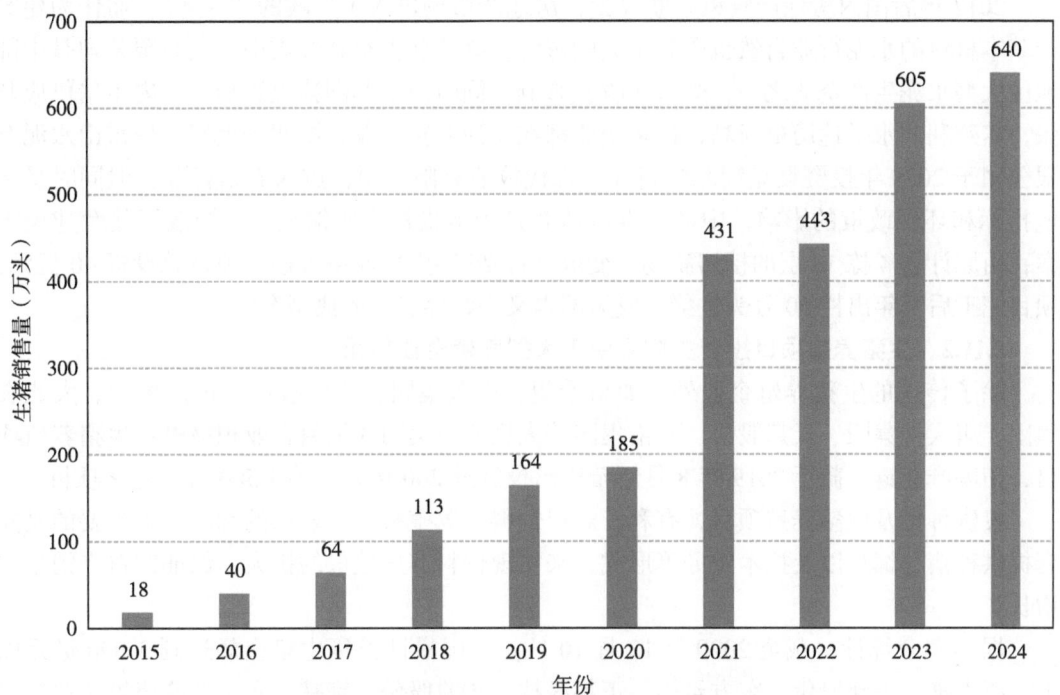

图 29　2015—2024 年大北农生猪销售量变化

（数据来源：公司年报和北京华豕农业研究院数据库）

2.11　近几年企业投资生猪养殖业的特点分析

2.11.1　利润驱动非农资本投资兴趣愈浓，畜禽企业跨品种延展投资增多

前些年国家对生猪养殖业的扶持力度较大，且个别年份生猪养殖利润极高，一些非农资本进入生猪养殖业。但是，非农资本在生猪养殖管理、技术等方面均不具优势，且在进入养殖行业之初就带有较强的投机性或个人喜好；如 2009 年 2 月 16 日，网易丁磊公开表示，将投资数千万元在浙江建立养猪场，2012 年 3 月 20 日，网易猪场"网易现代农业园"正式奠基开工，按照规划图显示，网易猪场占地 1 200 余亩，其中规划建筑占地 56 亩。2012 年 3 月初，世界五百强之一、占据我国钢铁行业半壁江山的武汉钢铁集团竟宣称投资 390 亿元养猪种菜。以山西鑫四海投资集团有限公司为典型的由煤炭企业转型发展养猪业，其设立的山西鑫四海养殖有限公司占地面积 5 000 亩，公司总投资 9.3 亿元，建设完成全产业链百万头生猪封闭养殖基地。但随着生猪养殖效益的下降，很多非农资本的投资兴趣转淡，有些逐步退出。

随着 2018 年非洲猪瘟疫情的发生，生猪产能大幅下降，行业内企业投资生猪养殖的项目增多，如立华股份加大生猪投资、益生股份拟参与总投资 2.68 亿元项目，扩大养猪规模、康达尔投资 129 亿元签约 6 个生猪项目。

近年大型饲料、养殖企业集团大力投资生猪养殖业，在我国生猪出栏量增加以及养殖规模化程度提高的过程中，发挥重要作用。2019 年温氏、中粮、牧原等大型企业均有扩建养殖规模的计划，鉴于生猪生产周期较长，扩建产能难以在 2020 年全部释放。

2017年后国内房地产政策不断收紧,房地产市场进入了严峻的"寒冬",而作为建筑最基本材料的水泥行业自然也受到很大的影响,湖北新世纪新峰雷山水泥有限公司是中部地区大型水泥生产企业之一,受行业收益影响,同时由于非洲猪瘟影响,国内生猪供应紧张,养殖利润水平达历史新高,许多企业都在关注养猪行业;湖北新世纪新峰雷山水泥有限公司于2020年投资设立湖北中新开维现代牧业有限公司,进入养猪行业,但同时受土地指标和环保政策的影响,中新开维申请养猪用地指标有所缩减,其修改了猪舍建设方案,由原计划4栋13层的楼房猪场,变成2栋26层生猪养殖大楼,项目总投资40亿元,项目完工后可年出栏60万头生猪。成为国内又一跨界养猪的典型案例。

2.11.2　生猪养殖项目投资主体集中于大型养殖企业集团

除了传统的生猪养殖企业外,如新希望、中粮集团、牧原股份、正邦科技、大北农集团、唐人神集团、天邦股份、安佑集团等大型养殖集团或饲料企业积极投资生猪养殖项目,拓展产业链。截至2019年8月新希望已投资近200亿元,约1 500万头养猪项目。

投资种猪及生猪养殖项目,有利于获得饲料—养殖整个产业链的利润;更重要的是配套提供种猪、饲料以及技术服务等形式,来实现饲料客户数量的扩大,保证饲料产销量的增长。

据不完全统计,截至2020年12月10日,全国累计投资生猪金额达到3 000亿元以上。唐人神、天邦股份、东方希望、正邦科技、牧原股份、京基智农、新希望等企业投资均超过100亿元,累计投资生猪金额超过2 100亿元。德康、正大、温氏、双胞胎、金新农、傲农生物、双汇、立华、现代农业、华西希望、巨星集团等生猪投资金额在30亿~100亿元,累计投资生猪金额600亿元以上。

2.11.3　资本推动,非洲猪瘟疫情后生猪行业投资热情不减,2023年后新规划项目极少

2018年各大生猪产业企业公布的生猪生产新投项目,从统计结果来看,全年新投项目共计约700亿元,新增总产能达4 000万头。与2017年1 300亿元的产业投资相比,2018年养猪集团的投资势头明显下降。

2018年广西生猪产业新增产能778万头,为2018年最多;内蒙古、黑龙江分别增加680万头、470万头,安徽增加500万头,依然是投资热点。

2019年山东、广西、广东、云南、河南、四川、甘肃、内蒙古等是生猪养殖投资的重点省份。仅上半年投资的出栏量已超过5 500万头。大型龙头企业生猪养殖基地布局逐渐跨出本地,在全国布局生猪养殖基地。华南和中西部地区由于靠近消费区域,生产技术水平相对较高,越来越成为大型生猪养殖基地的重点投资区域;且新的一体化项目建设规模均较大。

2020年生猪养殖投资区域更加趋向于消费区域。东部区域主要有山东、安徽、江苏、浙江、辽宁等省份。西南区域包括四川、重庆等。南部区域主要有湖南、广东和广西等。

2021年生猪养殖行业投资热情有所消退,整体投资额度和项目数量比2020年有所下降(表23)。

表 23　2021 年行业部分项目投资金额和规模情况

时间	企业名称	地点	项目情况
2021-1-21	大伟嘉股份	北京平谷	2021 年全面达产，年出栏种猪 1.6 万头，出栏生猪 4 万头
2021-1-21	牧原股份	陕西宝鸡	生态养殖全产业链项目，投资 20 亿元，占地 620 亩，计划年出栏 30 万头
2021-1-29		北京地区	已建成 17 家规模猪场，设计存栏 50 万头
2021-2-1	京基智农	阳江市	生猪产业链项目，规划用地 1 800 亩，总投资 10 亿元，项目设计年产商品猪 36 万头，京基智农已签约 1 300 万头
2021-3-12	广弘控股		能繁母猪 5 000 头
2021-3-12	新希望		收购和平华统 100% 股权，猪场存栏 1 000 头祖代，9 600 头父母代
2021-3-18	德康牧业	眉山	中德通内斯——德康（眉山）屠宰加工项目，年屠宰 600 万头及深加工
2021-3-22	正大	陕西澄城	百万头生猪全产业链项目
2021-4-2	唐人神	广西浦北	投资 10 亿元，年出栏 50 万头生猪项目
2021-4-8	Beyond Meat	嘉兴	人造肉第一股 Beyond Meat 植物肉生产工厂落户嘉兴
2021-8-5	重庆万州		百万头生态养猪项目，75 家 841 个养殖单位，100 万头产能
2021-8-14	永嘉生猪项目		总投资 4.5 亿元，占地 613 亩，存栏母猪 5 200 头，年出栏商品猪 12 万头
2021-8-23	河池市		投资 108 亿元，全市生猪存栏 119.1 万头，能繁母猪存栏 14.22 万头
2021-11-3	湖北金旭农发	湖北襄阳	拟投资 3 亿元，建 6 000 头生猪育种场

数据来源：wind.

2023 年养猪行业陷入全面亏损状态，大型养殖集团亏损严重，原先规划项目暂停或调整，无精力和资金规划新建项目，2023 年养猪行业少有新建项目规划。

2.11.4　建设大型一体化生猪项目，养殖场由产猪向产肉方向转变

企业投资生猪项目大多是生猪一体化项目，包括饲料加工、种猪繁育、生猪养殖、生猪屠宰和肉质品加工。因种猪养殖进入门槛高，利润较好，新投资项目大都重点发展种猪繁育，建设原种猪和祖代种猪场，养殖环节普遍采用合同养殖模式。

企业发展合同养殖的同时，引进金融机构，成立贷款担保公司，为养殖户提供贷款，正成为一种新的趋势。

2020 年建设的养猪项目大部分为一体化项目，涉及屠宰环节的投资增多。出现肉食综合体项目。2020 年 12 月牧原股份打造工业化养猪范本，在 2 500 亩土地上，建 21 栋 6 层楼房猪舍，每栋出栏 10 万头，年出栏 210 万头，年屠宰生猪和肉食加工 210 万头。该项目是迄今为止全球最大的单体项目。

2021 年不少养殖企业的屠宰加工项目建成投产。如 7 月 9 日，牧原股份 200 万头生猪屠宰加工项目在老河口市正式开工，总投资 4.6 亿元，占地面积 134.6 亩。据行业估算，牧原股份规划设计生猪屠宰产能接近国内"第一屠夫"——双汇发展，2022 年 12 月投产的产能 400 万头，公司生猪屠宰产能总计达到 3 500 万头，对应 14 个屠宰场。

2.11.5 资本加持、疫情助力养猪头部企业集中度大幅提升

国内与生猪养殖相关的上市公司有10多家，选取其中的10家企业，包括大北农、傲农生物、唐人神、天邦股份、中粮家佳康、新希望六和、温氏股份、正邦科技和牧原股份，统计了这10家企业生猪销售量占全国生猪销售量的比重，以此判断头部企业集中度情况。

上市企业具有资本优势，通过资本市场融资、发债等手段快速实现解决资金问题。通过观察，2015—2018年间10家生猪上市公司占比稳步增长，2018年后明显出现占比增速加快，斜率更大，图形更陡峭，说明头部企业生猪出栏集中度提升很快。生猪出栏不断向头部企业集中。据行业机构数据显示，2022年我国生猪销售量居前十的企业合计出栏14 192万头，占全国生猪总出栏量的份额为20.28%，较上年有所提升。2023年，牧原股份等国内销售量前10家企业生猪销售量达到1.64亿头，占全国生猪出栏总量的22.50%，产业集中度不断提升。

2024年，牧原股份等国内销售量头部10家企业生猪销售量达到1.56亿头（以选取的10家企业计算，并非TOP10），占全国生猪出栏总量的22.19%（图30）；同时又以2024年生猪销售量TOP10企业为样本计算，2024年TOP10企业共销售生猪1.799亿头，占全国生猪出栏总量的25.59%，产业集中度仍在提升。预计未来产业集中度提升的速度将放缓。

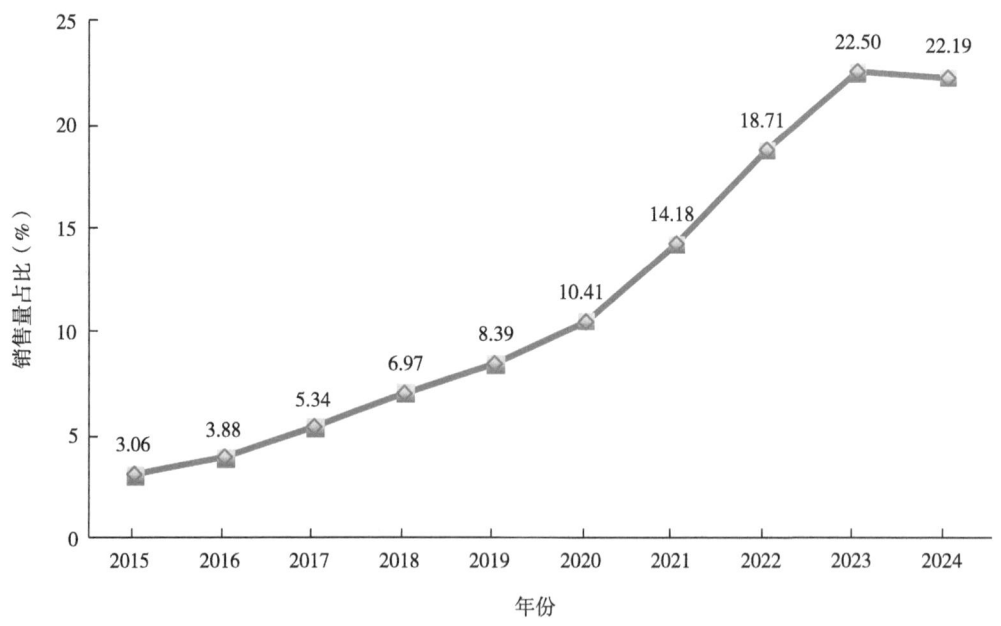

图30 2015—2024年国内10家生猪上市企业销售量占比

（数据来源：企业公告整理）

2.11.6 扩大养殖规模、冲刺资本市场，德康农牧完成上市

（1）安佑生物科技集团股份有限公司成立于2009年，公司在全国共有61家子公司，业务范围覆盖全国绝大多数省份，并在越南设立子公司，拥有37个饲料生产基地。公司及各子公司拥有经授权专利124项，其中发明专利30项，实用新型90项，外观设计4

项，出版《饲料原料图鉴与控制手册》《饲料原料要览》等专著，在专业期刊累计发表科技论文超过100篇。

公司深耕饲料行业多年，在饲料行业具有长期的技术沉淀，并形成了较为领先的技术优势。2016年公司技术中心入选国家企业技术中心名单，同年，总部中心实验室通过了国家实验室CNAS认可，并于2019年通过复审。公司获评江苏省重点企业研发机构、江苏省饲料资源开发与高效利用工程技术研究中心、博士后科研工作站、江苏省博士后创新实践基地和江苏省企业研究生工作站等高质量研发平台。此外，公司参与了多项行业标准的制定，并承担或参与了多项国家、省部级饲料研发相关项目的执行，公司是国内技术领先的饲料生产企业之一。截至2023年6月30日，公司及控股子公司共拥有124项专利，其中30项发明专利。2020—2022年公司饲料产量分别为195.40万吨、284.79万吨、281.36万吨，其中主要产品猪饲料产量为160.07万吨、255.24万吨、236.04万吨。

通过引入国际先进的原料数据资料库，并结合多年来公司在原料营养价值评定方面的积累，于2012年建立了国内领先的净能及可消化氨基酸配方体系，同时，采用美国Brill的配方系统，实现精准配方计算。共有超过220名的专业技术服务人员。2012年，"安佑"商标荣获"中国驰名商标"称号，此外，公司产品获得2015年度"全国十大最受欢迎母猪料品牌"、2018年"中国十大饲料及添加剂爆品奖"等奖项，公司则陆续获得2019年"全国农产品加工业百强企业"、2020年"第六届中国畜牧行业先进企业"、2020年"畜牧饲料行业十大无抗替抗技术创新企业"等多个荣誉奖项。目前，"安佑"品牌已经成为饲料行业优势品牌之一。于2023年12月25日向深交所主板提交招股说明书。

（2）四川德康农牧食品集团股份有限公司成立于2011年，控股股东王德根以个人名义自四川特驱收购重庆特驱42%股权，持续发展重庆特驱生猪及家禽业务，于2012年改名重庆德康，其后成为四川德康的全资附属公司。其拥有及合作企业120家，8家由德康农牧直接持有，拥有2个国家级生猪核心育种场。2023年1月31日正式向中国香港证券交易所呈交招股说明书，迈出了由生产向产业资本化的重要一步。德康农牧具备生猪、黄羽肉鸡育种、养殖及饲料生产方面垂直一体化的产业链。截至2022年9月30日，德康农牧生猪销售量增长超过100倍，业务已遍布国内12个省、自治区的39个城市。据弗若斯特沙利文数据，德康农牧生猪出栏量在国内排名第六，是国内唯一拥有两家产业化国家重点龙头企业及两家国家生猪核心育种场的养殖企业，入选国家畜禽种业阵型企业。

截至2022年9月底，在西南地区拥有2 096个家庭农场，在华南、华东及东北地区建立了3个核心种猪场、2个公猪站、9个扩繁场；设计母猪存栏量44.55万头，实际存栏量29.21万头。在全国有12家饲料厂，总年产能大约260万吨。德康农牧共有887个生猪经纪人，大部分商品肉猪及商品仔猪出售给生猪经销商。生猪养殖模式包括一号家庭农场模式、二号家庭农场模式及自营模式。2020年生猪出栏140万头、2021年生猪出栏370万头、2022年生猪出栏540万头（包括种猪和商品仔猪，其中前三季度出栏390万头）；核心种猪群规模约1.36万头（包括后备母猪和后备公猪），纯种种猪规模12.53万头，具备生产规模超过50万头母猪生产能力及1 250万头仔猪的产能。

四川德康农牧食品集团股份有限公司于2023年12月6日在香港联交所主板正式上

市。2023年德康农牧共出售生猪666万头（656.53万头销售至外部客户，9.45万头内部销售至自有屠宰场加工，然后销售给外部客户），营业收入122.55亿元，同比增长4.3%。年末核心种猪群规模约为1.48万头（包括后备母猪及后备公猪），纯种种猪规模为14.81万头。2023年10月在四川省宜宾市的屠宰场投产运营，年屠宰产能300万头生猪。在四川省眉山市投资建造每年屠宰量200余万头生猪屠宰场。2024年德康农牧共销售生猪878万头，营业收入182.72亿元，同比增长49.1%。核心种猪群规模约为14 941头（包括后备母猪及后备公猪），纯种种猪规模约为140 729头（包括后备母猪及后备公猪）。

第5篇 中国猪肉市场特征及生猪屠宰业情况

1 中国生猪屠宰业的主要特点

1.1 生猪屠宰产业及模式

屠宰生猪采购主要有两种渠道：直采和经纪人（图31），直采是指大型养殖场和屠宰场点对点直接采购，国内该模式预计占20%左右。国内生猪的贸易主要通过"猪经纪人"及"猪贩子"的中介在养殖户和屠宰场之间进行运作，中介直接对接养殖场和屠宰场赚取价差，或通过跨省调运来赚取区域价差。

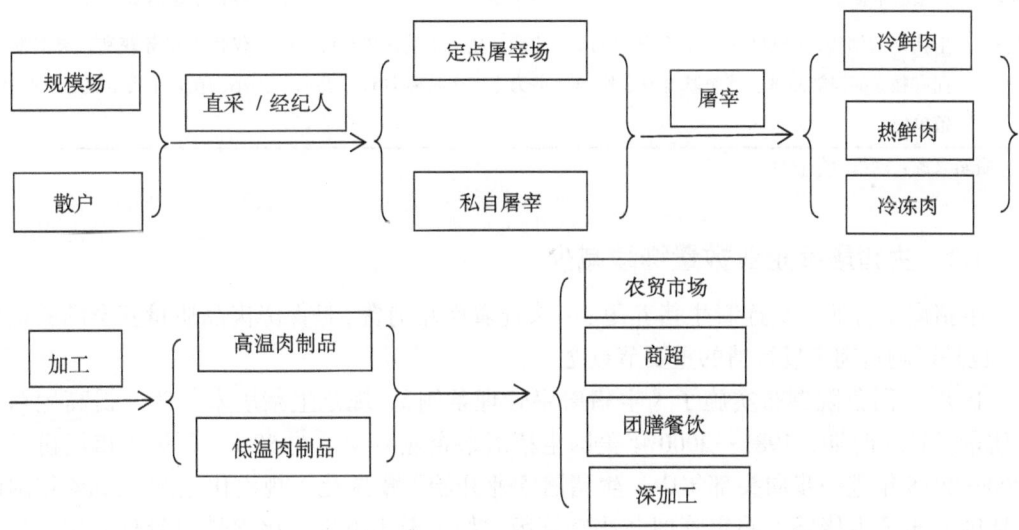

图31 生猪屠宰产业链

在国内生猪屠宰行业一般有三种形式（表24）：一是规模化屠宰，二是各地政府部门指定屠宰地点进行定点屠宰，三是农户或猪肉贩子自行宰杀。

表24 国内屠宰行业的区分形式

类型	私自屠宰	定点屠宰	规模屠宰
形式	自养自宰或收购屠宰	集中屠宰	集中屠宰，年屠宰量大于2万头
合规性	不合规或可能不合规	经当地主管部门授权，合规和不合规并存	合法合规

·131·

续表

类型	私自屠宰	定点屠宰	规模屠宰
模式	宰后直接销售	宰后产品包括热鲜肉和冷鲜肉，热鲜肉为主	产品以冷鲜肉为主，保质期更长，销售范围更大
检疫标准	无检疫	检疫无统一标准	专业化和标准化检疫
头均利润	50～80元	50～80元	30～60元

资料来源：网络收集整理。

屠宰企业分自营、混合经营和代宰经营三类（表25）。对于代宰企业来说，只是单纯的收取屠宰手续费，盈利能力与屠宰量相关性最大。对于自营或混合经营企业来说，其收入受到屠宰量、猪肉价格、产品结构等影响；企业的成本则主要受生猪收购的价格、生产成本等影响，生产成本包括固定成本和可变成本两方面，前者包括厂房和设备投入，后者包括生猪收购成本、水电、人工、检验检疫费等。屠宰生猪的数量一方面受公司的产能影响，另一方面受市场的生猪供应量影响，在供应量不足的情况下，企业的屠宰量也会受到一定影响。

表25 生猪屠宰企业经营模式

	自营	混合经营	代宰经营
规模	大型屠宰企业	中小型	乡镇小型屠宰
业务	生猪宰后销售，肉制品加工销售等业务，拥有独立的肉类品牌、养殖基地或合作养殖单位	收购生猪屠宰后销售和代宰业务为主，产品种类单一	仅代宰业务获利，屠宰量较小，在几十头至数百头不等

资料来源：网络收集整理。

1.2 生猪屠宰企业数量继续减少

生猪屠宰行业一头连着生猪养殖，一头连着肉品消费，是保障肉品质量安全的关键环节，也是影响猪肉市场行情的重要节点之一。

1998年国务院颁布实施了《生猪屠宰管理条例》，规范生猪屠宰行为，提高生猪产品质量。这一时期，1981—2000年美国生猪屠宰企业减少了约50%，且屠宰市场份额在2000—2015年进一步向头部集中，生猪屠宰业开始了集约化、规模化生产。2004年国内各地区发布了生猪屠宰销售管理办法修订版，如《天津市生猪屠宰销售管理办法（2004年修订）》《辽宁省生猪屠宰管理办法（2004年修订）》《合肥市生猪屠宰和生猪产品流通管理办法》通过审议发布，《海南省生猪定点屠宰厂（场）设置规划》2004年出台，苏州发布《关于加强生猪屠宰销售管理的意见（太政发〔2004〕55号》。

2008年国内年屠宰量2万头以上的规模定点屠宰厂（场）共2 200余家，较2007年约增加10%，年屠宰量达到1.86亿头，占企业实际年屠宰总量的68%。2008年国内TOP100生猪屠宰企业中58%大型屠宰企业分布在生猪主产区，33%分布在以东中部大中城市为核心的肉品主销区。

经过2011—2012年多部门联合审核清理工作，2013年我国屠宰企业数量从近2.0万家降至1.47万家，降幅26.2%。

2016年生猪屠宰企业数量进一步减少，降至1.12万家左右。但我国屠宰企业数量依然较多。其中，规模以上屠宰企业数量为2 937家，而小型生猪屠宰点预计在6 000~8 000家。2017年全国规模以上牲畜屠宰企业1 404家，同比增加4家，增幅0.28%。2018年环保整治力度进一步加大，不合规的屠宰企业被清理或整改，同时受非瘟影响，导致部分地区屠宰开工率不足，使企业倒闭。2018年全国生猪屠宰企业在8 000~10 000家（9 476家）。

2019年生猪养殖量减少，可屠宰生猪数量减少，国家相关部门继续清理整顿小型屠宰场点，开展生猪屠宰标准化示范创建。2019年9月农业农村部发布第212号公告，对全国生猪屠宰企业名单予以公布，按公告公布的清单，全国现有生猪屠宰企业5 005家，规模以上屠宰企业仅剩2 205家。其中四川省最多，为984家。

非洲猪瘟对生猪出栏量的影响在2020年彻底体现，2020年生猪出栏数量比2019年有所减少，可供屠宰猪的数量大幅下降。2019年屠场企业淘汰超过了4 000家，总规模数量同比减少了47%，定点屠宰企业的屠宰量2020年2月下降的幅度最大，同比下降了65.8%。2020年生猪定点屠宰场的数量在4 000~5 000家。

非瘟之后，我国对生猪屠宰整体规范政策持续加强，促进企业集约化、规模化发展，取缔了大量规模小、生产设备落后、生产过程不规范、污染大的屠宰企业，尤其私宰模式几乎销声匿迹，行业朝着规模化、定点化方向发展；其中，双汇、牧原、雨润、天邦、龙大肉食、新希望、双胞胎等集团养殖猪企、屠宰及食品行业龙头企业得以快速发展。不过，到目前为止，头部企业屠宰产能占比仍偏小，分布于各市区或县乡的国营及定点屠宰场仍是屠宰行业主导者。

2021年广东生猪定点屠宰企业屠宰生猪约3 868.8万头，全省有国家级标准化屠宰场7家，省级标准化屠宰场55家。2019年东莞市生猪定点屠宰场总数由28家减少至19家，到2021年底，全市生猪定点屠宰场减少至8家。全国各地应按照《生猪屠宰管理条例》规定，制定小型生猪定点屠宰场点设置规划。小型生猪定点屠宰场点的设置条件应符合乡村规划、动物防疫、生态环保、肉品品质等法律法规和政策规定。一般一头猪的代宰费为50~100元不等，即使不考虑折旧，每天仅烧热水电费和最低运转人工费用都需要2 000元以上，也就是至少每天要代宰20头才能维持现金成本，而很多小型屠宰企业有些时候连这个屠宰量都没有，完全是亏损经营。手工屠宰等落后工艺和落后产能将被淘汰。

2020年12月，农业农村部表示，将加快小型屠宰场点撤停并转，确保小型屠宰场点只减不增，优化屠宰产能布局，鼓励在生猪养殖主产区新建屠宰优势产能。近年来，农业农村部联合相关部门多次开展扫雷行动，严厉打击私屠滥宰行为，对不符合条件的小型屠宰点进行关停取缔；市场上的注水肉、注胶肉、白板肉几乎绝迹，肉品的质量明显提升，经营环境越来越好，品牌企业的市场空间越来越大。

2021年2月农业农村部在《农业农村部关于落实好党中央、国务院2021年农业农村重点工作部署的实施意见》要求，深入推进养殖、屠宰标准化示范创建，引导生猪屠宰产能向养殖集中区域布局，加快由"运猪"向"运肉"转变。农业农村部着力推进屠宰企业资格清理整治工作，全国生猪屠宰企业由2018年底的9 476家减少到2021年底的5 531家，减少41.6%。2022年，在《农业农村部关于落实党中央国务院2022年全面推进乡村振兴重点工作部署的实施意见》中指出，要优化屠宰企业区域布局，推进屠宰企业标准化创建。修订后的《生猪屠宰管理条例》（以下简称《条例》）于2021年8月1日施行。①《条例》新推出《生猪屠宰质量管理规范》（GMP）。这是提高屠宰加工条件和技术水平的主要举措，加快小型屠宰场点撤停并转，推动屠宰企业实行屠宰、加工、销售、配送一体化发展。②高度重视肉食品品质检验工作。③实行生猪屠宰质量安全风险监测制度。④鼓励推行标准化屠宰。新的屠宰条例的施行将显著完善屠宰全过程管理，完善动物疫病防控制度，强化屠宰经营主体责任，极大地提高生猪屠宰行业的质量水平。尾部产能或将退出行业，产能过剩格局或将有所改善。2021年全国生猪定点屠宰企业为5 443家。

2022年12月1日起广东省实施新的《广东省生猪屠宰行业发展规划》，全省在产生猪定点屠宰厂（场）324家，数量较2018年减少了三分之二，规模以上（年屠宰量2万头以上）屠宰企业占比达70.4%。到2026年，全省生猪年屠宰总量3 300万头以上。

2023年3月7日，河北省农业农村厅制发了《关于印发＜河北省生猪屠宰行业发展规划（2023—2030年）＞的通知》，要求对现行生猪定点屠宰厂、点设置规划进行大幅压减，由原规划573家压减为300家（含现有98家生猪定点屠宰点），逐步淘汰落后屠宰产能，提高新设立企业建设标准。2023年4月，湖南省农业农村厅印发《湖南省生猪屠宰行业发展规划（2022—2025年）》，2021年，全省有生猪屠宰企业328家，其中生猪定点屠宰厂（场）116家（其中年屠宰能力100万头以上12家、50万头以上的8家、30万头以上的16家）、小型生猪定点屠宰点212家，生猪屠宰产能3 875万头，生猪定点屠宰厂（场）的生猪屠宰量占全省生猪屠宰总量的70%以上。到2025年，全省生猪年屠宰能力达到6 000万头左右，其中100万头的现代化屠宰厂（场）15家以上、30万头以上的标准化屠宰厂（场）50家以上。2023年10月10日，浙江省农业农村厅 浙江省生态环境厅印发《浙江省家畜屠宰行业发展规划（2023—2027年）》，当前生猪定点屠宰企业数量由2016年的252家压减到2022年底的126家，累计创建33家省级以上生猪屠宰标准化厂，建成牛羊屠宰企业22家。到2025年，全省生猪定点屠宰企业115家左右、牛羊定点屠宰企业50家左右。2023年11月22日，陕西省农业农村厅印发《陕西省畜禽屠宰行业发展规划（2023—2030年）》的通知，当前生猪屠宰企业从2013年的632家压减到133家，特别是小型屠宰场点占比从40.9%下降到26.5%。全省生猪年屠宰量从544.2万头增加到626.3万头，其中规模生猪屠宰厂（场）年屠宰量从102万头增加到567万头，增长455%；到2025年，生猪设计年屠宰产能分别控制在3 000万头；生猪屠宰企业控制在130家，其中生猪小型屠宰场点控制在20家；到2030年，全省生猪屠宰企业控制在100家，其中生猪小型屠宰场点控制在10家；年屠宰生猪50万头以上的屠宰企业达20家。

2023年全国生猪屠宰企业的数量在4 000家左右，2024年生猪屠宰企业的数量与2023年数量大致相持平。

1.3 大型集团屠宰产能增加，生猪屠宰产能表现为总量严重过剩

2000年是双汇的冷鲜肉元年，双汇第一条先进的屠宰冷分割生产线投入运营。2000年开始生产金锣火腿肠，明显加快了在高端化品质化产品领域的布局。2001年雨润集团销售额高达34亿元。

2003年，雨润疯狂并购了20家国有企业，同时雨润食品也准备在香港联交所主板挂牌上市。上市之前，雨润食品香港零售部分超额认购156倍，国际认购部分超额认购21倍。2007年雨润生猪的屠宰产能超过了1 400万头。2003年双汇屠宰量为319万头，板块营业收入为6.63亿元。

2004年双汇的屠宰能力超越金锣，产能保持较快的增长态势。2006年集团口径屠宰生猪1 310万头，金锣为870万头，雨润为500万头左右。

2005年10月雨润在香港主板上市后，借力资本快速扩张，2008年集团生猪屠宰产能为1 805万头，2010年雨润屠宰量为1 509万头，超过双汇成为"中国第一屠户"，而2010年产能再增加1 005万头，达至3 560万头/年。2010年全国共有生猪定点屠宰企业20 639个。2012年双汇屠宰量首度突破千万头大关达到1 142万头。2012年雨润食品分别于安徽、河南、江西、甘肃及海南省等新厂房投产，使上游屠宰年产能截至2012年底达到5 665万头，较2011年底增加了约1 060万头。2015年上半年雨润亏损超过7亿港元，前期快速扩张及管理等方面的问题暴露出来，至此后雨润走上了下坡路。双汇发展至2015年实现营业收入446.97亿元，同比2014年下降2.19%；虽然营业额下降，但利润却大幅上升，实现利润总额56.75亿元，同比2014年增长5.63%，2015年双汇发展的屠宰量超过1 000万头。

屠宰行业进入壁垒低，生猪屠宰产品同质化明显，参与者众多。行业产能利用率仅为30%～35%，落后产能占比较高，行业内实现全机械化的定点屠宰企业数量占比仅15%左右，半机械和手工屠宰占比在80%以上。

2016年，我国定点屠宰企业设计年屠宰能力超过9.0亿头；生猪实际屠宰量仅3.3亿头左右，仅占设计产能的36%，产能严重过剩。

2018年生猪屠宰产能依旧表现为总量过剩，而结构上表现失衡：各地区屠宰企业数量和产能与生猪出栏匹配分布极度不均衡，特别在非洲猪瘟发生后，活体跨省调运被禁止后；屠宰产能不足的地区表现为生猪价格快速下降，生鲜肉类调运能力不足。2018年双汇发展屠宰生猪1 631万头，市场占有率仅2.35%；雨润食品屠宰生猪约661万头，市场占有率仅0.95%；新希望生猪屠宰产850万头，实际产能利用率仍未饱和，市场占有率不足1%。

国内生猪屠宰企业较为集中的区域包括：河南、山东、江苏、广东和湖北等地区。同时国内小刀手屠宰生猪仍在占据很大比例。

2019年11月5日，农业农村部发布《关于进一步加强生猪屠宰监管的通知》（以下简称《通知》）提出，为强化生猪屠宰企业监管，将从严审批定点企业，确保小型生猪屠宰场点以县为单位计算，只减不增。而在保留的屠宰企业中，仍有近2 800家年屠宰量2万头以下的小型屠宰场点，占比约达56%。

产能利用率低，2020年一季度中国的屠宰产能利用率不足30%，11月达不到40%。根据调研数据，2021年新增屠宰产能5 000万头以上，80%是养殖企业增加的屠宰产能。其中，哈尔滨市2020年新增生猪屠宰产能150万头。

至2021年底，河南省共有生猪屠宰企业接近200家，且新增屠宰场设计产能均为15万头以上，甚至相当多一部分设计产能都在百万头以上。2020年双汇国内生猪屠宰量为709.2万头，同比下降46.3%，而公司屠宰产能为2 373万头，产能利用率不到30%，而同期，万洲国际在美国和欧洲的屠宰产能利用率分别高达94.4%和87%。

传统屠宰食品企业已经手握大量存量产能，双汇、金锣、华统、龙大美食和高金食品屠宰产能都超千万头/年。而近几年，牧原、温氏、新希望、海大等TOP前20猪企基本都以开展屠宰业务，新希望和双胞胎屠宰布局稍慢，相对自身出栏量需求缺口比较大，而傲农、中粮家佳康、天邦、唐人神、新五丰和天康，在建的屠宰产能基本已经良好覆盖企业自身生猪出栏量。头部养猪企业纵向发展，大幅布局屠宰业务，也是当前屠宰行业集中度快速提升的主要推动力。

龙大肉食屠宰产能已从2019年的730万头提升至2020年的800万头，2020年，其屠宰量已达到406.5万头，此外，公司也在积极向上游养殖与下游肉制品扩张。到2021年底，公司的生猪屠宰产能增加至1 050万头。2020年以来，公司先后在黑龙江省安达市投资1亿元布局养殖基地，以3 500万元收购通辽金泉食品，并与上海新农科技共同出资2亿元在江苏省灌云县设立江苏龙新食品。12月16日，龙大肉食公告称与黑龙江省安达市开发区管委会签订协议，投资3亿元在安达市投资建设生猪屠宰及肉制品深加工项目。12月18日，江苏龙大沁侬食品总投资10亿元，分两期建设年屠宰生猪300万头项目和肉制品深加工150吨/天的项目。

最近两年新增屠宰场的主要投资来源，一是规模养殖企业按照国家政策，新建的屠宰场，比如牧原最近两年在河南省开工建设了5家屠宰企业，截至2021年底，投产3家，合计产能800万头。天康、唐人神等上市公司也在河南建设了屠宰企业，一些非上市养殖企业也建设了屠宰产能。二是核心城市为了保证自身猪肉供应，例如北京首农集团、上海农发集团等，收购或新建的屠宰企业。三是销区关停的屠宰企业收购或新建的屠宰企业。四是一些原有屠宰企业的新建产能。五是一些社会资本的投资。

截至2022年末，牧原股份公司共投建10家屠宰厂，设计屠宰产能2 900万头/年，在建4家屠宰厂。已超过双汇发展2 500万头/年的屠宰产能。

2023年2月13日，温氏股份下属佳润肉食曲靖晶宝公司举行开业典礼，曲靖晶宝公司第一期项目成功投产，可实现一年100万头生猪屠宰以及30万头白条分割产能。现阶段，温氏股份公司共有4个屠宰项目投入运营，合计年屠宰产能达400万头左右。

2024年中国TOP10规模屠宰企业屠宰量占比由2023年的8.27%降至7.83%，下降0.44个百分点。其中，排名前三的屠宰量占比由2023年的4.71%降至4.38%，下降0.33个百分点；排名第四位至第十位的屠宰量占比由2022年的3.56%降至3.45%，减少0.11个百分点。2024年屠宰企业毛利由正转负，处于深度亏损状态，屠宰量无主动增加意愿，且下游需求疲软，订单量缩减，屠宰企业多挺价维持低宰量，部分大型屠宰企业亦因资金压力逐渐减少地区分公司企业。

1.4 生猪屠宰集中度比上年有所提高，但依然偏低

由于生猪屠宰企业数量庞大，且生猪养殖的小规模及供给的分散化也导致了我国屠宰及肉制品加工业的集中度较低。2008年全国生猪屠宰TOP3企业屠宰量仅占全国屠宰量的10%；2009年全国定点屠宰企业，平均每家屠宰企业年屠宰1.4万头，日平均屠宰量只有38头猪。美国TOP屠宰企业市场份额超过71%，丹麦TOP2屠宰企业屠宰量占全国97%；德国TOP8屠宰企业占联邦市场份额的65%；英国、法国等国家TOP4屠宰企业的市场份额在20%～50%。与之相比，我国生猪屠宰集中度不高。

2013年国务院决定将商务部的生猪屠宰管理职能移交至农业部,从此生猪屠宰管理进入一个新阶段。2018年虽然经过各地对小型屠宰企业的淘汰,生猪屠宰行业的集中度比2017年有所提高,但仍然偏低。我国屠宰量位居前三位的雨润、双汇、金锣的市场份额占比不足10%。2019年万洲国际生猪屠宰量5 379.7万头(2018年5 606.8万头),比上年下降4.05%;肉制品销售量334.5万头(2018年336.1万头),生猪出栏量2 180.5万头(2018年2 095.3万头)(含国外出栏量)。2019年在中国的生猪屠宰量减少19.0%至1 320.2万头。2019年在美国的屠宰量随着生猪行业的扩张增加1.7%至3 451.3万头。在欧洲的屠宰量并购皮尼波洛尼亚而增加4.3%。2019年万洲国际在中国、美国、欧洲肉制品的年产能分别为222万吨、174万吨及40万吨,该产能的利用率分别为71.6%、81.9%及76.8%。生猪加工在中国、美国及欧洲的年产能分别为2 464万头、380万头及763万头,该产能利用率分别为53.6%、101.9%及89.9%。2019年雨润生猪屠宰量为624万头,比上年减少5.6%;2019年雨润生猪屠宰产能和深加工肉制品年产能分别为5 265万头及31.2万吨。2019年金锣集团已形成年屠宰加工生猪2 000万头、肉鸡2亿只、年产冷鲜肉及冻品等肉制品300万吨的生产能力。2019年我国屠宰量居前三位的雨润、双汇、金锣的市场份额占比小于5%左右(约4.5%)。根据行业调查,2020年1—9月国内前10名的屠宰企业屠宰量同比下降48%,超高的猪肉价格导致猪肉消费受到抑制,替代现象比较突出。

2020年2月温氏股份表示,在有序推进有关项目建设,未来生猪屠宰产能达到800万~1 000万头;温氏股份2020年有生猪屠宰产能约150万头,2021年底新增屠宰竣工产能约400万头。新希望2021年1月表示在辽宁沈阳、北京平谷、河北南宫有3家千喜鹤屠宰厂,设计产能合计450万头。2020年4月初,公司还公告了山东德州的一个200万头产能生猪屠宰厂项目,2021年6月竣工投产。牧原股份在2019年前后开始发力屠宰业务,2020年已投产的生猪屠宰产能为400万头;2022年1月新投产屠宰产能2 700万头,2022年12月投产的产能400万头,屠宰产能达到3 500万头。2020—2023年,4年间牧原生猪屠宰量分别为23.9万头、289.9万头、736.2万头和1 326万头。2020年1—9月全国规模以上生猪定点屠宰企业屠宰量1.138亿头,比2019年减少了4 386万头,降幅28%。

2021年全年开封大红门肉食、驻马店大红门肉食两家屠宰场,合计产能400万头,全年开工率71%。双汇截至2021年底共开工漯河双汇食品、郑州双汇食品、济源双汇食品三家屠宰场,合计产能650万头,全年屠宰生猪175.8万头。不考虑2019年年中开始升级改造12月中旬方才复工的漯河双汇食品300万头产能的话,全年开工率在50.23%左右。截至年底共开工内乡牧原肉食、正阳牧原肉食、商水牧原肉食三家屠宰场,合计产能800万头,全年屠宰生猪286.2万头。不考虑12月中旬才投产、处于试生产阶段的商水牧原肉食400万头产能的话,全年开工率在71.5%。2021年河南省屠宰行业三大龙头企业共屠宰生猪746万头,占全省屠宰量的比例为35%,而这三家屠宰企业截至年底共开工建设屠宰场8家,其中有两家是12月中旬才开工。全年全省生猪定点屠宰企业共屠宰生猪2 131.1万头,同比增长125.5%。2021年在生猪屠宰业务上,相关政策正逐步引导,减少跨区域的生猪调运,在一定大区内形成生猪供需的内部平衡,同时鼓励大型养猪企业向下游延伸,形成养猪、屠宰一条龙的格局。2021年生猪屠宰量在100万头以上的企业年屠宰量占全国9%以上。

双汇发展在2021年10月表示,公司的年屠宰生猪产能为2 300多万头。双汇计划未来 3～5 年，18 家屠宰场每个配套 30 万～50 万头的养殖量。

从成本及环保角度看，屠宰行业规模化、寡头化是发展趋势，也符合海外成熟市场的发展路径。以美国为例，生猪屠宰集中度极高，CR5 高达 74%，龙头史密斯菲尔德市场占有率就高达 26%。

2023 年新希望屠宰产能达到 550 万头；2022 年屠宰生猪 291 万头，同比增长 44%。天邦食品屠宰产能达到 500 万头，2023 年屠宰生猪 156.37 万头，同比增长 34%。新五丰拥有每年单班 70 万头的生猪屠宰加工能力，宁远舜新屠宰冷链配送项目在建，新增屠宰产能 50 万头/年；郴州市苏仙区城北屠宰场项目在建，新增屠宰产能 85 万头/年。如果全部投产，屠宰产能可达 205 万头/年。

屠宰龙头双汇发展，2022 年屠宰量约为 1 130 万头，2023 年屠宰量 1 269 万头。国内 2023 年屠宰产能为单班 2 500 万头，2023 年全国规模以上生猪定点屠宰企业屠宰量已经超过 3 亿头。

1.5 继冷鲜肉及深加工肉制品成为热点后，畜禽预制菜广受关注

冷鲜肉在安全性、口感、营养等方面均好于传统的热鲜肉和冷冻肉，随着生活节奏的加快，肉制品的消费占比也将不断提高。且随着冷链物流的发展，冷鲜肉和肉制品的销售范围正在扩大。冷鲜肉和肉制品的利润率也分别高于冷冻肉和高温肉制品。因此，冷鲜肉和深加工肉制品成为屠宰加工企业的投资热点。

天邦股份 2017 年进入旗下品牌包括拾分味道、六福寅新等，特色产品：卤猪蹄、小酥肉、猪蹄汤、猪肉铺、猪蹄酱等。

龙大美食 2018 年进入旗下品牌包括：青青小厨、龙大上品，2021 年上半年食品收入 7.72 亿元，特色产品：自热米饭系列、小酥肉、猪肚鸡等。

2018 年猪肉冷鲜肉及深加工肉制品的比例占猪肉总产量的 30% 左右，未来比重将会进一步提高。非洲猪瘟影响，由运猪向运肉转变。2019 年猪肉冷鲜肉及深加工肉制品的比例占猪肉总产量的 35% 左右，生猪一体化投资项目（饲料—养殖—屠宰—加工）明显增多，未来比重将会进一步提高。

2020 年品牌企业、规范企业市场空间在逐步增加。从需求端看，消费者对猪的安全、品质越来越重视，消费者的消费观念已经从有肉吃转向吃放心肉、高品质肉。非洲猪瘟下，品牌企业、规范企业的产品更受消费者青睐，市场占有率有进一步提升的空间。

预制菜是以农、畜、禽、水产品为原料，配以各种辅料进行预加工（如分割、搅拌、腌制、滚揉、成型、调味等）制成的成品或半成品。预制菜产业诞生于美国，成熟于日本，据企查查显示，截至 2021 年 12 月 31 日，全国有预制菜相关企业大约 9 万家，据行业统计，2025 年预制菜市场规模增长至 6 000 亿～8 000 亿元，估计 2021 年猪肉预制菜理论市场规模超过 4 000 亿元，目前很多畜禽生产企业进入预制菜市场。

新希望 2021 年小酥肉销售额超过 10 亿元。

温氏股份特色产品：白切鸡、盐焗鸡、猪肚鸡汤、椰子鸡汤等。

正大集团特色产品：盐焗鸡、炸鸡块、芝士爆浆鸡排、热狗肠、花生辣子鸡等。

正邦科技旗下品牌包括：正味佳、正邦鲜肉、山林风等，特色产品：猪排、酥肉、德式咸猪手等。

生鲜供应链企业叮咚买菜发布的《2021年度消费趋势报告》中指出，2021年叮咚买菜预制菜全线产品销售同比增长300%（销售单位：份）。预制菜产业或将迎来风口爆发期。

2 生猪屠宰量及猪肉产量

2.1 规模以上企业生猪屠宰量占生猪出栏量的比重不断提高

2005年底全国生猪屠宰15万头/年以上的企业为149家，80%集中在国有企业、有限公司和股份企业中，有限公司中80%以上是国有企业转让和专制而来，有限公司数量占比45%，大型肉食企业占比5%，其猪肉及肉制品产量超过全国肉产量的40%。2008年排名前100位屠宰企业总屠宰量为6 400万头，占全部定点屠宰总量比重已达22%。2008年全国生猪屠宰排名前三的企业年屠宰产能6 500万头以上，实际屠宰量约3 000万头，占产能46%。2009年1—11月，规模以上生猪定点屠宰企业屠宰量1.87亿头，同比增长24.3%。2012年底国内生猪屠宰产能为8.44亿头，产能利用率33%左右。2016年规模以上企业生猪累计屠宰量为2.06亿头左右，比2014年下降3.73%。这主要由于经过前两年生猪行业低迷期，很多的养殖企业退出养猪行业，生猪出栏量同比下降。2016年规模以上企业生猪屠宰量占生猪定点屠宰量的60%以上，占全国生猪出栏总量的37.7%。

2018年规模以上企业生猪累计屠宰量为2.42亿头左右，比2017年增加2 064万头，增幅9.5%。占2018年全国生猪屠宰总量的35.63%，比上年提高3.43个百分点，规模以上屠宰比重进一步提高。

2019年11月农业农村部发布通知指出，小型生猪屠宰场点，以县为单位计算，只减不增。其余生猪屠宰企业设立，必须符合发展改革委《产业结构调整指导目录（2011年本）》（2013年修订）中规定的"设计年屠宰生猪能力不低于15万头"，淘汰落后产能。2019年规模以上企业生猪累计屠宰量为1.91亿头左右，比2018年减少5 120万头，降幅21.13%。占2019年全国生猪屠宰总量的35.11%，比上年下降0.52个百分点，规模以上屠宰比重略有下降。2019年由于缺猪很多小型屠宰场（点）每周仅开工1次或2次，每次3～4小时，产能严重过剩。此外，小型屠宰场（点）生产线机械化、自动化水平不高，甚至存在一把刀一口锅的手工屠宰模式。以广东省为例，90.0%的屠宰企业为乡镇屠宰点，70.0%为小型屠宰场点，手工屠宰企业占比23.8%。

2020年规模以上企业生猪累计屠宰量为1.63亿头左右，2019年减少2 856.5万头，降幅14.94%。2021年规模以上企业生猪累计屠宰量为2.65亿头，比2020年增加10 226.9万头，增幅62.9%。2022年规模以上企业生猪累计屠宰量为2.85亿头，比2021年增加2 053万头，增幅7.75%。

2023年规模以上企业生猪累计屠宰量为3.44亿头，比2022年增加5 835万头，增幅20.45%。累计屠宰量占国内生猪出栏总量的47.30%，规模以上企业生猪屠宰量占比大幅提升。

2024年规模以上企业生猪累计屠宰量为3.38亿头（图32），比2023年下降598万头，降幅1.74%。累计屠宰量占国内生猪出栏总量的48.07%，规模以上企业生猪屠宰量占比不断提升。

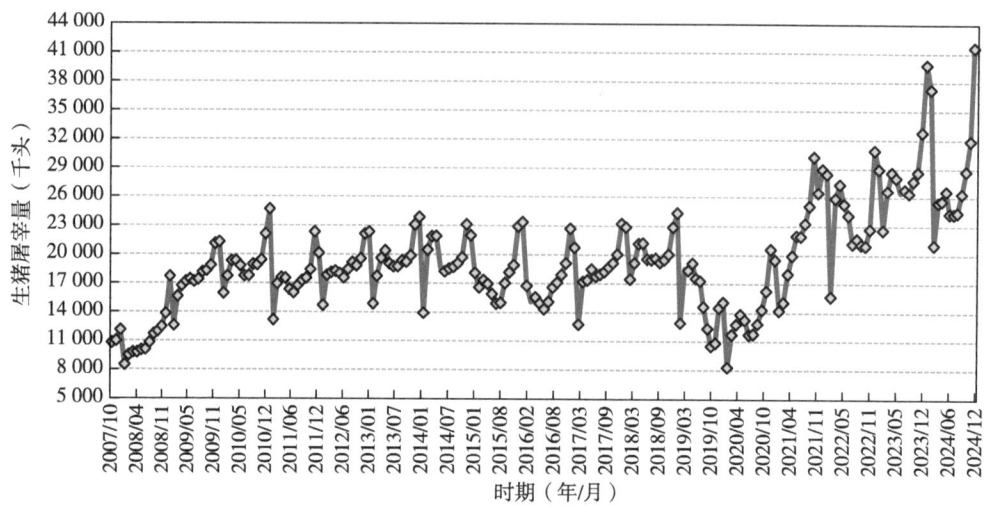

图 32 2007—2024 年全国规模以上企业生猪屠宰量

（数据来源：商务部、农业农村部）

2.2 占全国肉类产量比重降至 60% 以下，产量基本稳定，猪肉基础地位夯实

虽然近些年，随着居民收入水平的提升和食物来源种类的丰富，国内动物蛋白的消费结构有所变化，但受传统消费习惯影响，猪肉依然是国人最主要的动物蛋白摄入来源。相比牛羊肉，猪肉物美价廉，而且营养价值非常丰富。2000 年全国猪牛羊禽肉产量突破 6 000 万吨，为 6 014 万吨，其中猪肉产量达到 3 966 万吨，2000 年猪肉占家庭肉类消费的比例，城乡分别为 65.3%、77.8%。随着城乡居民消费升级和健康理念普及，中国肉类来源更趋于多样化，猪肉占比有所下降，2000 年猪肉产量占猪牛羊禽肉的比重为 65.95%。2000—2014 年国内猪肉产量呈现不断增加的趋势，其中 2007 年、2008 年由于暴发疫病，这两年猪肉产量有所下降，分别为 4 288 万吨、4 621 万吨。2014—2018 年国内猪肉产量基本趋势稳定，呈现略有下降的趋势，其表明国内的猪肉消费量基本趋于平衡，其中 2014 年，全国猪牛羊禽肉产量 8 708 万吨，较上年增长 2.0%，其中猪肉产量 5 671 万吨，同比增长 3.2%，也是近些年国内猪肉产量的高点；猪肉占中国肉类总产量的比重升至 66.4%，比 2013 年提高 0.8 个百分点。2016 年，全国猪牛羊禽肉产量 8 540 万吨，较 2015 年下降 0.99%，其中猪肉产量 5 229 万吨，同比下降 4.7%；猪肉占中国肉类总产量的比重为 62.05%，比 2015 年下降 1.56 个百分点。

2019 年、2020 年更是由于非洲猪瘟疫病的影响，产量在 5 000 万吨以下，2019 年全年猪肉产量 4 255 万吨，下降 21.3%，猪牛羊禽肉产量 7 649 万吨，比上年下降 10.2%；猪肉占国内猪牛羊禽肉总产量的比重降至 55.63%，比上年下降 7.82 个百分点。2020 年全年猪牛羊禽肉产量为 7 639 万吨，比上年下降 0.1%。其中，猪肉产量 4 113 万吨，比上年下降 3.3%；猪肉占猪牛羊禽肉类总产量的比重降至 53.84%，比上年下降 1.79 个百分点。2021 年国内猪牛羊禽肉产量为 8 887 万吨，比上年增加 1 248 万吨，增长 16.3%。其中猪肉产量 5 296 万吨，比上年增长 28.8%；猪肉占国内肉类产量的比重比上年上升 5.75 个百分点，升至 59.59%。2022 年全年国内猪牛羊禽肉产量为 9 227 万吨，比上年增长 339 万吨，增幅 3.8%。其中猪肉产量 5 541 万吨，比上年增长 246 万吨；增幅 4.6%，猪肉占国内肉类产量的比重升至 60.05%。

2023 年全年猪牛羊禽肉产量 9 641 万吨，比上年增长 4.5%。其中，猪肉产量 5 794 万吨，比上年增加253万吨，增幅4.6%；猪肉占国内肉类产量的比重升至60.10%。

2024年全年猪牛羊禽肉产量9 663万吨（图33），比上年增长0.23%。其中，猪肉产量5 706万吨，比上年下降88万吨，降幅1.52%；猪肉占国内肉类产量的比重降至59.05%。

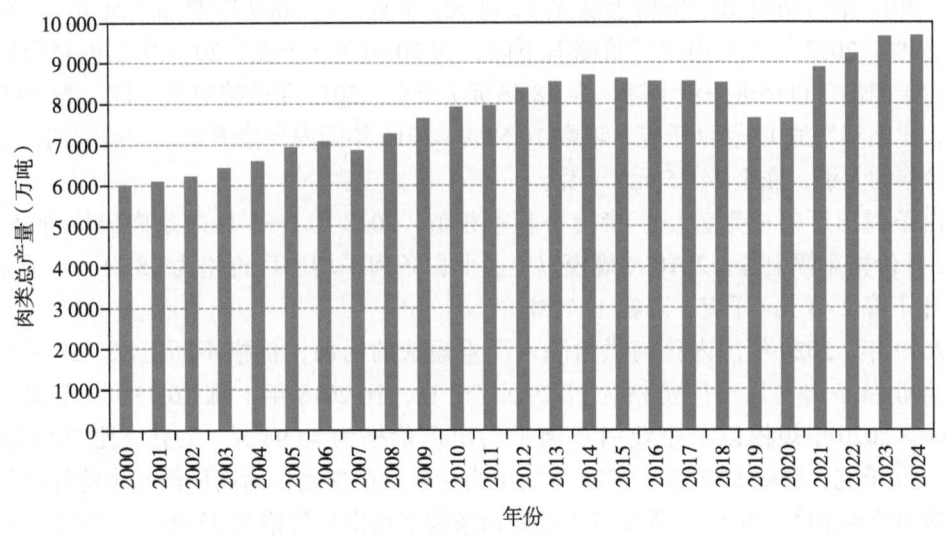

图33　2000—2024年中国肉类总产量

（数据来源：国家统计局）

3　猪肉价格及生猪屠宰、流通效益

3.1　白条肉出厂价格及生猪屠宰效益

3.1.1　2024年白条肉出厂价格同比涨幅8.20%

白条肉是生猪在屠宰后，去除头、脚、内脏等部位没有经过任何加工的猪肉，一般会沿着生猪背部劈开，也称为"半片白条"，是屠宰场的主要经营产品。一般屠宰厂（场）会根据市场的行情，选择批发出售白条，或者将其分割成四分体或六分体进行冷冻入库，待行情转好时，出库出售。白条肉的价格一方面和收购活猪的价格有关，另一方面受消费市场的供求。1949年以后，国内猪肉大部分由私营商业供应，城乡居民可以自由购买。1953年由于产量下降，国家对生猪采取统购政策，随后在1956年又以派购形式把生猪养殖交售作为任务下达。最终从1957年起，猪肉实行凭证供应。一直到1978年，猪肉都作为重要的副食品列入国家统购统销范围，供应价格经过1961年调整之后，基本稳定在1.52元/千克。1957年家庭养猪作为"资本主义的尾巴"割了又割，只有人民公社和下属的合作社才有资格发展副业。到1960年底，全国生猪存栏只有7 500万头，是1957年的一半左右，黑市肉价一度超过20元/千克。合作社养的猪是集体财产，要交售给国家。私自屠宰、私分猪肉属于严重的违法行为。1978年，全国猪肉的产量只有790万吨，年人均猪肉占有量为8.2千克，最终消费量不到6千克。1980年1月起，肉票在上海、北京等城市相继取消，并逐步扩散到全国，猪肉"敞开供应"。1985年国家放开了绝大多数农副产品购销价格，1992年放开生猪、猪肉价格，至此后猪肉的供应和销售进入了市场化。

2000年猪肉市场价格为6～10元/千克，直到2007年国内猪肉价格变动都不大，大约14元/千克。随着生猪疫病的发生，供应紧张，同时在这一时期居民收入水平不断提高，对肉的需求不断增长，使得猪肉价格不断上涨。2009年白条肉出厂价格为15.2元/千克，2011年白条肉出厂价格上涨至22.44元/千克，比2009年增加7.24元/千克，增幅47.63%。2012年白条肉出厂价略有下降，为20.64元/千克。2014年国内猪肉供应充足，白条肉出厂价格进一步下降，为18.66元/千克。2015年价格有所上涨，为20.56元/千克，比上年增加1.9元/千克，增幅10.52%。2016年国内生猪养殖处于盈利期，带动了猪肉价格的上涨，涨至24.25元/千克。

白条肉出厂价格走势与生猪价格基本相似。2018年1—5月白条肉出厂价格下降，6—12月价格小幅上涨。2018年规模以上企业白条肉平均出厂价格为18.24元/千克，比2017年下降2.43元/千克，降幅11.76%。

2019年、2020年国内猪肉供给陷入严重短缺的局面，价格不断上涨。2019年规模以上企业白条肉平均出厂价格为28.29元/千克，比2018年上涨10.05元/千克，涨幅55.09%。2020年规模以上企业白条肉平均出厂价格为43.95元/千克，比2019年增长15.66元/千克，涨幅55.36%。2021年后国内生猪生产恢复，猪肉供给紧张的局面得到解决，猪肉价格下降，2021年规模以上企业白条肉平均出厂价格为27.39元/千克，比2020年下降16.56元/千克，降幅37.68%。2022年规模以上企业白条肉平均出厂价格为24.40元/千克，比2021年下降2.99元/千克，降幅10.92%。

2023年规模以上企业白条肉平均出厂价格为21.21元/千克，比2022年下降3.19元/千克，降幅13.07%。

2024年规模以上企业白条肉平均出厂价格为22.95元/千克（图34），比2023年增加1.74元/千克，涨幅8.20%。

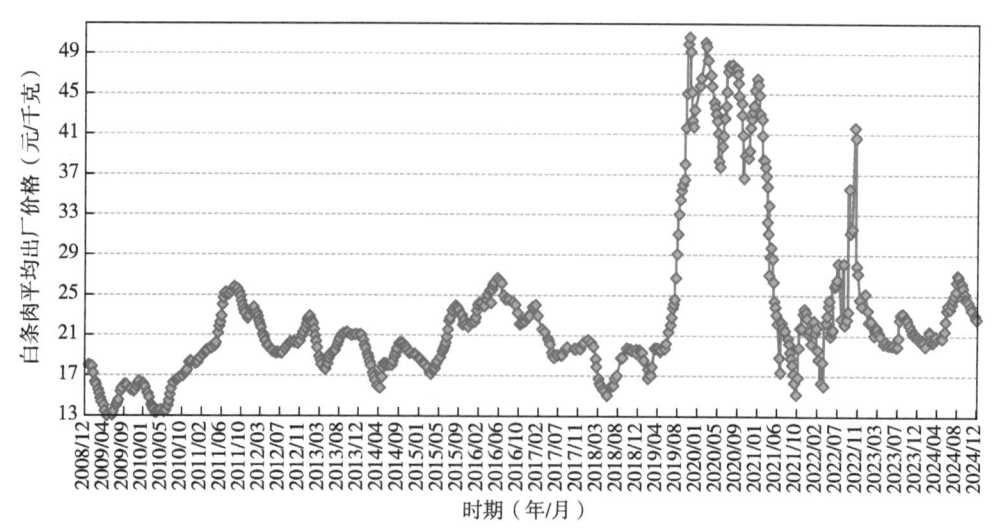

图34　2008—2024年规模以上企业白条肉平均出厂价格

（数据来源：商务部、农业农村部和北京华夕农业研究院数据库）

3.1.2　2024年白条肉出厂价格与生猪收购均价价差达5.87元/千克

白条肉出厂价与生猪收购价之间的价差为屠宰场的毛利空间。2019年以前，长期以来这部分利润空间相对稳定，基本在 4～6 元/千克波动，2019 年后这部分空间波动变化剧烈，和生猪价格的波动性呈正向关联。

2019 年规模以上企业白条肉平均出厂价格与生猪收购均价价差达 6.27 元/千克，比 2018 年扩大 1.22 元/千克，涨幅 24.16%。2020 年规模以上企业白条肉平均出厂价格与生猪收购均价价差达 9.36 元/千克，比 2019 年扩大 3.09 元/千克，涨幅 49.28%。2021 年规模以上企业白条肉平均出厂价格与生猪收购均价价差为 5.96 元/千克，比上年缩减 3.4 元/千克，降幅 36.32%。2022 年规模以上企业白条肉平均出厂价格与生猪收购均价价差为 5.35 元/千克，比上年缩减 0.61 元/千克，降幅 10.23%。

2023 年规模以上企业白条肉平均出厂价格与生猪收购均价价差达到 5.99 元/千克，比上年扩大 0.64 元/千克，升幅 11.96%。

2024 年规模以上企业白条肉平均出厂价格与生猪收购均价价差为 5.87 元/千克（图 35），比上年缩减 0.12 元/千克，降幅 2.00%。

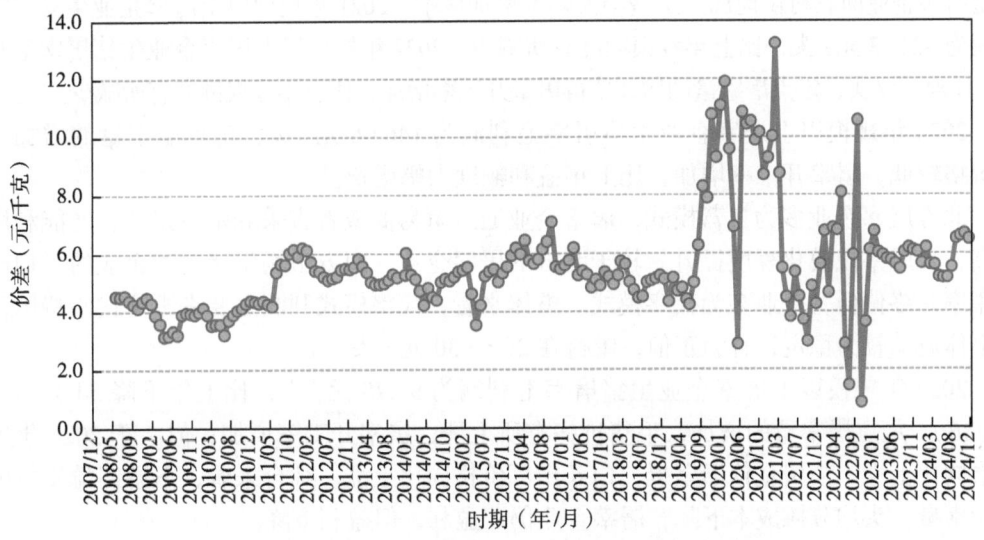

图 35　2007—2024 年白条肉出厂价与生猪收购价价差

（数据来源：农业农村部，北京华豕农业研究院测算）

3.2　生猪屠宰利润和猪肉批发价格

3.2.1　生猪屠宰量继续增长，2024 年屠宰行业盈利水平下降

受屠宰的生猪数量、生猪的出肉率以及猪肉的价格影响，一般屠宰场利润率为 3%～5%，一些运营好的屠宰企业利润率能够达到 10% 以上。从图 36 看，2008—2018 年间生猪屠宰利润在稳定的区间内波动，多数时间在 0～100 元/头波动，2008 年生猪平均屠宰利润为 34.67 元/头。2008—2010 年间生猪平均屠宰利润在 30～40 元/头，2011 年生猪屠宰行业陷入亏损状态，2012 年平均屠宰利润达到 72.99 元/头，2013 年生猪平均屠宰利润有所下降，同比降幅 24.76%，2014 年生猪平均屠宰利润有所增加，达到 80 元/头以上。2017—2018 年间生猪屠宰利润达到较好的水平，2017 年达到 88.02 元/头，2018 年生猪平均屠宰利润达到 103.04 元/头。

2019 年，规模以上屠宰企业生猪屠宰毛利润为 14 元/头，比 2018 年大幅下降；主要由于缺猪，生猪出栏价格大幅上涨，而同时国家为保民生，对猪肉的价格进行一定的限制，导致生猪屠宰陷入亏损。

2020年屠宰企业进入全面亏损。1—12月屠宰行业屠宰一头猪平均亏损60～80元。主要由于生猪价格创新高，生猪行业供应减少，导致屠宰企业的开工率不足，并且同时为稳价保供，国家对出厂和终端的价格有一定的指导。以双汇为例，每天屠宰40 000～50 000头，每头费用在100～150元，屠宰20 000～30 000头平均费用在200～300元，这样的情况下，每头猪的费用增加100多元，亏损就是增加到这部分。

非洲猪瘟疫情发生后，对私屠滥宰的打击和高猪价抑制农村食堂消费，提高了定点屠宰比例；对屠宰行业的规范化治理，关停小型屠宰场（点）和落后产能，提高行业规模化程度；大区制的落实和销区环保治理，关停了部分销区屠宰场，提高了产区屠宰比例；大型养殖集团在屠宰端的布局对原有屠宰企业产生了重大冲击。2021年虽然屠宰企业屠宰生猪数量大幅增长，但国内猪肉价格高位回调，产品自身市场需求疲软，小型屠宰企业是县城和农村供应的主力，大型屠宰企业向农村供肉加上运费会大幅度增加成本。2021年规模以上屠宰企业生猪屠宰毛利润为 –21.53 元/头，比上年亏损额度有所减少。2022年规模以上屠宰企业生猪屠宰毛利润为 –11.84 元/头，定点屠宰量的增加使得屠宰开工率增加，比上年亏损额度有所减少。

2023年规模以上屠宰企业生猪屠宰毛利润为146.06元/头，定点屠宰量的增加，毛猪价格较低，屠宰开工率增加，比上年盈利额度大幅增长。

北方屠宰企业多为自营模式，屠宰企业通过贸易商或者直采养殖户猪源，产能利用率较高，且屠宰规模化程度提升。较于北方的屠宰企业，南方市场生猪屠宰企业的平均产能利用率始终偏低，企业多为代宰模式。整体来看，代宰模式利润主要来源于代宰费用，因此整体波动较为稳定，且为正值，维持在20～30元/头。

2024年规模以上屠宰企业生猪屠宰毛利润为91.75元/头，比上年下降54.31元/头（图36）。定点屠宰量的增加，毛猪价格有所上涨，屠宰开工率增加；但由于2024年生猪价格同比上涨，消费量依旧坚挺，白条出厂价格同比上涨。综合来看，下游终端支撑屠宰企业宰量，头均分摊成本下降，屠宰企业仍旧盈利，但盈利下降。

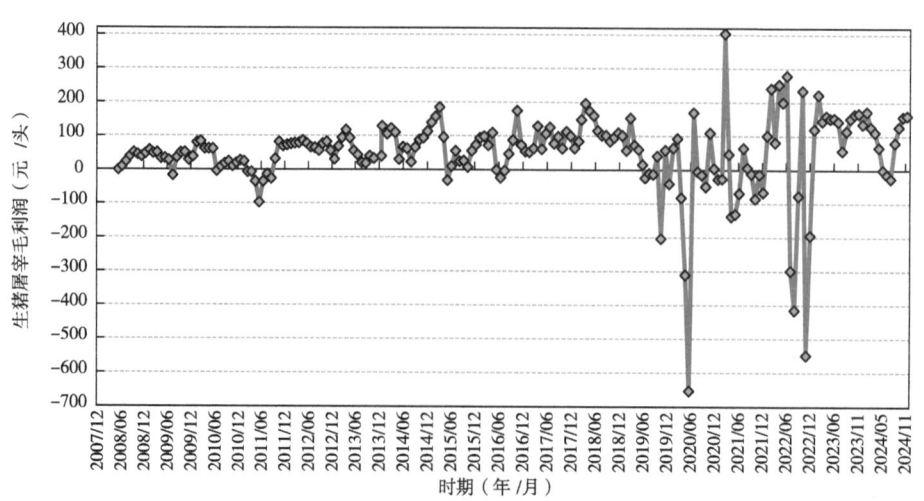

图36　2007—2024年规模屠宰企业生猪屠宰毛利润

（数据来源：农业农村部，北京华豕农业研究院测算）

3.2.2 猪肉批发利润比上年有所下降

猪肉批发价格与白条肉出厂均价价差表示猪肉中间批发商的利润空间。一般情况这一空间的数值都在 0 以上，对于中间贸易商而言，在批发价和出厂价的数值把握上相对准确，以保证自身的盈利。

2018 年，猪肉批发价格与白条肉出厂均价的价差为 0.43 元/千克，比 2017 年的 0.81 元/千克下降 0.38 元/千克，批发利润同比下降，降幅为 46.91%。2019 年，猪肉批发价格与白条肉出厂均价的价差为 0.71 元/千克，比 2018 年的 0.43 元/千克增加 0.28 元/千克，批发利润同比增加，升幅为 65.12%。2020 年，猪肉批发价格与白条肉出厂均价的价差为 0.63 元/千克，比 2019 年的 0.71 元/千克减少 0.08 元/千克，批发利润同比下降，降幅为 11.27%。2021 年，猪肉批发价格与白条肉出厂均价的价差为 1.41 元/千克，比 2020 年增加 0.78 元/千克，批发利润同比增加，增幅为 123.81%。2022 年，猪肉批发价格与白条肉出厂均价的价差为 1.09 元/千克，比 2021 年缩减 0.32 元/千克，批发利润同比下降，降幅为 22.69%。

2023 年，猪肉批发价格与白条肉出厂均价的价差为 0.55 元/千克，比 2022 年缩减 0.54 元/千克，批发利润同比下降，降幅为 49.54%。

2024 年，猪肉批发价格与白条肉出厂均价的价差为 0.20 元/千克，比 2023 年缩减 0.35 元/千克，批发利润同比下降，降幅为 63.64%（图 37）。

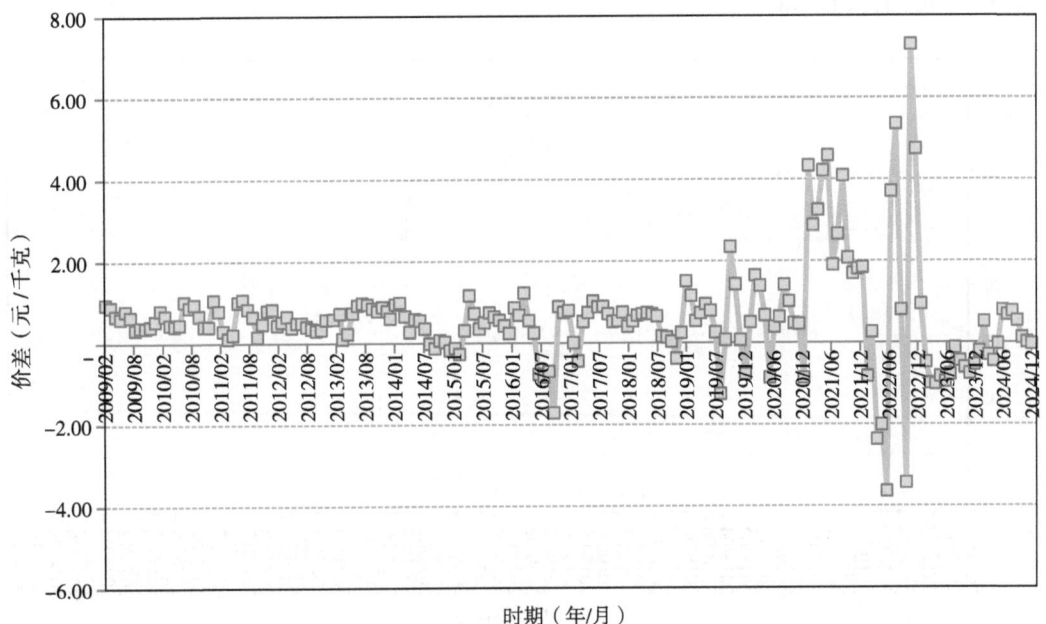

图 37　2009—2024 年猪肉批发价格与白条肉出厂价价差

（数据来源：北京华豕农业研究院数据库）

3.3　猪肉零售价格和零售利润

3.3.1　猪肉零售价格比上年涨幅 3.05%

猪肉的零售价格受供求关系、国家政策、消费淡旺季等影响。2015 年至 2019 年 7 月间，猪肉的零售价格基本在 15～20 元/斤之间波动，2016 年猪肉零售价格稍高，为 17.35 元/斤，整体还算平稳；且猪肉零售价格与猪肉批发价格走势一致。

2018 年，全国大中城市猪肉平均零售价格分别为 15.2 元/斤，比 2017 年的平均价格分别下降 1.19 元/斤，降幅 7.26%。2019 年 7 月后猪肉价格一路上涨，缺肉现象显现，全年全国大中城市猪肉平均零售价格分别为 20.81 元/斤，比 2018 年的平均价格分别上涨 5.61 元/斤。2020 年猪肉价格更是水涨船高，即使增加各种肉类的进口以补充供应，拟平抑价格，但猪肉价格全年仍在高位区间运行，全年全国大中城市猪肉平均零售价格分别为 30.36 元/斤，比 2019 年的平均价格分别上涨 9.55 元/斤，为历史最高水平。

国内猪肉价格的平稳仍然需要恢复国内的生猪生产，在国内生猪生产恢复，猪肉供应量增加的形势下，2021 年猪肉价格应声而下，全年全国大中城市猪肉平均零售价格为 20.91 元/斤，比 2020 年的平均价格分别下降 9.45 元/斤。在经历了三年的新冠疫情后，居民收入水平和创收能力下降，消费受到一定的影响，同时生猪生产高位运行，猪肉供应有保障。2022 年全国大中城市猪肉平均零售价格分别为 18.36 元/斤，比 2021 年的平均价格分别下降 2.55 元/斤，大幅下降 12.19%。

2023 年全国大中城市猪肉平均零售价格分别为 16.05 元/斤，比 2022 年的平均价格下降 2.31 元/斤。

2024 年全国大中城市猪肉平均零售价格分别为 16.54 元/斤，比 2023 年的平均价格上涨 0.49 元/斤（图 38）。

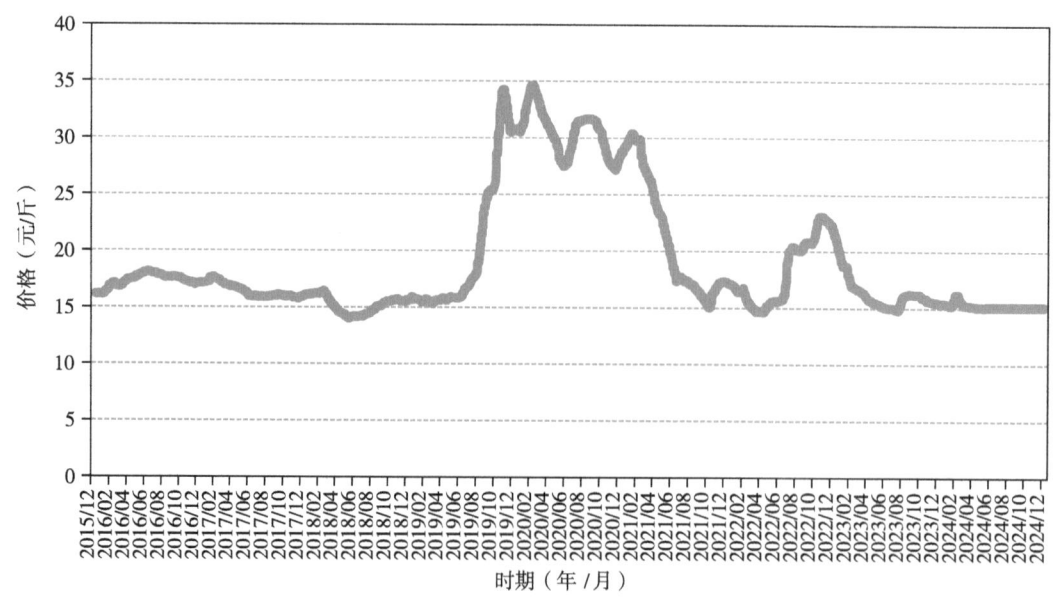

图 38　2015—2024 年全国猪肉零售价格变化

（数据来源：国家发展改革委）

3.3.2　猪肉零售利润比上年缩小，降幅 12.12%

2018 年猪肉零售利润仍保持较高水平。2018 年，全国大中城市零售猪肉与批发猪肉平均价格的价差为 11.78 元/千克，比 2017 年平均价扩大了 0.24 元/千克，增幅 2.08%。2019 年全国大中城市零售猪肉与批发猪肉平均价格的价差为 13.09 元/千克，比 2018 年平均价差扩大了 1.31 元 / 千克，增幅 11.12%。2020 年全国大中城市零售猪肉与批发猪肉平均价格的价差为 15.83 元 / 千克，比 2019 年平均价差扩大了 2.74 元 / 千克，增幅 20.93%。2021 年全国大中城市零售猪肉与批发猪肉平均价格的价差为 13.33 元 / 千克，比 2020 年平均价差缩小了 2.50 元 / 千克，减幅 15.79%。2022 年全国大中城市零售猪肉与批发猪肉平均价格的价差为 10.94 元 / 千克，比 2021 年平均价差缩小了 2.39 元 / 千克，减幅 17.93%。

2023 年全国大中城市零售猪肉与批发猪肉平均价格的价差为 11.30 元 / 千克，比 2022 年平均价差扩大了 0.36 元 / 千克，增幅 3.29%。

2024 年全国大中城市零售猪肉与批发猪肉平均价格的价差为 9.93 元 / 千克，比 2023 年平均价差缩小了 1.37 元 / 千克，降幅 12.12%（图 39）。

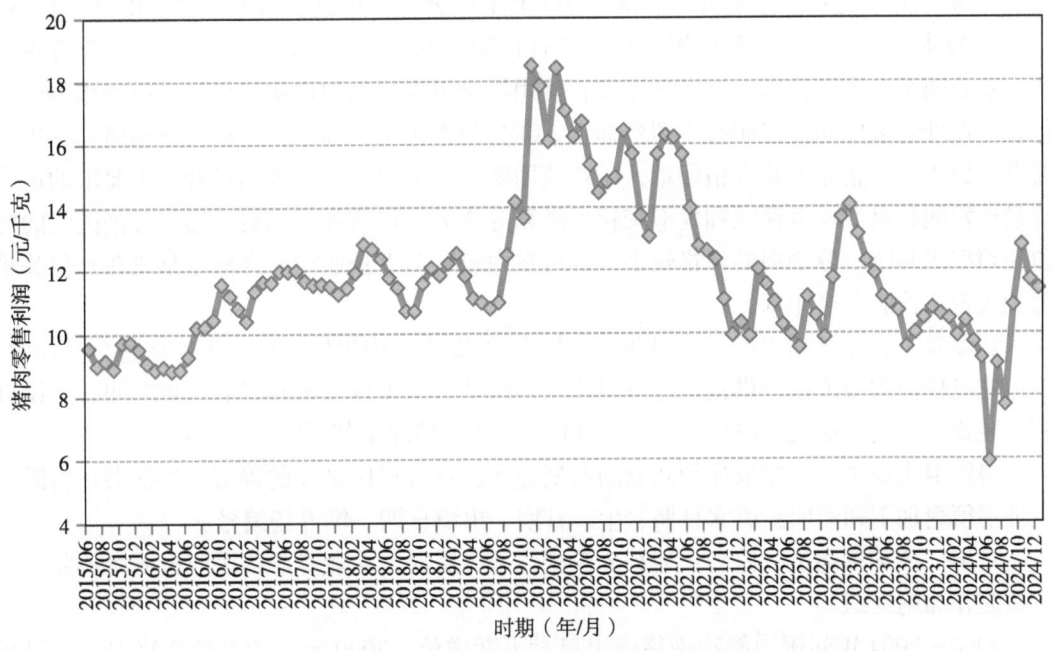

图 39　2015—2024 年全国猪肉零售利润变化

（数据来源：北京华夯农业研究院数据库）

4　中国猪肉贸易

4.1　鲜冷冻猪肉出口

4.1.1　国内猪肉出口量不断萎缩，近几年已降至 3 万吨以下

国内猪肉出口主要的目的地是我国香港和澳门地区及周边国家，出口猪肉的企业需要具备一定的准入条件，根据《关于发布内地供港冰鲜禽肉、冷冻禽肉和冰鲜猪肉检验检疫要求的公告》（原质检总局 2017 年 68 号），对供应香港冰鲜猪肉的活猪来源、加工企业资质、加工环节、检验检疫、冷链运输等有一系列严格要求。

供宰活猪来源：必须来自海关注册的饲养场，饲养场由所在地海关负责日常检验检疫监管，供宰活猪在出场前 7 天，饲养场向所在地海关报告，经当地农业行政部门签发动物检疫合格证明材料后，饲养场在供宰活猪臀部刺上注册号蓝色针印，并出具"出口供宰活猪供货证明"材料后，方可出场。

屠宰加工企业的检验检疫及监督管理：屠宰加工企业，必须取得海关备案资格，并向香港食物环境卫生署推荐注册，在获得注册资格后，方可屠宰加工供港冰鲜猪肉产品，批准注册的企业名单将在中国海关总署网站上公布。屠宰加工企业必须接受海关的监督管理，建立 GMP、SSOP 和 HACCP 等有效的安全卫生质量控制体系。海关对屠宰、加工、存放全过程实施监督、抽查和验证。

包装标识：①供港冰鲜猪肉内包装应使用一次性、符合卫生要求的包装物料，包装须包括内容：商品名称、屠宰日期、毛重、生产日期、净重、此日期或之前食用、饲养场注册编号、生产批号、储藏方式、屠宰场 / 加工厂名称、地址、备案编号、电话、传真。②整头胴体、二分体包装和标识：在检验合格胴体的每一边，使用企业滚筒检验合格印章，由后腿至肩胛部位作一长带形检印；使用符合卫生要求的透明胶袋和白布袋作为内外包装；在外包装中间位置印有不褪色标识。③分割肉包装和标识：连皮的分割肉须在皮上盖有不少于一个企业检验合格印章，印章使用要求应按照规定；须用符合卫生要求的透明胶袋或发泡胶盘及保鲜薄膜和发泡胶箱或纸箱等作为内包装及外包装，盛载分割肉件的内包装须牢固封闭。分割肉的规格较小，也可在内包装盖上企业检验合格印章或在外包装箱上加盖企业检验合格印章。

运输要求：冰鲜猪肉产品应当在生产加工后 72 小时内出境；运输车辆在整个过程中，不可驶经任何禽畜疫区；供运送冰鲜猪肉及内脏的货车须设有密封式的运货车厢，并设有制冷装置，运送途中温度应保持在 0～4℃，在任何情况下都不得高于 8℃。

兽医卫生证书：每批成品须随货附有属地海关官方兽医签发的兽医卫生证书；兽医卫生证书须附加下列注明：屠宰日期、生产日期、出境日期、饲养场编号。

对出口冰鲜猪肉进行监装：装载冰鲜猪肉或内脏时，企业专职兽医应按照海关要求进行监装并加施封识。

2000—2004 年间国内鲜冷冻猪肉出口量不断增长，2000 年国内鲜冷冻猪肉的出口量为 5.18 万吨，2004 年增长到 20.43 万吨，比 2000 年增加 15.25 万吨，增幅 2.94 倍。一方面，2000—2004 年间国内生猪养殖量持续增长，猪肉产量不断增加。另一方面，我国香港等对猪肉的需求量增长，人均猪肉食用量 2000 年为 35.4 千克，而 2002 年已经增长至 38.4 千克。2006 年以后国内猪肉出口呈现下降趋势，2008 年降至 7.89 万吨，主要由于国内发生疫情，猪肉供应偏紧，出口量减少。2008 年以后，2009 年、2010 年国内猪肉出口量虽然略有回升，2010 年猪肉出口量达到 11 万吨，但在以后的年份里猪肉的出口量难以逆转颓势，中国鲜冷冻猪肉出口量一直保持相对低水平。2014 年至 2018 年逐年下降，2018 年出口量为 3.34 万吨，比 2017 年的 5.13 万吨继续下降，同比降幅 34.89%。

2019 年国内鲜冷冻出口量为 1.81 万吨。2020 年国内猪肉出口量为 1.08 万吨，其中鲜冷冻出口量为 8 154 吨，比 2019 年下降 9 961.5 吨，同比降幅 54.99%，降至历史新低。2021 年 1—12 月国内累计猪肉出口量为 1.81 万吨，比 2020 年增幅 67.8%。其中鲜冷冻猪肉出口量 8 989.16 吨。2022 年 1—12 月国内累计猪肉出口量为 2.68 万吨，比 2021 年增幅 50.76%，其中鲜冷冻猪肉出口量 4 829.09 吨（图 40）。

2023年全年国内累计猪肉出口量为2.60万吨，比2022年降幅2.3%。全年出口猪杂碎6.24万吨，比上年下降6.5%。

2024年全年国内累计猪肉出口量为2.77万吨，比2023年增幅6.5%。全年出口猪杂碎6.66万吨，比上年增长6.8%（图40）。

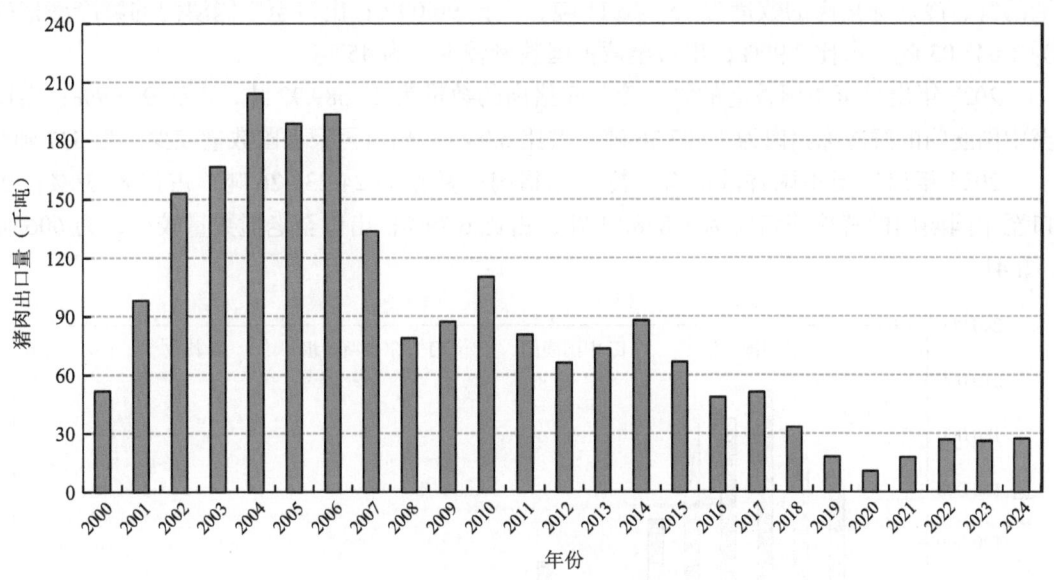

图40　2000—2024年中国猪肉出口量

（数据来源：中国海关总署）

4.1.2　鲜、冷、冻猪肉出口区域涉及中国香港、中国澳门，其他区域很少

自2000年以来国内鲜冷冻猪肉出口曾涉及广泛的区域，包括：中国香港、吉尔吉斯斯坦、中国澳门、阿尔巴尼亚、乌克兰、马来西亚、新加坡、亚美尼亚、蒙古国、文莱、安哥拉、土耳其、菲律宾、格鲁吉亚、阿塞拜疆、黎巴嫩、以色列、海地、塔吉克斯坦、朝鲜、刚果（金）、刚果（布）、特立尼达和多巴哥、越南、安哥拉、俄罗斯联邦、摩尔多瓦、韩国、保加利亚、阿拉伯联合酋长国、哈萨克斯坦、乌兹别克斯坦、沙特阿拉伯、立陶宛、白俄罗斯、马其顿、荷兰、马耳他、巴拉圭、拉脱维亚、希腊、阿尔及利亚、泰国、莫桑比克、印度尼西亚、埃及、尼泊尔联邦共和国、日本、罗马尼亚、萨尔瓦多、斯里兰卡、中国台湾、斯洛伐克、库拉索岛、荷属安地列斯群岛、意大利、波斯尼亚-黑塞哥维纳、塞内加尔、印度、阿鲁巴岛、巴林、马尔代夫、加蓬、德国、波兰、卡塔尔、加纳、巴布亚新几内亚、约旦、西班牙、索马里、科特迪瓦、基里巴斯、坦桑尼亚、委内瑞拉、美国、老挝等。但近些年国内鲜冷冻猪肉出口区域不断缩减，至2018年以后，几乎就只剩下中国香港和中国澳门。

2018年中国香港是内地最大的鲜、冷、冻猪肉出口目的地，占出口总量的87.20%，为2.91万吨。2018年出口中国澳门的猪肉比例为7.25%，为2 420吨；出口至蒙古国为1 578吨，占比4.73%；其他包括文莱、马来西亚、巴西、吉尔吉斯斯坦等，数量和占比都较小。

2019年出口至中国香港的鲜、冷、冻猪肉的数量为1.64万吨，比2018年下降1.27万吨，同比降幅77.44%。2020年出口至香港的鲜、冷、冻猪肉的数量为7 491吨，比

2019年下降8 906.7吨，同比降幅54.32%；出口至中国澳门猪肉的比例为8.04%，为656吨；2019年其他地区鲜、冷、冻猪肉仅荷兰出口8.12吨。2021年出口至中国香港的鲜、冷、冻猪肉的数量为8 279.6吨，占比92.11%；出口至中国澳门的鲜冷冻猪肉为670.2吨，占比7.46%；出口至越南和老挝的数量较少，分别为26.9吨和12.5吨。2022年出口至香港的鲜、冷、冻猪肉的数量为25 746.11吨，占比96.09%；出口至中国澳门的鲜冷冻猪肉为1 045.03吨，占比3.90%；出口至蒙古国数量较少，为45吨。

2023年出口至中国香港的鲜、冷、冻猪肉的数量为23 689.92吨，占比90.99%；出口至中国澳门的鲜冷冻猪肉为1 807.36吨，占比6.94%；出口至蒙古国数量较少，为537吨。

2024年出口至中国香港的鲜、冷、冻猪肉的数量为24 239.26吨，占比87.36%；出口至中国澳门的鲜冷冻猪肉为1 878.51吨，占比6.79%；出口至老挝数量较少，为606吨（图41）。

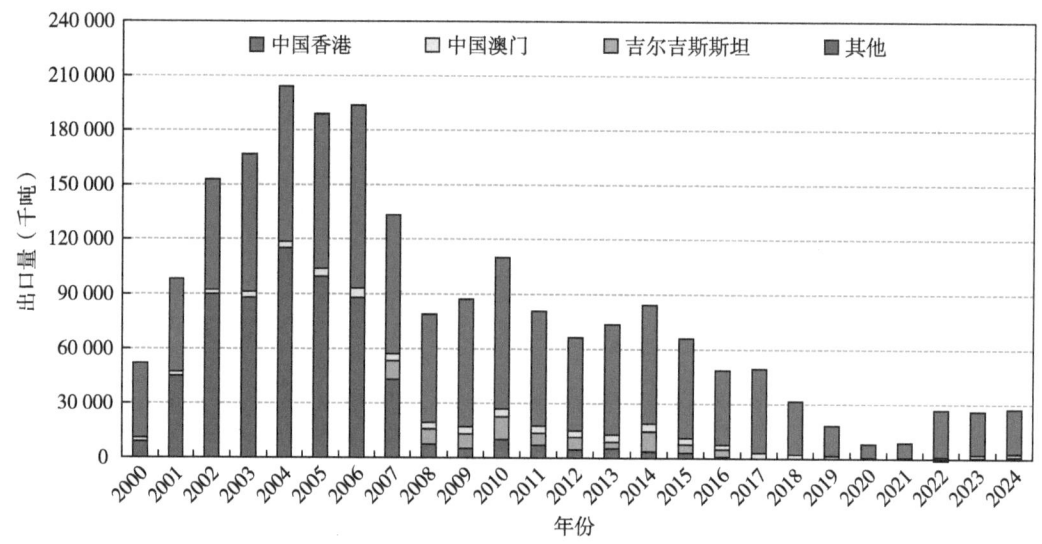

图41　2000—2024年中国猪肉分区域出口量

（数据来源：中国海关总署）

4.1.3　湖南为2024年国内冷、鲜、冻猪肉出口量最多的省份

国内鲜冷冻猪肉涉及的出口省份包括：北京、辽宁、吉林、黑龙江、江苏、江西、浙江、福建、山东、河南、湖北、湖南、广东、广西、重庆、四川、云南、新疆等。这些省份的生猪养殖量相对比较大，有现代化、高标准的生猪饲养场和屠宰厂（场），能够满足相应的标准要求。2018年以前广东一直是中国猪肉最主要的出口省份。广东地理位置优越，养猪理念先进，规模化猪场、高标准猪场较多，经商理念灵活，勇于开拓。

2018年云南取代广东省成为鲜冷冻猪肉出口量最多的省份。2018年，云南出口冷鲜冻猪肉量占出口总量的29.45%；其次为湖南省，2018年的出口比重约为24.46%，比2017年提升了20.78%。2019年云南鲜冷冻猪肉出口量为5 755吨，比2018年下降4 076吨，降幅41.46%；其次为广东，出口量为5 363吨，占比29.63%；湖南省位于第三，出口量为3 557吨，占比19.65%；其他区域出口量均在2 000吨以下。2020年江苏成为冷、鲜、冻猪肉出口量最大的省份，出口量为3 062.5吨，比2019年下降1 638吨，降幅1.15倍；

其次为云南，出口量为1 906吨，占比23%；湖南省位于第三，出口量为1 740吨，占比21%；其他区域出口量均在1 500吨以下。2021年江苏仍是鲜、冷、冻猪肉出口量最多的省份，出口量为3 012.5吨，与上年出口量相当；其次是湖南，出口量为2 310.75吨；云南为1 990.15吨；广东为1 528.76吨；其他区域的出口量在200吨以下。2022年广东成为鲜、冷、冻猪肉出口量最多的省份，出口量为13 963.3吨，比上年增加8.13倍；其次是湖南为667.4吨；河南为408.6吨。

2023年广东仍是鲜、冷、冻猪肉出口量最多的省份，出口量为13 705.8吨，比2022年出口量有所下降；其次是湖南为8 065.3吨；河南为1 959.6吨。

2024年湖南成为鲜、冷、冻猪肉出口量最多的省份，出口量为10 150.8吨，比2023年出口量有所增长；其次是广东为7 467.4吨；江苏为5 083.5吨（图42）。

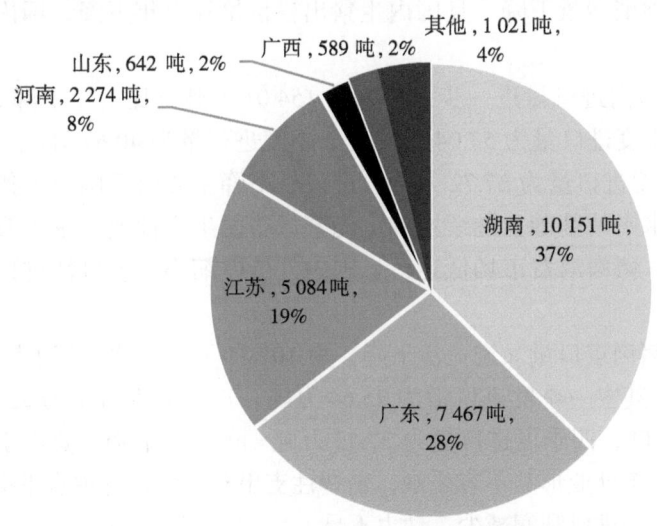

图42 2024年中国猪肉分省份出口量

（数据来源：中国海关总署）

4.2 鲜冷冻猪肉进口

4.2.1 2024年国内鲜冷冻猪肉进口量为107.31万吨，比上年同期降幅30.32%

猪肉进口是国内猪肉供应的有益补充，一方面满足高端猪肉的消费需求，另一方面在保障国内猪肉供应、节约国内资源、减少碳排放等方面都具有积极的作用。一直以来国内猪肉进口量并不大，2000—2010年间国内猪肉进口在1万～50万吨，对国内的供应几乎没有影响。2011年后国内猪肉的进口呈现增加的趋势，2012年超过50万吨，达到52.2万吨；2016年突破100万吨，达到162万吨；2017年、2018年猪肉进口量有所下降，2018年中国进口猪肉119.3万吨，比2017年的121.7万吨下降2.4万吨左右，降幅1.97%。2018年国内猪肉产量略有下降，为5 300万吨左右，但进口猪肉具有价格优势。近几年来的猪肉进口量还将保持较高水平。

2019年，中国进口猪肉199.3万吨，比2018年的119.3万吨增加80万吨左右，增幅67.06%。2020年，中国进口猪肉429.6万吨，比2019年增加230.3万吨左右，增幅115.6%。2020年国内猪肉产量继续下降，为4 113万吨左右，但进口猪肉具有价格优势，近几年来的猪肉进口量保持较高水平。2020年进口猪肉在国内产量中的占比增加至10.44%。2021年，国内猪肉进口量为371.06万吨，比上年下降58.54万吨，降幅15.5%。1—5月国内生猪价格居高不下，仍旧激发国内进口商的热情，同时由于国外猪肉进口到国内的时间（包括手续和运输周期）一般3个月左右，可以看出随着5月以后国内生猪价格的回落，进口也出现明显的下降，8月以后国内月度猪肉的进口量均在20万吨以下，而1—8月猪肉进口均在25万吨以上，最高是3月进口量为45.07万吨。2022年国内猪肉进口量继续下降，为175.8万吨，比上年下降195.27万吨，降幅52.62%。其中一季度进口41.58万吨，二季度进口38.9万吨，三季度进口41.53万吨，四季度进口53.78万吨。进口量下降主要由于国内生猪养殖恢复至常年略高水平，同时新冠疫情管控猪肉消费量下降，且国内生猪出栏价格较上年下降，国内外价差缩小，投机性进口量减少。

2023年国内猪肉进口量进一步下降，为154.01万吨，比上年下降21.79万吨，降幅12.39%。其中一季度进口量为53.04万吨，二季度进口量为40.67万吨，三季度进口量为33.67万吨，四季度进口量为27.72万吨。进口量下降主要由于国内生猪养殖出栏量在去年略高正常消费水平的基础上继续增加，能繁母猪的生产性能大幅提升，同时居民可支配收入水平下降，猪肉消费市场低迷，且国内外价差缩小，投机性进口利润压缩，动力下降。

2024年国内猪肉进口量又进一步下降，为107.31万吨，比上年下降46.7万吨，降幅30.32%（图43）。其中一季度进口量为25.64万吨，二季度进口量为25.65万吨，三季度进口量为28.57万吨，四季度进口量为27.45万吨。进口量下降主要由于国内猪肉消费量基本基本平衡，社会就业形势不容乐观，消费性支出有减少，育种水平提升能繁母猪的生产性能提高，投机性进口利润减少，动力不足。

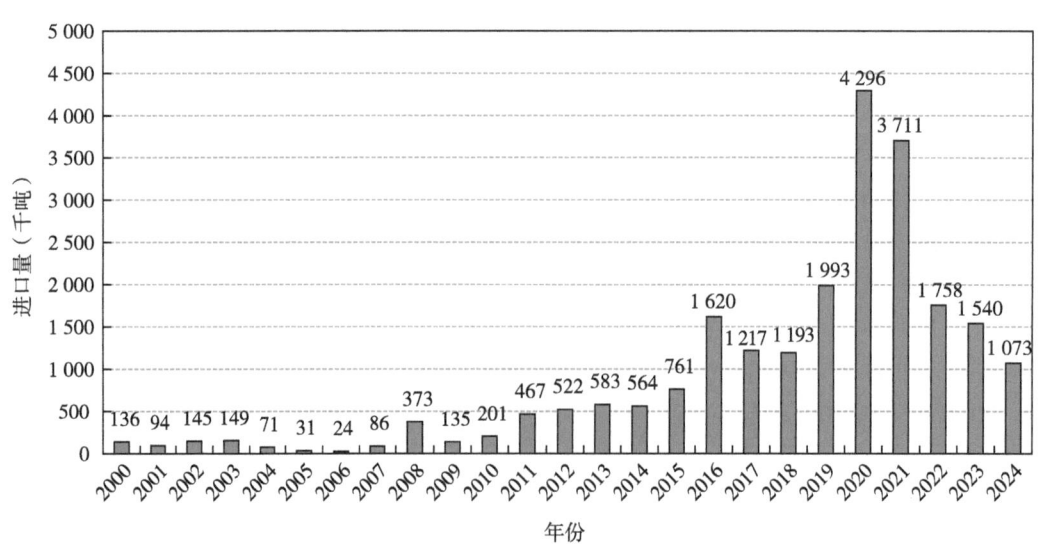

图43 2000—2024年中国猪肉进口量

（数据来源：中国海关总署）

4.2.2 西班牙、巴西、加拿大、荷兰、美国、智利、英国、丹麦8个国家占2024年进口总量的89.12%

中国猪肉进口来源地也比较广泛，包括：美国、丹麦、加拿大、西班牙、法国、德国、中国台湾、爱尔兰、中国香港、阿根廷、比利时、新西兰、巴西、韩国、澳大利亚、英国、荷兰、瑞典、智利、泰国、匈牙利、挪威、波兰、墨西哥、奥地利、意大利、葡萄牙、芬兰、瑞士、哥斯达黎加等。其中，美国、丹麦、加拿大、法国、德国、西班牙是国内主要的猪肉进口来源国。

根据国际猪肉市场实施措施的严厉程度，猪肉进口市场分为三个类型：一类市场以日本、欧盟和北美市场为主；二类市场以中国香港和韩国市场为主；三类市场以俄罗斯和中国市场为主。第三类市场国家购买中低价格进口猪肉用于食品加工，这类市场国家包括俄罗斯、菲律宾、马来西亚和中国内地。在这类猪肉市场上，猪肉进口价格是非常重要的因素，且愿意接受不完全口蹄疫、古典猪瘟和非洲猪瘟五病区国家的猪肉，因为多数国家暴发过此类疾病。

随着城乡居民收入水平的增长和城市化进程的加快，国内对猪肉的需求增长较快，而且对蛋白质的需求比产品更新和差异化更重要，这也是国内猪肉进口需求增加的重要原因。从进口来源的格局上看，近几年国内猪肉进口来源更加多元化，一方面是对猪肉产品需求的多元化，另一方面是非洲猪瘟对国内猪肉供应造成严重影响的时期，国家为保障国内猪肉供应，多方寻找供应渠道，放开了更多国家进口的许可。

不过主要进口来源国家和区域变化不大：

2000年主要进口来源国是荷兰、丹麦、加拿大和美国，其中荷兰占比28.17%，丹麦占比23.77%。2001—2004年美国是国内最大的猪肉进口来源，占比在40%～75%。2005年、2006年国内最大的进口来源变成了加拿大，进口量分别为1.92万吨和1.58万吨。此后至2011年间，美国和加拿大轮流成为中国猪肉进口的最大来源国。2012年后来自德国的猪肉进口量不断增加，2015年德国成为国内猪肉最大的进口来源国，进口量为20.53万吨，占比26.99%。德国最大进口来源的地位维持到2018年，2018年德国发生非洲猪瘟，对其生猪生产造成重大损失，此后德国进口量占比开始不断下降。

但2018年德国依然是中国最大的猪肉进口来源国，占进口总量的19.15%。进口美国猪肉的比例持续下降，其他国家的进口比重上升。2018年中国进口美国猪肉的比例为7.18%，比2016年下降了14.07%；来自西班牙、加拿大、巴西和荷兰的猪肉比重分别达到18.41%、13.44%、12.58%和7.10%，丹麦进口占比6.06%。2018年前六国进口比重累计为77.86%。

2019年西班牙跃升为中国最大的猪肉进口来源国，进口量为38.09万吨，占比19.11%；德国进口量为32.30万吨，占比16.21%；美国进口量为24.49万吨，占比12.29%；巴西、加拿大、丹麦、荷兰分别占比11.14%、8.64%、8.24%和8.02%。

2020年西班牙仍为中国最大的猪肉进口来源国，进口量为93.28万吨，占比21.71%，同比增幅1.45倍；美国进口量为69.59万吨，占比16.19%，同比增幅1.84倍；德国进口量为46.20万吨，占比10.75%；巴西、加拿大、丹麦、荷兰和智利分别占比11.19%、9.45%、8.37%、6.16%和3.83%。

2021年西班牙继续维持中国最大的猪肉进口来源国的地位，进口量为109.73万吨，占比 30.73%，同比增长 17.64%；巴西为 2021 年第二大进口来源国，进口量为 54.65 万吨，占比 15.31%，同比增长 13.71%；第三是美国，进口量为 39.79 万吨，占比 11.14%，同比下降 29.8 万吨，降幅 42.82%；丹麦、荷兰、加拿大、法国、智利分别占比 9.86%、7.76%、6.57%、4.27% 和 3.86%；其他进口来源进口量均在 10 万吨以下。

2022 年，来自西班牙的猪肉进口量为 46.91 万吨，占比 26.68%，所占比重比上年有所下降；来自巴西的进口量为 41.66 万吨，占比 23.70%；来自丹麦的进口量为 19.37 万吨，占比 11.02%；来自美国的进口量为 12.61 万吨，占比 7.17%；来自荷兰的进口量为 12.29 万吨，占比 6.99%；来自加拿大的进口量为 11.39 万吨，占比 6.48%；来自英国的进口量为 7.43 万吨，占比 4.23%；来自智利的进口量为 7.18 万吨，占比 4.08%。来自这 8 个国家猪肉进口量占 2022 年国内猪肉进口量的 90.36%。

2023 年，来自巴西的进口量为 40.22 万吨，占比 26.12%，所占比重比上年有所下降；来自西班牙的猪肉进口量为 37.81 万吨，占比 24.55%；来自加拿大的猪肉进口量为 13.19 万吨，占比 8.56%；来自美国的猪肉进口量为 12.25 万吨，占比 7.95%；来自荷兰的猪肉进口量为 12.05 万吨，占比 7.82%；来自丹麦的猪肉进口量为 11.42 万吨，占比 7.42%。来自这 6 个国家猪肉进口量占 2023 年国内猪肉进口量的 82.42%。

2024 年，来自西班牙的进口量为 29.16 万吨，占比 7.62%，所占比重比上年有所上升；来自巴西的猪肉进口量为 23.70 万吨，占比 22.56%；来自加拿大的猪肉进口量为 7.61 万吨，占比 7.24%；来自荷兰的猪肉进口量为 7.53 万吨，占比 7.16%，来自美国的猪肉进口量为 7.03 万吨，占比 6.68%；来自智利的猪肉进口量为 6.48 万吨，占比 6.17%；来自英国的猪肉进口量为 6.19 万吨，占比 5.89%；来自丹麦的猪肉进口量为 6.09 万吨，占比 5.79%。来自这个 8 个国家猪肉进口量占 2024 年国内猪肉进口量的 89.12%。

4.2.3　2024 年上海市猪肉进口量 35.79 万吨，占国内猪肉进口量的 23.24%

国内猪肉进口省份主要包括：北京、天津、辽宁、上海、江苏、安徽、福建、山东、河南、广东等区域，这些区域猪肉的消费量相对比较大，或者靠近港口，进出口贸易位置优越。其中广东、上海、江苏、天津是进口量较大的区域，这其中很多省份（直辖市）可供生猪养殖的土地资源有限，而本区域猪肉消费量又较多，所以可以通过进口增加供应，弥补土地资源的限制。长期以来广东是国内鲜冷冻猪肉进口量最多的省份，其中 2008 年广东进口鲜冷冻猪肉 22.94 万吨，占比 61%；2009—2011 年广东鲜冷冻猪肉进口量分别占国内进口总量的 68.2%、68.3% 和 29.2%，期间北京、天津、上海和江苏的进口均不断增长。

2018 年广东省依然是国内鲜、冷、冻猪肉进口量最多的省份。2018 年广东、上海、山东、安徽、天津和北京是国内进口鲜、冷、冻猪肉数量前六的省份，占进口总量的 83.28%。2018 年，广东进口鲜、冷、冻猪肉量占进口总量的 23.28%；其次为上海市，2018 年的进口比重约为 18.84%；山东、安徽、天津和北京占比分别为 13.03%、11.16%、10.49% 和 6.48%。

2019 年上海市是国内鲜、冷、冻猪肉进口量最多的区域。

2020 年上海仍是国内鲜、冷、冻猪肉进口量最多的区域；2020 年，上海进口鲜、冷、冻猪肉量为 86.7 万吨，占进口总量的 20%；其次为广东，2020 年的进口量为 75 万吨，占比约为 18%；天津、山东、安徽和北京占比分别为 17%、16%、8% 和 5%。

2021 年上海鲜、冷、冻猪肉进口量为 86.6 万吨，占比 24%；广东进口量居于第二，为 68.4 万吨，占比 19%；山东省进口量为 66.5 万吨。上海、广东和山东进口量合计占比 62%，其他省份的进口量均在 30 万吨以下。2022 年上海鲜、冷、冻猪肉进口量为 39.1 万吨，占比 22%；广东进口量居于第二，为 36.1 万吨，占比 21%；山东省进口量为 29.0 万吨。上海、广东和山东进口量合计占比 60%，其他省份的进口量均在 5 万吨以下。进口量大的省份也是猪肉消费量相对较大的区域。

2023 年上海鲜、冷、冻猪肉进口量为 35.79 万吨，占比 23.24%；广东省进口量居于第二位，为 35.1 万吨，占比 21%；山东省进口量为 21.71 万吨。上海、广东和山东进口量合计占比 60.17%，其他省份的进口量均在 20 万吨以下。2024 年上海鲜、冷、冻猪肉进口量为 27.1 万吨，占比 25.41%；广东进口量居于第二位，为 24.30 万吨，占比 22.8%；山东进口量为 15.0 万吨。上海、广东和山东进口量合计占比 62.33%，其他省份的进口量均在 10 万吨以下（图 44）。

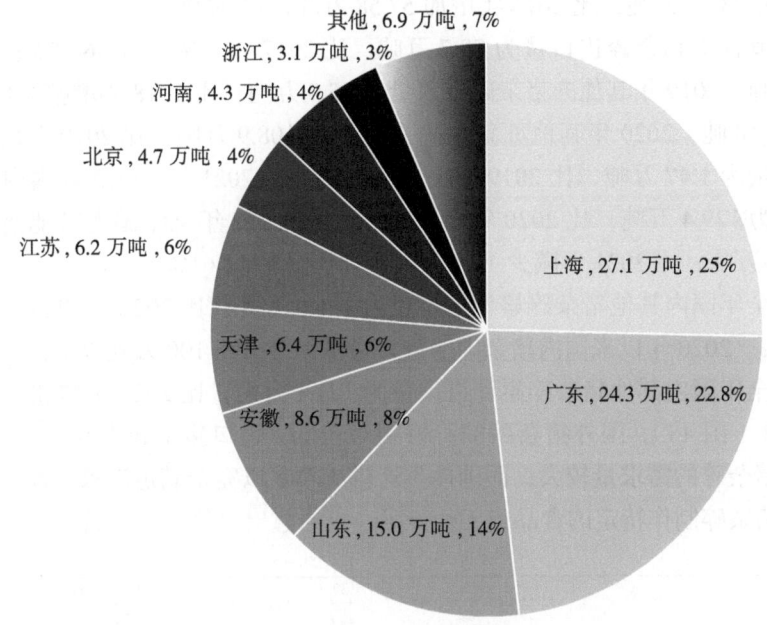

图 44　2024 年中国鲜、冷、冻猪肉分省份进口量

（数据来源：中国海关总署）

5　中国猪杂碎进口

5.1　2024 年国内其他猪杂碎进口量比去年同期有所增加

猪杂碎可能包括较多的内脏器官和碎肉。由于饮食习惯的差异和对食品安全要求更高的标准，猪杂碎等相关产品在欧美的一些国家一般不被食用，且用途相对较少，常用作宠物饲料原料，出口成为他们一个很好的选择。2003 年国内猪杂碎进口 16.28 万吨，进口额为 1.04 亿美元，同比分别增长 1.18 倍和 1.17 倍。2004 年国内猪杂碎进口量为 22.05 万吨，进口额为 1.82 亿美元，同比分别增加了 35.48% 和 75.06%。2005 年一季度猪杂碎进口量

为3.12万吨，同比减少了10.34%；进口额为2 884.37万美元，同比增加了10.28%。2006年国内猪杂碎进口量为19.49万吨，同比增加15.55%；进口额为1.34亿美元，同比减少7.75%。2009年国内猪杂碎进口量为39.28万吨。

2010年后国内对猪杂的需求量较大，每年大量进口，常年进口量在70万吨以上。2010年前国内猪杂碎进口量在50万吨以下，其中2004年国内猪杂碎进口量为10.18万吨，进口额为7 919.16万美元，同比分别增加了16.54%和42.50%。2007年国内猪杂碎进口量大约35万吨，2008年增加到53.4万吨，增加18.38万吨，增幅52.48%；2009年其他猪杂碎进口量有所下降，为39.3万吨。2010—2015年间其他猪杂碎进口量相对稳定，维持在70万～90万吨。

2016年中国进口冻猪杂碎135.0万吨，比2015年增加58.82万吨。其中，冻猪肝进口量为1.30万吨，比2015年进口量增加22.55倍，占冻猪杂进口量的0.96%；其他冻猪杂碎进口量为133.7万吨，比2015年增加57.58万吨，占99.0%。

2018年其他冻猪杂碎进口量为78.7万吨，比2017年大幅下降36.25%；冻猪肝进口量为465.07吨。2019年其他冻猪杂碎进口量为85.9万吨，比2018年增幅9.15%；冻猪肝进口量为3 310吨。2020年其他冻猪杂碎进口量为108.9万吨，比2019年增加23万吨；冻猪肝进口量为1.47万吨，比2019年增加1.14万吨。2021年1—12月国内其他猪杂碎累计进口量为129.4万吨，比2020年减少4.7万吨。2022年全年国内其他猪杂碎累计进口量为110.5万吨，比2021年减少18.9万吨，同比降幅14.61%。

2023年全年国内其他猪杂碎累计进口量为116.0万吨，比2022年增加5.46万吨，同比增幅4.94%。2020年以来国内猪杂碎的进口量基本维持在100万吨以上。

2024年全年国内其他猪杂碎累计进口量为121.1万吨，比2023年增加5.19万吨，同比增幅4.48%（图45）。国外猪杂碎的价格相对较低，进口猪杂碎在经济上更具吸引力，同时国内对猪杂碎的需求量较大，而国内生产供应不足以完全满足需求，而在某些国家更倾向于使用猪杂碎制作特定的食品或工业产品，更愿意出口猪杂碎产品。

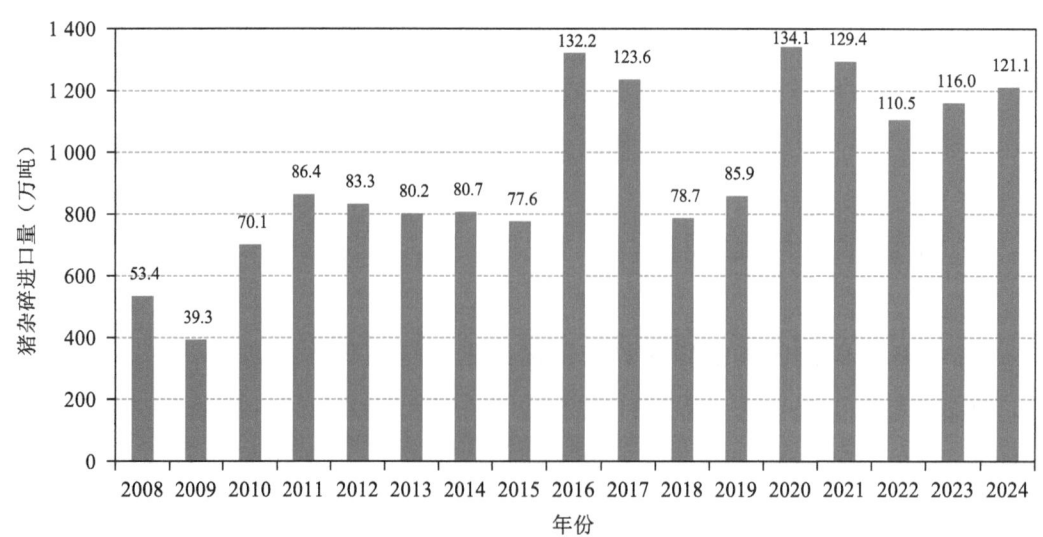

图45 2008—2024年中国冻猪杂碎进口量

（数据来源：中国海关总署）

5.2 2024年美国、西班牙和加拿大是其他冻猪杂碎最主要的进口来源国

国内其他冻猪杂碎的进口来源主要包括：丹麦、加拿大、美国、法国、西班牙、德国、爱尔兰、智利、中国香港、荷兰、巴西、阿根廷、芬兰、英国、波兰、瑞典、比利时、匈牙利等。其中美国、西班牙、丹麦等是主要进口来源。

2003年国内美国、丹麦和加拿大的进口量为分别8.20万吨、4.38万吨和3.68万吨，同比分别增长1.99%、4.15倍和1.37倍；进口量合计为16.27万吨，占猪杂碎进口总量的99.93%。

2004年美国、丹麦和加拿大是我国猪杂碎的主要进口来源国，占我国猪杂碎进口总量的99.86%。与上年同期相比，分别增加了70.66%、75.96%和84.70%。2005年一季度美国、丹麦和加拿大是我国猪杂碎的主要进口来源国，占我国猪杂碎进口总量的98.26%。与上年同期相比，从美国、加拿大进口分别减少了26.20%和17.17%。2006年法国、美国和加拿大是我国猪杂碎的主要进口来源国，占我国猪杂碎进口总量的90.36%。2011—2015年国内冻猪杂碎主要来源美国、丹麦、法国和加拿大，其中美国、丹麦分别位列第一和第二。2015年1—11月，进口量为73.42万吨，同比减少0.8%。主要从美国、丹麦、西班牙、加拿大、法国和德国进口，来自德国的冻猪杂碎的进口量增加。2017年1—11月猪杂碎进口量为116.4万吨，同比减少14.4%。主要从美国、丹麦、西班牙、加拿大、法国和德国进口。

2018年，中国进口的冻猪杂碎主要来自美国、丹麦和德国。从上述三国进口的冻猪杂碎分别为17.70万吨、14.08万吨、13.23万吨，分别占进口总量的22.48%、17.88%和16.80%。

2019年，中国进口的冻猪杂碎主要来自美国、德国、西班牙和丹麦。从上述四国进口的冻猪杂碎分别为17.30万吨、16.88万吨、14.39万吨和14.05万吨，冻猪肝进口主要来源于丹麦、西班牙和荷兰，分别进口1 244吨、1 161吨和881吨。

2020年，中国进口的冻猪杂碎主要来自美国、西班牙、德国和丹麦。从上述四国进口的冻猪杂碎分别为24.75万吨、23.58万吨、16.39万吨和14.85万吨，分别占进口总量的20%、19%和13%和12%。2020年中国冻猪肝进口主要来源于西班牙、荷兰和丹麦，分别进口1.03万吨、2 629.8吨和1 812.4吨。

2021年全年国内其他冻猪杂进口量为120.54万吨（农业农村部为129.41万吨）。其中，来源于西班牙的进口量为28.19万吨；丹麦为15.97万吨；荷兰为12.16万吨；法国为8.77万吨；其他区域进口量在5万吨以下。

2021年国内冻猪肝进口量为1.49万吨。来自丹麦757.6吨；来自法国1 133吨；来自荷兰1 312.9吨；来自西班牙7 992.2吨（占比53.64%）；来自智利2 732.3吨。广东省进口量为3 931.8吨；山东省进口量为3 540吨；上海进口量为2 548.7吨；天津进口量为1 765.1吨；其他省份进口量在1 000吨以下。

2022年全年国内其他冻猪杂进口量为100.6万吨（农业农村部为110.5万吨）。其中，来源于美国的进口量为26.5万吨；西班牙为22.0万吨；丹麦为15.7万吨；荷兰为11.0万吨；其他区域进口量在10万吨以下。2022年国内冻猪肝进口量为458.5吨，来自智利438.6吨；来自法国19.0吨；来自加拿大0.9吨。上海市进口量为366.5吨，天津市进口

量为72吨，其他省份进口量较少。

2023年全年国内其他冻猪杂进口量为103.76万吨（农业农村部为115.96万吨）。其中，来源于美国进口量为30.26万吨；西班牙为22.36万吨；荷兰为12.05万吨；丹麦为12.03万吨；加拿大为10.79万吨；其他区域进口量在10万吨以下。2023年国内冻猪肝进口量为930.98吨。来自智利917.98吨；来自法国13.0吨。上海市进口量为917.98吨；北京市进口量为13吨；其他省份进口量较少。

2024年全年国内其他冻猪杂进口量为114.38万吨。其中，来源于美国的进口量为30.53万吨；西班牙为23.14万吨；加拿大为12.21万吨；荷兰为11.70万吨；丹麦为11.56万吨；其他区域进口量在10万吨以下。2024年国内冻猪肝进口量为2 099.04吨。来自智利为1 051.93吨；来自西班牙为990吨。冻猪肝天津市进口量为908.87吨；江苏省进口量为504.19吨；其他省份进口量均在300吨以下。

第6篇 中国生猪产业发展及预测

1 非洲猪瘟疫情影响仍然存在,预计2025年生猪出栏量将降至7亿头

非洲猪瘟(ASF)最早于1921年在非洲的肯尼亚被描述报道。是最复杂以及最具有重要经济意义的病毒性猪病之一,是猪的一种急性、高度接触性传染病。临床症状以高热、病程短、高死亡率、内脏器官广泛性出血以及呼吸系统和神经系统功能改变为主要特征。我国将其列为一类动物疫病。非洲猪瘟病毒的传播途径主要是通过接触或采食受非洲猪瘟病毒污染的物品而经口传染或通过昆虫吸血而传染。短距离内可经空气传播,污染的饲料、泔水、栏舍、车辆、器具和衣物等均可间接传播本病。在有机质环境中,对外界具有极强的抵抗力。病毒在血液、粪便、血清以及组织中可以存活很长一段时间。

科特迪瓦(1996年)和马达加斯加(1998年)的ASF疫情导致生猪存栏量减少30%～50%。2011年,俄罗斯暴发的ASF疫情造成30万头家猪死亡或被扑杀,经济损失约2.4亿美元。据农业农村部官方数据统计,截至2020年4月30日,全国31个省(区、市)累计发生176起非洲猪瘟疫情,截至2020年3月底,能繁母猪存栏量低至2 500万头,生猪价格比2019年同期上涨144.74%。

疫苗是防控动物疫病的重要手段。目前全球ASFV疫苗研发进展缓慢。2022年6月,越南在与美国科研团队合作的基础上,首个对外宣布成功研发并生产ASFV基因缺失减毒活疫苗,并批准进行商业流通。2023年6月,世界和美国兽医官员表示,正在越南测试的非洲猪瘟疫苗即将获得批准,60万剂疫苗被批准首次销售给越南的养猪户,其中首批4万剂"已经交付,没有任何安全问题"。但疫苗的商业化应用效果仍有待后期观察。国内的非洲猪瘟疫苗的研发进展也不断向前推进。由于非洲猪瘟病毒基因组大,基因型多且非常容易变异等客观原因,有效疫苗的面世仍旧艰难。整体来看猪群健康仍没有有效的防控手段,更多依赖于生物安全的系统化防控。即使非洲猪瘟疫苗面世,非洲猪瘟的疫情将长期影响国内的养猪业。

随着规模化水平的提高,养殖设施设备的逐渐增加,养猪智能化设备的投入以及在防控非洲猪瘟方面能力水平的提升,2020年生猪疫病的发病率将有所下降,同时2020年非洲猪瘟对生猪养殖的影响低于2019年。随着近几年科技、智能设备的投入生猪出栏成本将有所增长,高企的猪价也促使行业养大猪的数量增加,2020年生猪出栏的均重将高于2019年,均重在130千克以上。2020年生猪养殖总量降幅不太大,按照农业农村部规划,年底出栏量达到2017年出栏量的80%。2019年,在非洲猪瘟疫情影响下,能繁母猪去产能进程加快,2019年能繁母猪存栏从2 881万头下滑至2 044万头,下降29.05%。

2020 年的生猪供应量低于 2019 年，在 5.27 亿头。

2021 年全年非洲猪瘟发生的数量和影响的力度均小于 2020 年，2020 年从国外引进大量种猪，2021 年国内整体生产成绩有所提升，大型和特大型生猪养殖企业的生产成绩提升较多。2021 年底国内的能繁母猪数量已经达到 4 329 万头，达到正常年份水平，2020 年和 2021 年引进的种猪将大大促进 2022 年能繁母猪生产性能的提高。同时随着生物安全、数字化、智能化养殖理念和设备的深化，猪场的管理水平将有较大程度的提升。

2022 年末国内生猪养殖的规模化程度将超过 65%，高出 2021 年 3 个百分点以上；生猪出栏的均重比 2021 年将有所下降，出栏体重在 120～130 千克。

2023 年能繁母猪存栏量高位徘徊，并且种猪的生产性能比前两年有所提高（国外引种的母猪进入高产阶段），生猪养殖总量比 2021 年有 7.5% 以上的增长，2023 年出栏量 7.27 亿头。

2024 年能繁母猪存栏量仍将处于一定高位，并且种猪的生产性能不断释放，生猪价格依旧不错，养殖盈利逐步转好。随着盈利增加养殖场主动减少产能难以持续，经营不善的大型养殖集团资金链的断裂，进入重整。

2025 年能繁母猪存栏量将处于产能去化阶段，2024 年底能繁母猪存栏量为 4 078 万头，相较于 3 900 万头的正常保有量，仍旧偏高；春节后生猪价格将下降，生猪养殖处于亏损边缘，出于自救将调减母猪的存栏量；同时由于育种技术的进步种猪的生产性能提升，对母猪需求减少。专业化育肥放养模式将日趋成熟，大型养殖集团和专业化育肥场户在养殖规模上，专业化分工显现；非洲猪瘟难以根除，季节性的侵扰生猪生产的节奏，对生猪整体出栏影响不大。出于成绩提升和盈利的需求预计 2025 年全年生猪出栏量将降至 6.8 亿～7.0 亿头。

2　预计 2025 年猪肉进口量将维持在 100 万吨上下

我国是全球最大的生猪生产国和猪肉消费国，随着近些年生猪存、出栏的增加，以及大中规模生猪养殖出栏比例的提高，严重的环境污染问题也越来越受到重视，生猪禁养区、限养区范围不断扩大。我国饲料资源相对匮乏，不但每年大量进口大豆等蛋白原料，玉米、饲用小麦、大麦、高粱等原料的进口也显著增加。

适度增加猪肉进口可以在一定程度上减轻养殖业带来的环境污染、降低我国粮食的进口依存度。近几年来，我国陆续批准了多国的猪肉及其制品进口，或与主要肉类出口国达成扩大肉类贸易规模的意向：2014 年 4 月，法国和丹麦的熟制猪肉制品获批出口我国；9 月匈牙利 4 家企业获批向我国出口冻猪肉产品；葡萄牙也于 2015 年向我国出口猪肉产品。另外，双汇集团的国际化也将使其未来的进口猪肉量增加。

未来我国猪肉及副产品的对外依存度有所提高。2019 年国内猪肉进口达 199.3 万吨左右，约占国内产量的 4.68%。适当增加进口并不会对我国猪肉市场产生直接的冲击和扰乱。

2020 年国内鲜、冷、冻猪肉进口量为 429.6 万吨，在国内猪肉消费中的占比进一步提升。2020 年向我国出口猪肉的区域达到 20 个，超过往年的进口来源数量，来源更加多元化。国际上可供贸易猪肉的数量比 2019 年增加近 200 万吨，达到 1 000 万吨。2021 年随着国内生猪生产的恢复，禽肉供应量的增长和一定的替代（存在巨大的价格优势），以及国外新冠疫情的不确定性，国内猪肉进口量呈现一定幅度的下降，不过来自美国的猪肉可能会有所增加，全年进口量在370万吨。

2023年国内猪肉及副产品的进口量将有所下降，在150万吨左右。主要原因：①价格优势，国内外猪肉价格存在价格差，进口猪肉仍存在价格优势；②调剂性进口的需要，包括两个方面：国家猪肉储备的需要和差异化消费需求（高端猪肉、伊比利亚火腿等）；③随着环境压力增大，国家向国际社会出了碳减排的承诺，进口猪肉可以在一定程度减少国内碳排放量。

2024年全年猪肉进口量降至110万吨上下，主要缘于价差和调剂性进口的需求。

预计2025年全年国内猪肉进口量将在100万吨左右。主要原因：①国内调剂性进口需求和差异化、特色化消费需求仍然存在；②随着国内冷链物流体系的完善，冷鲜肉的发展迅速，占比升高，对国外普通猪肉的需求减少；③随着特朗普上台，中美贸易战不可避免，推高进口猪肉的价格。

3　全年生猪平均价格将比2024年有所下降，养殖端处于盈亏的边缘

2019年猪肉价格大幅上涨，高价抑制需求，2019年猪肉需求大幅下降，表观消费量预计为4 500万吨左右。2020年宏观经济增速将进一步放缓，农村劳动力流出减少；猪肉的餐饮消费、礼品消费继续受到抑制；居民饮食习惯以及观念发生改变，肉类消费更加趋于多样化，猪肉占比正在下降；消费更趋平均化，节日以及腊肉腌制等传统季节性消费仍有显现，已不再明显。

另外，猪肉供给的减少幅度可能不大。对于中小散户来说，生产成本较低，在2020年价格水平下，仍有不错盈利，但考验其对非洲猪瘟的防控能力；大型及超大型生猪养殖企业资金实力比较雄厚，积极补充三元母猪数量，并继续扩大养殖规模；母猪存栏量在500头上下的规模猪场，仍将受来自环保和非洲猪瘟影响的巨大压力。整体生猪出栏量将下降或与2019年持平，猪肉供给量在4 500万吨左右。因此，2020年生猪养殖的利润水平将高于2019年，存在大幅盈利的可能性，四季度盈利水平有所下降。

在新冠疫情影响不加剧的情况，2021年前半年在需求的拉动下，国内经济将出现强力的反弹复苏，相关的消费进一步提振，生猪生产将不断恢复，供应量将增加。下半年相关的生猪建设产能将释放，价格或将进一步下降。全年生猪平均价格比2020年有所下降，均价在18～22元/千克，按此价格养殖端仍有客观的盈利。

2021年12月全国生猪均价已降至16.54元/千克，处于略有盈利状态。2022年随着种猪生产成绩的提高，生猪供应量的增加，新冠疫情的反复，以热鲜肉消费为主市场仍将受到影响，很难有较大幅度的提振，全年的价格幅度区间在12～18元/千克；若非洲猪瘟等重大疫病各防控大区严格执行规定，部分大区之间的价格可能出现价格的明显落差。2022年生猪生产的饲料成本可能略有下降，但是猪场生物安全成本、环保成本、管理成本、新建圈舍的投资成本、固定资产折算成本等仍将居高不下，全年全行业的出栏成本在15～16元/千克。整体来看，2022年全年行业处于亏损状态，亏损额度在100～

300元/头。

2023年生猪生产的饲料成本不断被抬高而同时生猪价格一路低迷，全年的均价为15.35元/千克。养殖企业连续亏损，每出栏一头生猪养殖成本在2 200～2 400元，每头出栏猪亏损额在150～300元。

2024年全年生猪均价维持在16～18元/千克。国内的生猪市场竞争进入阶段性的优胜劣汰状态，大型企业借助资本市场的资金，一定时间内依然可以维持，但也存在暴雷的可能，雏鹰和正邦就是先例；对于其他类型的企业整体而言生产的维持举步维艰，有不少小型企业开始退出行业。

预计2025年全年生猪均价维持在14～17元/千克。国内头部企业间的竞争将进一步加剧，生产成本降低成为竞争的利器，主要源于国内生猪产能市场趋于饱和，需要在现有存量市场竞争；国际贸易市场关税工具的使用，增加贸易中玉米、豆粕等饲料原料的价格，使得企业生产的变得艰难；另外近年居民食品消费支出趋于谨慎，对肉类需求增量贡献减少；随着大基建、大工程中自动化、机械化、智能化的设备使用，大量民工被减少，相关的肉类需求减少；预计全年的生猪均价将比2024年有所下降。

4 消费市场预制菜迎来风口，猪肉亟待开发新品把握机遇

《2021—2022年中国预制菜行业发展报告》显示，2021年中国预制菜行业发展规模超过3 400亿元，到2025年会突破8 300亿元。新冠疫情的影响使人们进入了新的生活方式，不断调整自己与生活、与社会的沟通和联系，其中饮食方面，越来越多的年轻人处于方便性的考虑，更多考虑预制菜品来满足日常三餐饮食。预制菜是近五年食品加工行业中发展最快的子行业之一，行业呈现由速冻米面等极少数品类拓展至多种菜品，由B端延伸至C端消费者，由一线城市延伸至二、三线乃下线城市的树形发展路径。目前国内有超7.2万家的预制菜企业。

预制菜是以农、畜、禽、水产品为原料，配以各种辅料，经预加工（如分切、搅拌、腌制、滚揉、成型、调味）而成的成品或半成品。从整个厨艺流程来看，就是不用自己动手做一系列包括买菜、切菜等准备工作，就能直接使用配比好的食材，直接进入烹饪、加热的阶段。

双汇在2021年推出新品牌"筷乐星厨"主要聚焦预制菜，其中代表产品有丸子、酥肉、蒜香排骨、东坡肉等市场上需求量相对较大的预制菜产品。唐人神在2019年就发布了"布局预制菜产业"的消息，并在当年5月，发布了建立唐人神集团股份有限公司现代食品加工中央厨房一期建设项目的消息。温氏股份有开发预制菜等产品，但相比公司主营业务，规模偏小。得利斯2020年狭义的预制菜体量（剔除低温肉制品类）已达4亿多元，2021年营收增长较快，2022年预制菜营收规模约12亿元。神农集团积极探索食品深加工业务，其中也包括预制菜相关品类的业务。

但是猪肉的加工类产品相较于鸡肉、牛肉占比较小，品类相对单一。不过随着生活方式的改变，人们对方便性的需要增加，猪肉消费面临新的机遇，也是猪肉能够实现加工品方面弯道超车或变道超车鸡肉和牛肉市场的大好机会。猪肉加工企业亟须开发安全、方便、营养和品类丰富的猪肉预制菜品。随着国内冷链物流系统的完善，未来3～5年我国

预制菜行业有望成为下一个万亿元餐饮市场。

5 环保政策或将收紧影响养猪业，大型一体化企业出栏量占比进一步提高

从发展趋势看，环保问题关乎整个社会的文明进程，生态文明建设将不断推进，短期因环境问题暂时与养猪生产的矛盾，将在更长时间阶段被消化。禁养区域划定将更加规范，部分大型养殖饲料企业集团积极布局华南、西南等区域产能。大型农牧企业集团，如中粮、正大、新希望、正邦、大北农、唐人神等，加大了对生猪产业链的投资，不断新建种猪—饲料—养殖—屠宰加工的大型一体化项目。

2020年众多的楼房养猪项目投资，据不完全统计，大约1 000个楼房养猪项目在建设中，投资高楼养猪的企业涉及温氏股份、牧原股份、京基智农、傲农集团、扬翔、立华、天兆等企业，初步统计楼房生猪养殖量已超过1 000万头。其中牧原股份南阳内乡肉食综合体项目全球最大单体出栏量为210万头。如此集中的养殖量，环保将是其项目发挥效率的巨大挑战，随着"三农"问题、乡村振兴、生态文明建设的解决和推进，环保将可能再被提及。

前两年由于非洲猪瘟造成国内生猪产能的巨大缺口，在保民生、稳产保供的大政策形势背景下，国家各相关部门政策、资金让路，全力支持生猪生产复产行动。2022年随着国内生猪产能恢复和出栏量的恢复，环保政策将会再次触及生猪养殖产业，生猪养殖将会再次面临环保方面的压力，拆猪场现象将再次出现，规范程度不高，环保不达标的猪场将会受到影响。预计不会对生猪产能和出栏量产生影响。

虽然2021年5月以后国内生猪价格一路下降，在一定程度上影响了生猪产业新投资的项目落地，但2019年和2020年很多大型和特大型生猪养殖集团规划投资的项目很多项目已经建成投产。据统计，2021年国内生猪出栏量前20企业的出栏量达到1.36亿头；年出栏百万头以上的24个企业出栏量超过1.41亿头，占国内出栏量的21%。

2022年国内生猪TOP20企业生猪出栏量达到1.69亿头，占国内生猪出栏总量的24.15%，规模化和集中化程度进一步提高。2023年底国内养猪养殖规模化水平将升至65%以上。在未来5~10年中，一体化企业的生猪出栏量及所占比重将快速上升，我国生猪规模化养殖水平也将持续提高。需配套相关的环保设备，增加了相关成本支出。

2025年国内大型一体化企业生猪养殖集团的生猪出栏量占比进一步提高，TOP20生猪养殖集团出栏量占全国的比重可能升至35%~40%。

6 国家未来生猪养殖规划

按照《全国生猪产业规划（2016—2025）》，2025年猪肉产量达到6 250万吨，规模以上屠宰企业屠宰量占全部屠宰量的90%以上。猪肉自给率保持在95%左右。2025年，冰鲜肉市场占有率达45%以上，屠宰率74%以上，瘦肉率60%以上。猪肉系列产品全面达到无公害标准以上。2025年，出栏500头以上的规模比例达到80%以上。目前看来这一规划目标难以达成。

按照《中国农业展望报告（2020—2029）》，与基期（2017—2019 年 3 年平均值）相比，未来 10 年猪肉产量增长 18.6%，年均增速 1.9%。展望后期产量增速将明显放缓并趋稳，2029 年生猪出栏 73 918 万头，猪肉产量达 5 972 万吨，分别较基期增长 14.3% 和 18.6%。

除 2019 年、2020 年，近 10 年我国出栏量稳定增加，年均增长速度维持在 3%～5%。2018 年 8 月突如其来的一场非洲猪瘟给国内生猪养殖业带来重大损失，2019 年全国生猪出栏量比 2018 年下降 1.5 亿头，达到 5.44 亿头左右。2020 年国内生猪养殖继续受到非洲猪瘟疫情的影响，出栏量 5.27 亿头。

2020 年 12 月 30 日农业农村部在全国农业农村厅局长会议强调，"十四五"期间确保国家粮食安全和重要农副产品有效供给，粮食产量要稳定在 1.3 万亿斤以上，并力争稳中有增，猪肉产能要稳定在 5 500 万吨左右。近年猪肉需求的增加明显放缓，特别在非洲猪瘟发生后，猪肉的供给存在缺口，很多消费者转至性价比较高的禽肉制品，并非洲猪瘟对行业生产的影响短期难以消除，有资金、技术和管理实力的企业不断重金投资养猪业，以求快速扩大产能来抢占非洲猪瘟造成影响的窗口期，谋求未来在行业格局占有一席。2021 年 9 月 19 日，农业农村部关于印发《生猪产能调控实施方案（暂行）》的通知，"十四五"期间，以正常年份全国猪肉产量在 5 500 万吨时的生产数据为参照，设定能繁母猪存栏量调控目标，即能繁母猪正常保有量稳定在 4 100 万头左右，最低保有量不低于 3 700 万头。

按照 2021 年 12 月 14 日，农业农村部印发的《"十四五"全国畜牧兽医行业发展规划》，到 2025 年生猪养殖率先基本实现现代化，产业质量效益和竞争力不断增强，猪肉自给率保持在 95% 左右，猪肉产能稳定在 5 500 万吨左右，生猪养殖业产值达到 1.5 万亿元以上，着力提升质量，加强产能调控，缓解"猪周期"波动，增强稳产保供能力。将全国生猪养殖业划分为调出区、主销区和产销平衡区。实施《生猪产能调控实施方案》，建立以调控能繁母猪存栏量为核心的生猪产能调控机制。落实"三抓两保"（抓大省、大县、大场，保能繁母猪存栏量底线、保规模猪场数量底线）制度，采取逐级压实责任、强化监测预警、加强政策调控等综合措施，实现全国能繁母猪保有量稳定在 4 100 万头，稳固养猪业基础生产能力。

2023 年 8 月，农业农村部在回复十四届全国人大一次会议代表建议时表示，将进一步优化完善生猪产能调控实施方案。征求意见稿中新的生猪产能调控实施方案（2023 年修订），提到将能繁母猪存栏量调整为 3 900 万头。2024 年 3 月 1 日，农业农村部公布《生猪产能调控实施方案（2024 年修订）》，将全国能繁母猪正常保有量目标从 4 100 万头调整为 3 900 万头，并指导各地相应修订省级调控方案，落细落实相关调控措施，引导生猪产能有序调减。

从动物营养的需要、消费产品多元化及肉类消费结构变化和国内自然资源的角度考虑，预计未来国内猪肉消费量维持在 5 000 万吨较为合适。

7 中国未来 5 年生猪出栏量预测

2020 年国内生猪出栏量为 5.27 亿头，在高利润的诱导下和国家政策的支持下，国内生猪生产产能很快恢复。2021年9月，农业农村部表示国内生猪产能已经恢复到常年水平，2021年11月国内能繁母猪存栏量为4 296万头，处于合理区间；同时随着低产能母猪的淘汰，能繁母猪的生产成绩将有所提高。2022年国内生猪出栏量达到6.99亿头左右，随着出栏高峰的到来，将伴随着行业的亏损，行业进入深度去产能阶段，同时国家为保证生猪产能的稳定，将会有相应的支持政策。据农业农村部，2022年底国内能繁母猪存栏量为4 390万头，2023年1月能繁母猪存栏量为4 367万头，2023年2月能繁母猪存栏量为4 343万头，据国家统计局数据，3月末全国能繁母猪存栏4 305万头，相当于4 100万头正常保有量的105%。能繁母猪存栏量高位运行及繁殖水平的提升，2023年全年生猪出栏量将比2022年有较大增长，出栏量为7.27亿头。按照2023年底能繁母猪存栏量4 142万头，和存栏量变化的趋势及生猪的价格现状，预测2025年全国生猪出栏量将有所下降（图46）。

就未来国内资源禀赋和猪肉消费能力综合而言，预计未来国内生猪出栏量将维持在6.5亿～7.0亿头较为合理。

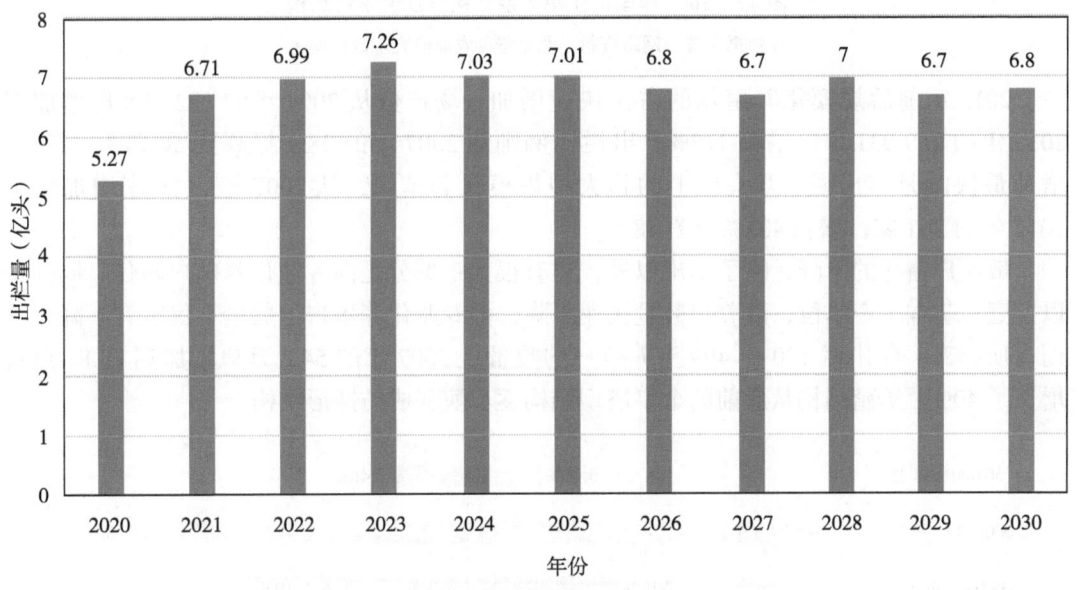

图46　2020—2030年中国生猪出栏量及预测

（数据来源：国家统计局，2025—2030年数据为预测数据）

8　未来国内生猪产业结构如何变化

散养户大量退出市场。年出栏49头及以下的散养户从2007年的8 010.4万户下降到2015年的4 406.59万户，降幅达45%。年出栏99头及以下的散养户出栏比例从占主导地位的52%下降到占比只有约23%（图47）。

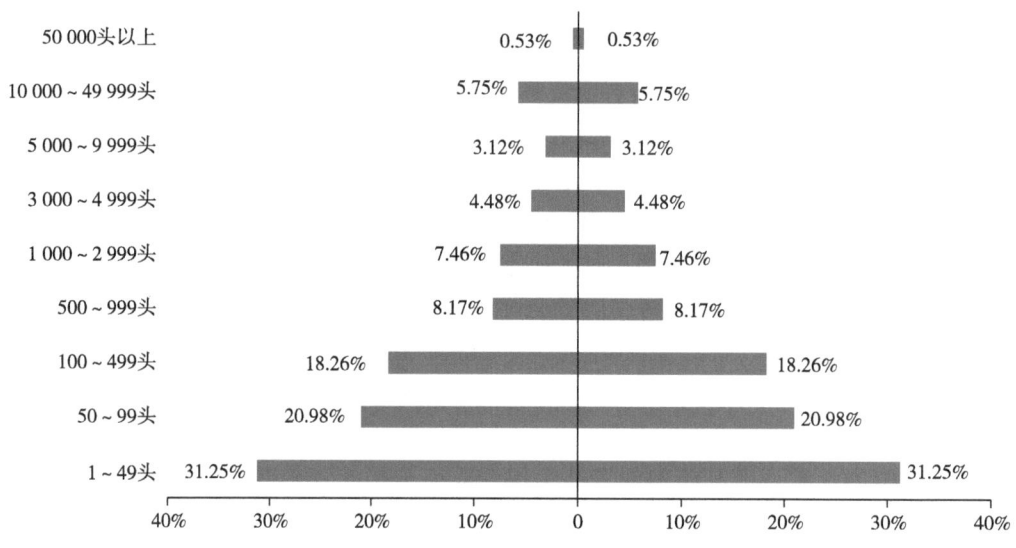

图 47　2007 年国内生猪养殖结构呈现金字塔结构

（数据来源：网络资料，北京华豕农业研究院数据库）

2015 年前后规模化养殖场的占比快速增加。场户数从 2007 年的 122 788 户增加到 2015 年的 259 931 户，增幅 112%；出栏比例则从 2007 年的 28% 提高到 56.13%。其中，增速最快的是年出栏 5 万头以上的超大型规模化养殖场，从 2007 年的 50 家增加到了 2015 年的 261 家，增长 422%（图 48）。

散养户占比的下降，除了退出以外，还有很大一部分是向专业化养殖户转化。同样是以家庭为基本生产单位，散养户数量快速下降，但专业化养殖户的数量不仅没有下降，反而有所提升。年出栏 100～499 头养殖户的数量从 2007 年的 54.2 万户增加到 75.8 万户，增长了 40%。养殖结构从此前的金字塔型结构逐步演变成纺锤形结构。

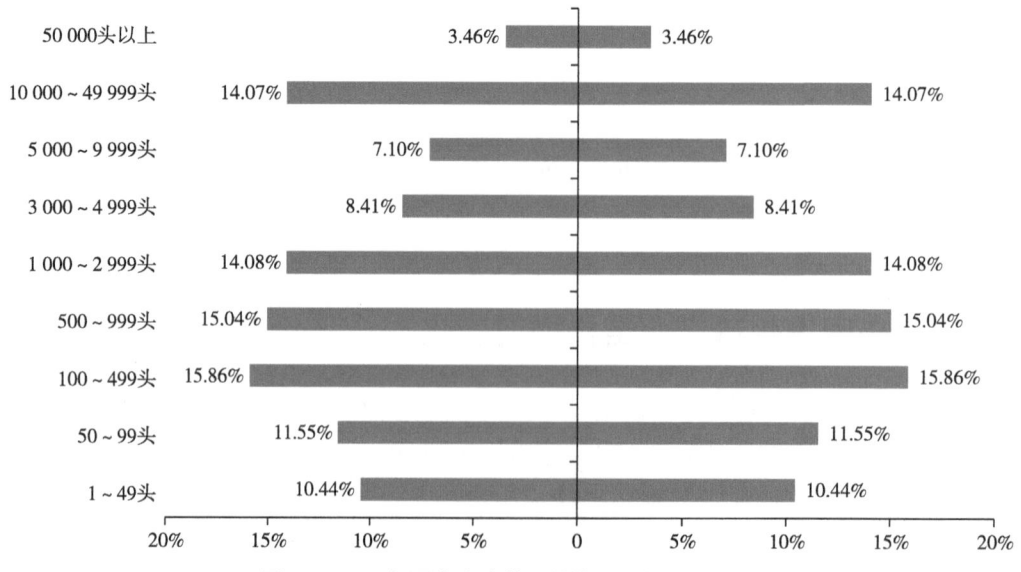

图 48　2015 年国内生猪养殖结构呈现纺锤形结构

（数据来源：网络资料，北京华豕农业研究院数据库）

未来生猪养殖产业的竞争格局将呈现出哑铃式结构。一端是大型养殖集团，比如温氏、牧原等，他们拥有先进的养殖技术和养殖设备，另外还有资金优势；另一端是专业化的家庭农场，他们成本控制能力强，养殖责任心强，具有一定竞争优势。相较而言，未来大型和特大型企业生猪出栏量的占比要远高于家庭农场的出栏量占比。预计未来10年内国内前100生猪养殖企业出栏量占国内出栏量50%以上（图49）；家庭农场会表现出小而精、小而美特点优势，仍会牢牢占据市场的相应份额。

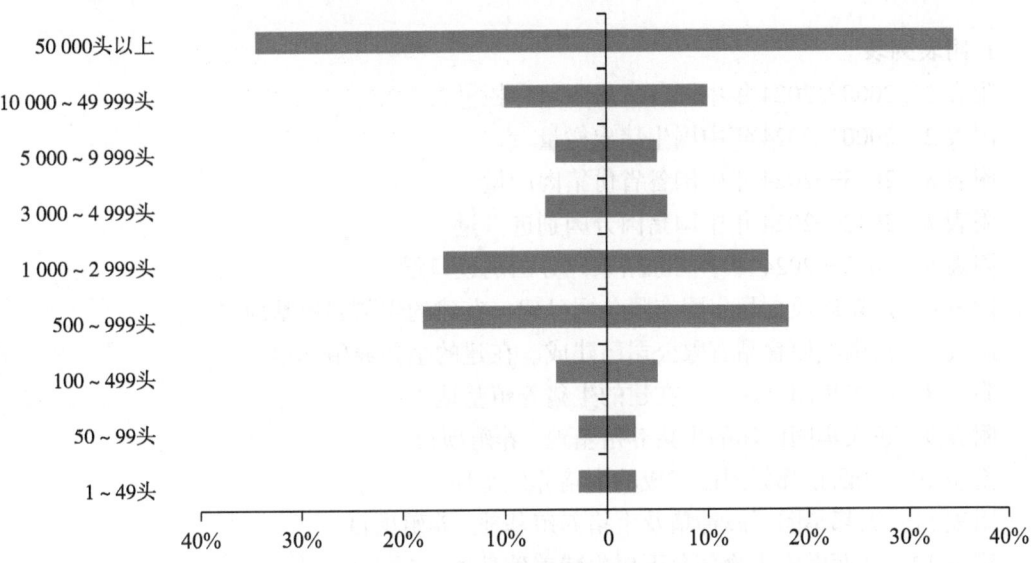

图49　未来国内生猪养殖结构呈现哑铃式结构

（数据来源：网络资料，北京华夸农业研究院数据库）

附　表

1. 附表列表

附表 1　2000—2024 年中国各省份生猪存栏量
附表 2　2000—2024 年中国生猪出栏量
附表 3　2013—2024 年中国各省份猪肉产量
附表 4　2012—2024 年中国猪肉分国别进口量
附表 5　2012—2024 年中国冻猪杂碎分国别进口量
附表 6　广东温氏食品集团有限公司已建、在建的生猪养殖基地
附表 7　河南牧原食品有限公司已建成、在建的生猪养殖基地
附表 8　中粮集团已建成、在建的生猪养殖基地
附表 9　正大集团已建的生猪养殖基地 / 养殖项目
附表 10　江西正邦集团已建成的生猪养殖基地
附表 11　天邦集团下属种猪及生猪养殖基地 / 养殖项目
附表 12　江西傲农生物部分下属生猪养殖基地
附表 13　2022—2024 年中国养猪业 20 强企业出栏量
附表 14　2022—2024 年国内企业种猪引种情况
附表 15　2020—2024 年法系种猪进口明细
附表 16　2020—2024 年丹系种猪进口明细
附表 17　2020—2024 年美系种猪进口明细
附表 18　2015—2024 年加系种猪进口明细

2. 附表二维码